新常态
新动力

遵循大逻辑 培育发展新动能

蒋文俊

主编

国家行政学院出版社

图书在版编目（CIP）数据

新常态·新动力 / 蒋文俊主编. —北京：国家行政学院出版社，2015.11
ISBN 978-7-5150-1605-4

Ⅰ. ①新… Ⅱ. ①蒋… Ⅲ. ①中国经济－经济发展－研究 Ⅳ. ①F124

中国版本图书馆 CIP 数据核字（2015）第 233649 号

书　　名	新常态·新动力
主　　编	蒋文俊
责任编辑	王　娜
出版发行	国家行政学院出版社
	（北京市海淀区长春桥路6号　100089）
电　　话	（010）68920640　68929037
编 辑 部	（010）68928873
经　　销	新华书店
印　　刷	北京中印联印务有限公司
版　　次	2015年11月北京第1版
印　　次	2015年11月北京第1次印刷
开　　本	787毫米×1092毫米　1/16
印　　张	19.5
字　　数	266千字
书　　号	ISBN 978-7-5150-1605-4
定　　价	46.00元

目录 CONTENTS

第1章 京津冀协同发展，打造新型首都经济圈 / 1

◎ 贯彻落实《京津冀协同发展规划纲要》的明确要求及安排部署 / 3
◎ 京津冀一体化特点、挑战和政策难点 / 20
◎ 把握京津冀协同发展新方位 / 24
◎ "京津冀一体化"顶层设计新思维 / 27
◎ 京津冀协同发展战略使命和责任的定位 / 30
◎ 为京津冀协同发展共补"短板" / 34

第2章 长江经济带，建设新常态下中国经济支撑带 / 39

◎ 长江经济带建设的战略定位和重大举措 / 41
◎ 长江经济带的国家战略意图 / 44
◎ 长江经济带发展的若干重大问题思考 / 48
◎ 长江经济带如何提升在经济版图中的地位 / 51
◎ 创新长江经济带区域合作机制 / 54
◎ 以体制机制创新推动长江中游城市群建设 / 58

第3章　自贸区战略，构建开放型经济新体制 / 63

- ◎ 自贸区的战略部署与未来展望（节选） / 65
- ◎ 从国家战略视角看上海自贸区建立 / 69
- ◎ 自贸区"雁阵起航"引领全国深层次改革 / 75
- ◎ 自贸区扩大试点的战略深意 / 78
- ◎ 做好两种"自贸区"推进高水平对外开放 / 81

第4章　创新驱动发展，打造中国经济新引擎 / 85

- ◎ 为中国梦点燃创新驱动新引擎 / 87
- ◎ 以"四个全面"统领创新驱动发展 / 91
- ◎ 打造"众创"发展新形态 / 95
- ◎ 大众创业万众创新要激发多元主体活力 / 100
- ◎ 让创新成果成为现实生产力 / 105
- ◎ 知识产权和大数据：创新驱动发展的一体两翼 / 108

第5章　供给侧结构性改革，引领经济发展新常态 / 113

- ◎ 七问供给侧结构性改革 / 115
- ◎ 结构性改革：改什么 怎么改 / 125
- ◎ 通过供给侧改革重塑发展动力 / 129
- ◎ 供给侧改革的重点是要素市场改革 / 131
- ◎ 问道供给侧改革（节选） / 135

第6章 农业现代化，实现全面小康的重中之重 / 144

- ◎ 用发展新理念大力推进农业现代化 / 146
- ◎ 守住农业安全底线 / 152
- ◎ 加快转变农业发展方式 / 157
- ◎ 坚定不移推进农业可持续发展 / 162
- ◎ 为农业现代化打通金融血脉 / 170

第7章 新型城镇化，建设经济强国的必由之路 / 173

- ◎ 坚持走中国特色新型城镇化道路 / 175
- ◎ 新型城镇化重在改革 / 178
- ◎ 以转型改革破题新型城镇化 / 183
- ◎ 健康城镇化须守底线 / 186
- ◎ 以试点创新推动新型城镇化发展 / 194
- ◎ 让智慧城市建设成为城镇化新亮点 / 198

第8章 中国制造2025，从工业大国走向工业强国 / 201

- ◎ 中国制造2025：迈向制造强国之路 / 203
- ◎ 从三次工业革命看中国制造强国的历史抉择 / 208
- ◎ 制造强国建设的战略布局 / 211
- ◎ 构筑中国制造走出去的新优势 / 215
- ◎ "互联网+"：制造强国的新引擎 / 220

第9章 "互联网+"，引领经济发展新形态 / 226

◎ 推进"互联网+" 加快经济提质增效升级（节选）/ 228
◎ "互联网+"时代的"四三二一"战略 / 233
◎ "互联网+"：到底能够加什么 / 240
◎ "互联网+"催生社会治理新变革 / 241
◎ 发挥政府部门推动作用 释放"互联网+"红利 / 245

第10章 生态文明建设，推动经济社会绿色发展 / 252

◎ 大力推进生态文明 努力建设美丽中国（节选）/ 254
◎ 以"四个全面"为指引 走向生态文明新时代 / 262
◎ "生态保护红线"——确保国家生态安全的生命线 / 267
◎ 打造生态文明建设新常态（节选）/ 272
◎ 改革创新推进生态文明建设 / 276
◎ 生态文明建设重在污染防治 / 279

第11章 "一带一路"，开创全面开放新格局 / 284

◎ 新丝绸之路经济带的国家战略分析（节选）/ 286
◎ "21世纪海上丝绸之路"的战略意义 / 290
◎ "一带一路"战略的意义、机遇与挑战 / 293
◎ 共建"一带一路" 谋求合作共赢 / 297
◎ 共建"一带一路"战略 开创我国全方位对外开放新格局 / 300

第1章

京津冀协同发展，打造新型首都经济圈

京津冀协同发展，最早可追溯到20世纪80年代，在时任天津市市长李瑞环的倡导下，环渤海地区15个城市共同发起成立了环渤海地区市长联席会。2004年6月，环渤海合作机制会议草拟了《环渤海区域合作框架协议》。这标志着环渤海地区合作机制已从构想、探索进入到全面启动和实践阶段。2011年3月，国家"十二五"规划纲要发布，提出"推进京津冀、长江三角洲、珠江三角洲地区区域经济一体化发展，打造首都经济圈"。30多年过去了，虽然京津冀区域经济一体化取得了很大进展，但协同发展的目标仍远未实现。

2014年2月26日，习近平总书记在北京主持召开座谈会，专题听取京津冀协同发展工作汇报。在会上，他强调，实现京津冀协同发展，是面向未来打造新的首都经济圈、推进区域发展体制机制创新的需要，是探索完善城市群布局和形态、为优化开发区域发展提供示范和样板的需要，是探索生态文明建设有效路径、促进人口经济资源环境相协调的需要，是实现京津冀优势互补、促进环渤海经济区发展、带动北方腹地发展的需要，是一个重大国家战略，要坚持优势互补、互利共赢、扎实推进，加快走出一条科学持续的协同发展路子来。习近平总书记在讲话中就京津冀协同发展提出了7点要求，并指出，京津冀协同发展意义重大，对这个问题的认识要上升到国家战略层面。大家一定要增强推进京津冀协同发展的自觉性、主动性、创造性，增强通过全面深化改革形成新的体制机制的勇气，继续研究、明确思路、制定方案、加快推进。自此，京津冀协同发展进入到加快推进的全新阶段。

2014年12月26日，国务院副总理、京津冀协同发展领导小组组长张高丽在北京主持召开了京津冀协同发展工作推进会议。此次会议，传达学习了习近平总书记关于京津冀协同发展的重要指示精神，听取了国家发展改革委关于京津冀协同发展工作情况的汇报，研究讨论了《京津冀协同发展规划纲要》，安排部署了有关重点工作，为将京津冀协同发展推向深入指明了方向。

2015年3月5日，李克强总理在第十二届全国人民代表大会第三次会议上所做的《政府工作报告》中，明确提出"推进京津冀协同发展，在交通一体化、生态环保、产业升级转移等方面率先取得实质性突破"。

2015年4月30日，中共中央政治局会议审议通过《京津冀协同发展规划纲要》。《纲要》指出，推动京津冀协同发展是一个重大国家战略，核心是有序疏解北京非首都功能，要在京津冀交通一体化、生态环境保护、产业升级转移等重点领域率先取得突破。

2015年10月29日，党的十八届五中全会通过《中共中央关于制定国民经济和社会发展第十三个五年规划的建议》。《建议》指出，用发展新空间培育发展新动力，用发展新动力开拓发展新空间。拓展区域发展空间。以区域发展总体战略为基础，以"一带一路"建设、京津冀协同发展、长江经济带建设为引领，形成沿海沿江沿线经济带为主的纵向横向经济轴带。发挥城市群辐射带动作用，优化发展京津冀、长三角、珠三角三大城市群，形成东北地区、中原地区、长江中游、成渝地区、关中平原等城市群。发展一批中心城市，强化区域服务功能。支持绿色城市、智慧城市、森林城市建设和城际基础设施互联互通。推进重点地区一体发展，培育壮大若干重点经济区。培育若干带动区域协同发展的增长极。推动京津冀协同发展，优化城市空间布局和产业结构，有序疏解北京非首都功能，推进交通一体化，扩大环境容量和生态空间，探索人口经济密集地区优化开发新模式。

作为一项重大的国家战略，京津冀协同发展对于全面深化改革、全面推进依法治国、全面建成小康社会，打造世界一流的首都区、建设区域治理现代化的首善区，以及推动中国经济持续健康发展和走中国特色新型城镇化道路，具有重要的示范和借鉴意义。推进京津冀协同发展，已经成为在经济新常态形势下，实现全面建成小康社会和中华民族伟大复兴中国梦的重要一环。

贯彻落实《京津冀协同发展规划纲要》的明确要求及安排部署 *

2015年7月24日,中共中央政治局常委、国务院副总理张高丽主持召开京津冀协同发展工作推动会议,就贯彻落实《京津冀协同发展规划纲要》提出明确要求、作出安排部署。就此,记者采访了京津冀协同发展领导小组办公室负责人。

请问推动京津冀协同发展战略的时代背景和重大意义是什么?

推动京津冀协同发展,是党中央、国务院在新的历史条件下作出的重大决策部署,对于协调推进"四个全面"战略布局、实现"两个一百年"奋斗目标和中华民族伟大复兴的中国梦,具有重大现实意义和深远历史意义。

2013年,习近平总书记先后到天津、河北调研,强调要推动京津冀协同发展。2014年2月26日,习近平总书记在北京考察工作时发表重要讲话,全面深刻阐述了京津冀协同发展战略的重大意义、推进思路和重点任务。此后,习近平总书记又多次发表重要讲话、作出重要指示,强调京津冀协同发展是个大思路、大战略,要通过疏解北京非首都功能,调整经济结构和空间结构,走出一条内涵集约发展的新路子,探索出一种人口经济密集地区优化开发的模式,促进区域协调发展,形成新增长极。李克强总理多次作出重要指示批示,明确提出实现京津冀协同发展是区域发展总体战略的重要一环,对于优化生产力布局、提升发展质量效益意义重大,要牢固树立大局意识,围绕科学定位抓紧规划编制,统筹推进基础设施建

---

* 新华社记者:《京津冀协同发展领导小组办公室负责人就京津冀协同发展有关问题答记者问》,《光明日报》2015年8月24日。本文文章名有改动。

设、产业转移接续、区域环境治理和民生改善等重点任务，把这项战略工程抓实抓好。

京津冀地区同属京畿重地，濒临渤海，背靠太岳，携揽"三北"，战略地位十分重要，是我国经济最具活力、开放程度最高、创新能力最强、吸纳人口最多的地区之一，也是拉动我国经济发展的重要引擎。目前，京津冀地区发展面临诸多困难和问题，特别是北京集聚过多的非首都功能，"大城市病"问题突出，人口过度膨胀，交通日益拥堵，大气污染严重，房价持续高涨，社会管理难度大，引发一系列经济社会问题，引起全社会广泛关注。同时，京津冀地区水资源严重短缺，地下水严重超采，环境污染问题突出，已成为我国东部地区人与自然关系最为紧张、资源环境超载矛盾最为严重、生态联防联治要求最为迫切的区域，加之区域功能布局不够合理，城镇体系结构失衡，京津两极过于"肥胖"，周边中小城市过于"瘦弱"，区域发展差距悬殊，特别是河北与京津两市发展水平差距较大，公共服务水平落差明显。上述问题，迫切需要国家层面加强统筹，有序疏解北京非首都功能，推动京津冀三省市整体协同发展。

推动京津冀协同发展，是适应我国经济发展进入新常态，应对资源环境压力加大、区域发展不平衡矛盾日益突出等挑战，加快转变经济发展方式、培育增长新动力和新的增长极、优化区域发展格局的现实需要，意义十分重大。有利于破解首都发展长期积累的深层次矛盾和问题，优化提升首都核心功能，走出一条中国特色解决"大城市病"的路子；有利于完善城市群形态，优化生产力布局和空间结构，打造具有较强竞争力的世界级城市群；有利于引领经济发展新常态，全面对接"一带一路"等重大国家战略，增强对环渤海地区和北方腹地的辐射带动能力，为全国转型发展和全方位对外开放作出更大贡献。

推动京津冀协同发展，也是探索改革路径、构建区域协调发展体制机制的需要。区域发展不协调、不平衡是个"老大难"问题，这些问题的长期存在与要素流动面临显性和隐形壁垒、区域发展的统筹机制欠缺等密切相关。京津冀发展不协调、不平衡的矛盾最为突出、最为复杂,关注度最高,解决难度最大。推动京津冀协同发展,必须通过深化改革打破行政壁垒,构建开放的区域统一市场,建立区域统筹协调发展新体制,为推动全国区域协同发展探索出一条新路子。

《规划纲要》已经印发实施,请简要介绍一下编制过程和主要内容。

《规划纲要》是实施京津冀协同发展战略的基本遵循。研究编制《规划纲要》的过程,实际上是逐步把思想认识统一到中央重大决策部署上来的过程,也是深入调研、反复论证、集中各方面智慧的过程。

为贯彻落实习近平总书记2·26重要讲话和党中央、国务院领导同志重要指示批示精神,2014年以来,按照京津冀协同发展领导小组总体部署,领导小组办公室会同党中央、国务院30多个部门、三省市和京津冀协同发展专家咨询委员会,多次深入实际调查研究,科学论证京津冀区域功能定位,在充分听取专家咨询委员会和各方意见的基础上,就功能定位达成广泛共识;组织专门班子,集中开展《规划纲要》编制工作。经反复研究和修改完善,并先后7轮征求各方面意见,形成了《规划纲要》稿。在此过程中,专家咨询委员会充分发挥咨询论证作用,为明确功能定位、编制《规划纲要》提供了重要的智力支撑;中央国务院有关部门和三省市主动作为、密切配合,为《规划纲要》编制工作提出了许多宝贵的意见和建议。

今年以来,习近平总书记先后主持召开中央财经领导小组会议、中央政治局常委会议和中央政治局会议,审议研究《规划纲要》并发表重要讲话,进一步明确了有序疏解北京非首都功能、推动京津冀协同发展的目标、思路和方法。李克强总理主持召开国务院常务会议审议《规划纲要》。张高丽副总理多次主持召开会议,组织修改完善《规划纲要》稿。

《规划纲要》起草紧紧围绕有序疏解北京非首都功能、推动京津冀协同发展的战略要求,重点把握四条原则:一是坚持协同发展。打破"一亩三分地"思维定式,加强顶层设计,推进布局调整,增强系统性、整体性、

第1章 京津冀协同发展,打造新型首都经济圈

协调性。二是坚持重点突破。把水、土地、生态等资源环境承载力作为刚性约束，抓住符合目标导向、现实急需、具备条件的交通一体化、生态环保、产业发展等重点领域先行启动。三是坚持改革创新。推动体制机制改革，着力打破条块分割、消除隐形壁垒，破解制约协同发展的深层次矛盾和问题。大力实施创新驱动发展，为有序疏解北京非首都功能、推动京津冀协同发展提供动力支持。四是坚持有序推进。找准切入点和着力点，分阶段设定规划目标、主要内容和实施路径，不搞齐步走、平面推进，既注重解决当前紧迫问题，又注重统筹长远发展。

《规划纲要》从战略意义、总体要求、定位布局、有序疏解北京非首都功能、推动重点领域率先突破、促进创新驱动发展、统筹协同发展相关任务、深化体制机制改革、开展试点示范、加强组织实施等方面描绘了京津冀协同发展的宏伟蓝图，是推动京津冀协同发展重大国家战略的纲领性文件，是当前和今后一个时期指导京津冀协同发展工作的基本遵循，是凝聚各方力量、推动形成京津冀协同发展强大合力的行动指南。

请问推动京津冀协同发展的总体要求是什么？

推动京津冀协同发展是一个重大国家战略，必须全面贯彻党的十八大和十八届三中、四中全会精神，高举中国特色社会主义伟大旗帜，以邓小平理论、"三个代表"重要思想、科学发展观为指导，深入学习贯彻习近平总书记系列重要讲话精神，按照党中央、国务院战略部署，明确指导思想、基本原则、功能定位和发展目标。

推动京津冀协同发展的指导思想是，以有序疏解北京非首都功能、解决北京"大城市病"为基本出发点，坚持问题导向，坚持重点突破，坚持改革创新，立足各自比较优势、立足现代产业分工要求、立足区域优势互补原则、立足合作共赢理念，以资源环境承载能力为基础、以京津冀城市群建设为载体、以优化区域分工和产业布局为重点、以资源要素空间统筹规划利用为主线、以构建长效体制机制为抓手，着力调整优化经济结构和空间结构，着力构建现代化交通网络系统，着力扩大环境容量生态空间，着力推进产业升级转移，着力推动公共服务共建共享，着力加快市场一体化进程，加快打造现代化新型首都圈，努力形成京津冀目标同向、措施一体、优势互补、互利共赢的协同发展新格局，打造中国经济发展新的支撑带。

推动京津冀协同发展，要遵循5条基本原则。一是改革引领，创新驱动。加大改革力度，消除隐形壁垒，破解影响协同发展的深层次矛盾和问题，加快建立有利于疏解北京非首都功能、推动协同发展的体制机制。强化创新驱动，以科技创新为核心，建立健全区域创新体系，整合区域创新资源，形成京津冀协同创新共同体。二是优势互补，一体发展。进一步明确功能定位，充分发挥各自比较优势，调整优化区域生产力布局，加快推动错位发展与融合发展，创新合作模式与利益分享机制，在有序疏解北京非首都功能的进程中实现区域良性互动，促进三省市协同发展、协调发展、共同发展。三是市场主导，政府引导。加快完善市场机制，充分发挥市场在资源配置中的决定性作用，有序推动北京非首都功能疏解，促进生产要素在更大范围内有序流动和优化配置。加大简政放权力度，切实转变政府职能，更好发挥统筹协调、规划引导和政策保障作用。四是整体规划，分步实施。打破"一亩三分地"思维定式，从京津冀区域发展全局谋划疏解北京非首都功能，加强战略设计，推进布局调整。明确实现总体目标和重大任务的时间表、路线图，研究制定科学管用的实施方案，分阶段、有步骤地加以推进。五是统筹推进，试点示范。立足现实基础和长远需要，把握好疏解北京非首都功能、推动协同发展的步骤、节奏和力度，不搞齐步走、平面推进，对已达成共识、易于操作的领域率先突破，选择有条件的区域率先开展试点示范，发挥引领带动作用。

功能定位是科学推动京津冀协同发展的重要前提和基本遵循。经反复研究论证，京津冀区域整体定位和三省市功能定位各4句话，体现了区域整体和三省市各自特色，符合协同发展、促进融合、增强合力的要求。京津冀整体定位是"以首都为核心的世界级城市群、区域整体协同发展改革引领区、全国创新驱动经济增长新引擎、生态修复环境改善示范区"。三省市定位分别为：北京市"全国政治中心、文化中心、国际交往中心、科技创新中心"；天津市"全国先进制造研发基地、北方国际航运核心区、金融创新运营示范区、改革开放先行区"；河北省"全国现代商贸物流重要基地、产业转型升级试验区、新型城镇化与城乡统筹示范区、京津冀生态环境支撑区"。区域整体定位体现了三省市"一盘棋"的思想，突出了功能互补、错位发展、相辅相成；三省市定位服从和服务于区域整体定位，增强整体性，符合京津冀协同发展的战略需要。

京津冀协同发展的目标是：近期到2017年，有序疏解北京非首都功能取得明显进展，在符合协同发展目标且现实急需、具备条件、取得共识的交通一体化、生态环境保护、产业升级转移等重点领域率先取得突破，深化改革、创新驱动、试点示范有序推进，协同发展取得显著成效。中期到2020年，北京市常住人口控制在2300万人以内，北京"大城市病"等突出问题得到缓解；区域一体化交通网络基本形成，生态环境质量得到有效改善，产业联动发展取得重大进展。公共服务共建共享取得积极成效，协同发展机制有效运转，区域内发展差距趋于缩小，初步形成京津冀协同发展、互利共赢新局面。远期到2030年，首都核心功能更加优化，京津冀区域一体化格局基本形成，区域经济结构更加合理，生态环境质量总体良好，公共服务水平趋于均衡，成为具有较强国际竞争力和影响力的重要区域，在引领和支撑全国经济社会发展中发挥更大作用。

请问京津冀协同发展在空间上如何布局？

空间布局是京津冀功能定位在空间上的具体体现，也是优化资源配置、实现协同发展的重要基础。经反复研究论证，确定了"功能互补、区域联动、轴向集聚、节点支撑"的布局思路，明确了以"一核、双城、三轴、四区、多节点"为骨架，推动有序疏解北京非首都功能，构建以重要城市为支点，以战略性功能区平台为载体，以交通干线、生态廊道为纽带的网络型空间格局。

"一核"即指北京。把有序疏解北京非首都功能、优化提升首都核心功能、解决北京"大城市病"问题作为京津冀协同发展的首要任务。"双城"是指北京、天津,这是京津冀协同发展的主要引擎,要进一步强化京津联动,全方位拓展合作广度和深度,加快实现同城化发展,共同发挥高端引领和辐射带动作用。"三轴"指的是京津、京保石、京唐秦三个产业发展带和城镇聚集轴,这是支撑京津冀协同发展的主体框架。"四区"分别是中部核心功能区、东部滨海发展区、南部功能拓展区和西北部生态涵养区,每个功能区都有明确的空间范围和发展重点。"多节点"包括石家庄、唐山、保定、邯郸等区域性中心城市和张家口、承德、廊坊、秦皇岛、沧州、邢台、衡水等节点城市,重点是提高其城市综合承载能力和服务能力,有序推动产业和人口聚集。同时,立足于三省市比较优势和现有基础,加快形成定位清晰、分工合理、功能完善、生态宜居的现代城镇体系,走出一条绿色低碳智能的新型城镇化道路。

为什么说有序疏解北京非首都功能是京津冀协同发展战略的核心?有序疏解北京非首都功能的重点和原则有哪些?

有序疏解北京非首都功能是京津冀协同发展战略的核心,是关键环节和重中之重,对于推动京津冀协同发展具有重要先导作用。当前,北京人口过度膨胀,雾霾天气频现,交通日益拥堵,房价持续高涨,资源环境承载力严重不足,造成这些问题的根本原因是北京集聚了过多的非首都功能。要清醒认识到,北京作为世界为数不多的超大型城市,再按照老路走下去必然是"山穷水尽"。习近平总书记对有序疏解北京非首都功能多次作出重要指示批示,明确指出,京津冀协同发展要牵住疏解北京非首都功能这个"牛鼻子"和主要矛盾,降低北京人口密度,实现城市发展与资源环境相适应。目标要明确,通过疏解北京非首都功能,调整经济结构和空间结构,走出一条内涵集约发展的新路子,探索出一种人口经济密集地区优化开发的模式,促进区域协调发展,形成新增长极。思路要明确,坚持改革先行,

第 **1** 章 京津冀协同发展,打造新型首都经济圈

有序配套推出改革举措。方法要明确，放眼长远、从长计议，稳扎稳打、步步为营，锲而不舍、久久为功。因此，京津冀协同发展首要的、也是最核心的任务是有序疏解北京非首都功能。

按照习近平总书记重要指示精神，有序疏解北京非首都功能，从疏解对象讲，重点是疏解一般性产业特别是高消耗产业，区域性物流基地、区域性专业市场等部分第三产业，部分教育、医疗、培训机构等社会公共服务功能，部分行政性、事业性服务机构和企业总部等四类非首都功能。疏解的原则是：坚持政府引导与市场机制相结合，既充分发挥政府规划、政策的引导作用，又发挥市场的主体作用；坚持集中疏解与分散疏解相结合，考虑疏解功能的不同性质和特点，灵活采取集中疏解或分散疏解方式；坚持严控增量与疏解存量相结合，既把住增量关，明确总量控制目标，也积极推进存量调整，引导不符合首都功能定位的功能向周边地区疏解；坚持统筹谋划与分类施策相结合，结合北京城六区不同发展重点要求和资源环境承载能力统筹谋划，建立健全倒逼机制和激励机制，有序推出改革举措和配套政策，因企施策、因单位施策。

有序疏解北京非首都功能是一项复杂的系统工程，必须放眼长远、从长计议，稳扎稳打、步步为营，锲而不舍、久久为功。目前，有关方面正在制定疏解北京非首都功能控增量、疏存量相关政策和配套措施，按照"有共识、看得准、能见效"的原则，突出重点，先易后难，积极稳妥有序推进。

请问交通、生态环保、产业三个重点领域率先突破重点要推进哪些工作？

推动京津冀协同发展，任务繁重，难度很大。既要有明确的长远目标，又要从现实出发，分步稳妥推进。2014年6月18日，京津冀协同发展领导小组第1次会议提出，对看准的事情要先做起来，对符合目标导向、现实急需、具备条件的领域要先行启动，对一些带动性、互补性、融合性强的重大项目要抓紧实施，争取早起作用、早见实效，并要求在交通、生态环保、产业三个重点领域集中力量推进，力争率先取得突破。

三个重点领域率先突破的工作重点和任务是：在交通一体化方面，按照网络化布局、智能化管理和一体化服务的要求，构建以轨道交通为骨干的多节点、网格状、全覆盖的交通网络，提升交通运输组织和服务现代化水平，建立统一开放的区域运输市场格局。重点是建设高效密集轨道交通网，完善便捷通畅公路交通网，打通国家高速公路"断头路"，全面消除跨区域国省干线"瓶颈路段"，加快构建现代化的津冀港口群，打造国际一流的航空枢纽，加快北京新机场建设，大力发展公交优先的城市交通，提升交通智能化管理水平，提升区域一体化运输服务水平，发展安全绿色可持续交通。

在生态环境保护方面，按照"统一规划、严格标准、联合管理、改革创新、协同互助"的原则，打破行政区域限制，推动能源生产和消费革命，促进绿色循环低碳发展，加强生态环境保护和治理，扩大区域生态空间。重点是联防联控环境污染，建立一体化的环境准入和退出机制，加强环境污染治理，实施清洁水行动，大力发展循环经济，推进生态保护与建设，谋划建设一批环首都国家公园和森林公园，积极应对气候变化。

在推动产业升级转移方面，从全国生产力整体布局出发，明确三省市产业发展定位，理顺产业发展链条，加快产业转型升级，打造立足区域、服务全国、辐射全球的优势产业集聚区。重点是明确产业定位和方向，加快产业转型升级，推动产业转移对接，加强三省市产业发展规划衔接，制定京津冀产业指导目录，加快津冀承接平台建设，加强京津冀产业协作等。

京津冀三省市之间社会事业发展差距大，社会各界对此高度关注，请问下一步如何补齐基本公共服务的短板？

促进基本公共服务均等化是推动京津冀协同发展不可或缺的重要内容。目前，河北省在社会发展、公共服务水平和质量层次上差异明显，有些方面甚至呈现"断崖式"的差距。对此，中央高度重视，有关部门采取

第1章 京津冀协同发展，打造新型首都经济圈

了一系列举措,推动提升河北公共服务能力。但受发展水平和政府财力不足的制约,短期内还难以有效消除,需要持续加大对河北省的支持力度、不断缩小差距。

为此,必须发挥政府引导作用,引入市场机制,促进优质公共服务资源均衡配置,合力推进教育医疗、社会保险、公共文化体育等社会事业发展,逐步提高公共服务均等化水平。总的目标是,到2017年,实现京津冀公共服务规划和政策统筹衔接,在教育、医疗、文化等方面开展改革试点,逐步推广。到2020年,河北与京津的公共服务差距明显缩小,区域基本公共服务均等化水平明显提高,公共服务共建共享体制机制初步形成。重点是建立统一规范灵活的人力资源市场,统筹教育事业发展,加强医疗卫生联动协作,推动社会保险顺畅衔接,提升公共文化体育水平。

目前,京津冀三省市已在社会保障、医疗卫生、教育合作等方面进行了有益探索实践,积累了一定的经验。比如,京津冀三省市均出台了本地养老保险跨区域转移接续办法实施细则,发行了符合全国统一标准的社会保障卡,为实现区域内社会保障卡一卡通奠定了基础;目前三省市基本实现了城乡居民养老保险制度名称、政策标准、经办服务、信息系统"四统一";北京市与河北省就燕达国际医院合作项目签署协议,以合作办医和专科扶植的方式,由北京朝阳医院对河北燕达国际医院医疗管理和学科建设进行整体支持,共同探索解决医师异地执业、医保结算等难题;河北省6所交通职业学校纳入北京交通职教集团,破除了京津冀交通人才培养的地域限制,成立了京津冀卫生职业教育协同发展联盟;三省市共同推进旅游"一本书、一张图、一张网"合作项目,成功举办京津冀旅游投融资项目推介会,取得了初步成效。下一步,领导小组办公室还将加强统筹协调,积极推动落实基本养老保险关系跨区域转移接续、推动京津两地高校到河北办分校、支持开展合作办医试点等政策,力争在社会保障、教育、医疗卫生、文化、社会管理等公共服务领域一体化上不断取得明显进展,让广大群众切实得到实惠,感受到好处。

在强化创新驱动方面,京津冀协同发展有哪些考虑,提出了什么举措?

京津冀协同发展从根本上讲要靠创新驱动,这既包括科技创新,也包括体制、机制、政策和市场等方面的创新。京津冀地区人才资源密集、创新要素富集,是全国创新能力最强的地区之一,但也存在区域内创新分工格局尚未形成、创新资源共享不足、创新链与产业链对接融合不充分、区域创新合作机制尚未建立等问题。

推动京津冀创新驱动发展,要以促进创新资源合理配置、开放共享、高效利用为主线,以深化科技体制改革为动力,推动形成京津冀协同创新共同体,建立健全区域协同创新体系,弥合发展差距、贯通产业链条、重组区域资源,共同打造引领全国、辐射周边的创新发展战略高地。在推进举措上,一要强化协同创新支撑。加快北京中关村和天津滨海高新区国家自主创新示范区发展,打造我国自主创新的重要源头和原始创新的主要策源地;做好北京原始创新、天津研发转化、河北推广应用的衔接,构建分工合理的创新发展格局;在大气污染治理、绿色交通、清洁能源等区域共同关注的问题上,联合攻关,协同突破。二要完善区域创新体系。构建体制、机制、政策、市场、科技等多位一体的创新体系,共同培育壮大企业技术创新主体,建设科技成果转化服务体系,完善科技创新投融资体系,促进科研成果尽快转化为生产力。三要整合区域创新资源。集聚高端创新要素,促进科技创新资源和成果开放共享,加强科技人才培养与交流,为创新驱动发展提供有力支撑。

通过努力,力争到 2017 年,京津冀科技创新中心地位进一步强化,区域协同创新能力和创新成果转化率明显提升。到 2020 年,科技投入明显增加,研发支出占地区生产总值的比重有明显提高;区域科技功能分工明确,产业链与创新链高效衔接,创新要素有效流动与共享,创新驱动发展局面初步形成。

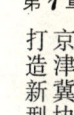

第 *1* 章 京津冀协同发展,打造新型首都经济圈

为贯彻落实党中央、国务院关于创新驱动发展的决策部署,目前,中央有关部门已编制完成关于京津冀创新驱动发展的指导意见,就打造京津冀协同创新共同体、促进京津冀创新驱动发展做出工作部署。同时,还在抓紧制定相关工作实施方案,确定具体工作任务、时间节点和责任分工要求,落实到具体产业、创新平台和示范园区中,将创新驱动发展各项工作真正落到实处,取得实实在在的成效。

请问京津冀协同发展在加大改革力度方面有哪些考虑,下一步有什么安排?

体制机制改革是有序疏解北京非首都功能、推动京津冀协同发展的制度保障。当前,京津冀统一要素市场发展相对滞后,市场壁垒仍然存在,协同发展还存在诸多体制机制障碍。必须消除隐形壁垒、破解制约协同发展的深层次矛盾和问题,把国家层面的重大举措与京津冀地区实际情况结合起来,创造性地提出推动区域协同发展的改革措施,下决心破除限制资本、技术、产权、人才、劳动力等生产要素自由流动和优化配置的各种体制机制障碍,尽快建立优势互补、互利共赢的区域一体化发展制度体系,打造区域体制机制高地。

推动京津冀协同发展,重点要从以下几方面加快改革步伐。一是推动要素市场一体化改革,包括推进金融市场一体化、土地要素市场一体化、技术和信息市场一体化等;二是构建协同发展的体制机制,包括建立行政管理协同机制、基础设施互联互通机制、生态环境保护联动机制、产业协同发展机制、科技创新协同机制等;三是加快公共服务一体化改革,包括建立区域内统一的公共就业服务平台和劳务协作会商机制,落实养老保险跨区域转移政策,统筹三省市考试招生制度改革等。

按照领导小组安排部署,目前有关方面正在研究制定京津冀协同发展体制改革的相关意见,一些重大改革方案和措施已相继出台。下一步,领导小组办公室将督促协调有关部门和京津冀三省市持续加大改革力度,按照"成熟一项、推出一项"的原则，抓紧出台重大改革措施实施方案，形成一系列可复制、可推广的体制机制改革措施，建立优势互补、互利共赢的区域一体化发展制度体系。

示范带动对京津冀协同发展尤为重要，请问下一步如何推动试点示范工作？

开展试点示范是有序疏解北京非首都功能、推动京津冀协同发展的有效举措。京津冀协同发展是一项巨大的系统工程，涉及的主体多元、领域广阔、层次复杂，因此，要从实际出发，选择有条件的区域率先推进，积极推动交通一体化、生态环境保护、产业升级转移、创新驱动、公共服务、有序疏解北京非首都功能、对外开放等领域先行先试，通过试点示范带动其他地区发展。

推动试点示范工作的方向和重点是：一是着力打造若干先行先试平台。开展北京新机场临空经济合作区改革试点，推进北京与河北共建曹妃甸协同发展示范区，开展生态文明先行示范区、绿色发展示范区建设等。二是推进重点领域率先试点。在交通领域，积极推进京津冀重点城市公交"一卡通"互联互通、汽车电子标识、货物多式联运和公路甩挂运输等试点工作；在生态环保领域，开展环首都国家公园试点，探索开展跨区域排污权交易、环境污染第三方治理等工作；在产业领域，鼓励京津冀国家级开发区共建跨区域合作园区或合作联盟，鼓励和推动中关村在天津和河北建设科技成果转化基地。三是统筹推动其他领域改革试点。选择部分市县先行开展社会保障、医疗卫生等方面同城化试点；开展混合所有制经济和民营经济综合改革试点，稳步推进行政管理体制改革试点等。同时，通过在土地、财税金融、对外开放等方面开展试点示范工作，推动区域整体协同发展，让老百姓看到京津冀协同发展的新进展新变化。

目前，有关部门已经在京津冀率先开展了一系列重大改革试点。领导小组办公室正会同中央有关部门和京津冀三省市抓紧研究试点示范的具体方案，逐项做好推进落实工作。

习近平总书记去年2·26重要讲话以来，京津冀协同发展工作取得了哪些新进展？

为贯彻落实习近平总书记重要讲话和指示批示精神，一年多来，按照党中央、国务院部署，领导小组加强统筹，领导小组办公室、专家咨询委员会、三省市和有关部门密切配合、共同努力，京津冀协同发展工作有力有序有效推进。

一是疏解北京非首都功能有序推进。北京市已制定并严格落实新增产业的禁止和限制目录（2014年版），截至今年7月底全市不予办理的涉及禁限目录的工商登记业务累计达6900件，目前已对照《规划纲要》对禁限目录进行了修订，即将发布实施2015年版禁限目录；北京市中心城区内已有36个商品交易市场外迁，大红门地区8家批发市场签约入驻河北永清服装城，600多家商户迁入河北白沟服装城；2015年确定淘汰的300家污染企业已退出185家。同时，聚焦通州，加快北京市行政副中心的规划建设，规划选址、方案制定等前期工作抓紧推进。与河北、天津的项目对接也有序展开，凌云化工、首农集团等一批央企和北京市属企业已整体或部分搬迁至河北；天津市发挥自贸区和国家自主创新示范区优势，正积极打造一批承接平台。

二是三个重点领域率先突破取得积极进展。按照要求，去年7月以来，领导小组办公室会同有关方面研究制定了三个重点领域率先突破工作方案并已印发实施。2014年三个重点领域率先突破方案确定的61项重大项目、重点工作都按进度完成了预定的目标任务。2015年确定的113项重点任务正在全力推进。交通方面，北京新机场加快建设，石家庄机场纳入首都机场集团统一管理；京津城际延长线和津保铁路将于今年10月底前完成联调联试；张唐铁路年内建成，京张铁路、丰台站改造工程前期工作加快推进，年内开工建设；首都地区环线高速、京秦高速、京台高速等一批"断头路""瓶颈路"段正在打通或扩容。生态环保方面,支持张承地区生态保护和修复的指导意见印发实施,三省市制定了2015—2017年植树造林实施方案,已将山东、河南毗邻河北部分区域纳入京津冀大气污染防治范围,区域联防联控污染机制已经建立,今年1—6月,京津冀区域13个城市PM2.5平均浓度同比下降22%。产业方面,北汽集团黄骅整车项目建成投产,北京现代汽车第四工厂25万辆整车项目于今年4月在沧州动建,曹妃甸千万吨炼油项目已核准;曹妃甸协同发展示范区、张承生态功能区、天津滨海—中关村科技园等重点合作平台加快建设。

三是重点领域改革创新加快推进。京津冀城际铁路投资有限公司已于2014年底正式挂牌运营,注册资本100亿元,通过投资一体化促进区域轨道交通网络一体化,已启动京唐城际铁路前期工作。医疗保险转移接续和异地就医服务障碍加快突破,河北燕达医院已纳入北京市新农合定点医疗机构,北京市正进一步推进燕达医院与天坛医院、安贞医院合作。北京海关、天津海关率先启动京津冀海关通关一体化,并扩大至石家庄海关,新的流程启动以来,通关时间平均缩短41天。北京市启动编制《中关村服务京津冀创新合作行动计划(2015—2017)》,积极推动自主创新相关试点政策率先向津冀有条件的园区溢出,努力打造区域创新发展新高地。产业转移对接企业税收收入分享办法经国务院批准后由财政部、税务总局联合印发实施,推动迁出地与迁入地区之间建立财政利益共享机制,促进区域间产业合理流动和布局。协调三家基础电信企业已于8月1日取消京津冀手机漫游费和长途费。积极推进三省市汽车电子标识试点,采取智能化手段提高交通便利性。

四是京津冀发展整体性增强。北京以疏解非首都功能为重点,着力构建"高精尖"经济结构,正在形成以服务业为主的产业结构,2014年中关村国家自主创新示范区对全市经济增长的贡献达两成;今年上半年地区生产总值增长7%,万元工业增加值能耗下降12.1%,高技术制造业增加值增长14.1%,服务业占全市生产总值比重达78.5%。天津市以创新引领转型发展,密切与京冀合作,2014年吸引京冀企业在津投资1128亿元,占天津全市利用内资的40%,北京、河北货物占天津口岸出口总额的35.8%;今年上半年,吸引京冀企业在津投资774亿元,占天津全市利用内资的44%,地区生产总值增长9.4%,规模以上工业增加值增长9.5%。河北省以化解优势富余产能、推进结构调整为重点,强化创新驱动,培育形成新的增长点,2014年完成压减炼钢产能1177万吨、水泥产能2863万吨、平板玻璃产能2533万吨,超额完成年度压减产能任务;今年上半年高新技术产业增长11.5%,从京津引进项目2697个、资金1474亿元,分别占全省的49%和46.3%。总的看,三省市按照中央的决策部署,正在逐步打破自家"一亩三分地"思维定式,密切配合,共同朝着协同发展的目标推进。

下一步,京津冀协同发展领导小组办公室将如何抓好京津冀协同发展战略的贯彻落实?

目前,京津冀协同发展工作已经有了好的开头,已进入抓紧贯彻落实《规划纲要》的阶段。7月24日,张高丽副总理主持召开京津冀协同发展工作推动会议,认真学习贯彻习近平总书记关于京津冀协同发展的重要讲话和指示精神,学习李克强总理重要指示批示要求,总结前一段的工作,围绕全面贯彻落实《规划纲要》,研究部署下一阶段工作。领导小组办公室将按照会议部署,重点做好以下几方面工作。

一是以推进实施《规划纲要》为工作主线,统领京津冀协同发展战略实施。制定贯彻落实《规划纲要》分工方案,深化细化分解工作任务,落实到具体单位,明确路线图、时间表和责任人。推动京津冀三省市抓紧出台各自贯彻落实《规划纲要》的实施方案和支持政策,协调加快编制土地利用、城乡、生态环境保护等相关专项规划,搞好地方规划及各专项规划之间的相互衔接。以《规划纲要》为基本遵循,抓紧编制京津冀三省市"十三五"时期统一的国民经济和社会发展规划,切实打破"一亩三分地"思维定式,增强京津冀整体性。

二是突出有序疏解北京非首都功能这一核心，在牵住"牛鼻子"上下更大功夫。进一步统一思想认识，加强各方面统筹协调，发挥好政府和市场两只手的作用，充分调动中央和地方两个积极性，抓紧出台实施疏解北京非首都功能控增量、疏存量等相关政策和配套措施，先行启动一批疏解示范项目，深入开展相关重大问题研究，稳妥推进相关工作。高起点、高标准规划北京市行政副中心，抓紧研究推进市行政副中心规划选址、方案制定等前期工作，加快市行政副中心建设。对重点地区要统一规划，强化土地供应管控，严格城镇开发边界，防止在北京周边地区盲目搞房地产和炒作房价。

三是持续推进交通、生态环保、产业三个重点领域率先突破，力争不断取得新进展、新成效。抓紧推动重大项目和重点工作任务，当前和长远结合，科学论证选准选好项目，按照在建一批、开工一批、储备一批的要求制定有效投资滚动计划，充分发挥对稳增长、促改革、调结构、惠民生和协同发展的重要作用。按照每月了解报告工作进度，每两个月调度工作进展的机制，加大调度衔接和检查督导力度，加强和有关方面的沟通衔接，全力抓好推进落实工作。

四是强化深化改革、创新驱动、试点示范三个关键支撑，为京津冀协同发展提供强劲动力。积极协调有关方面加大创新驱动、公共服务、体制机制等重点领域的改革力度，以点带面、先易后难，进一步激发市场和社会活力，选择有条件的地区和领域率先开展试点示范，按照"成熟一项、推出一项"的原则，研究制定每项改革措施的具体操作方案并加快组织实施，务求每项举措都能落到实处。

五是进一步完善协同发展工作机制，确保各项任务按时高效完成。领导小组办公室加强统筹指导和综合协调，推动实施重大规划、重大政策和重大项目，协调解决跨地区、跨部门重大事项，健全完善督促检查机制；推动三省市深化合作联动，中央有关部门立足自身职能，积极落实相关工作，充分发挥专家咨询委员会的咨询论证作用。建立健全宣传工作机制，及时发布京津冀协同发展的重大政策，积极宣传有关部门和地方推动京津冀协同发展的工作进展和成效，把中央战略意图宣传好，让京津冀协同发展理念深入人心，让人民群众及时了解这一重大国家战略的推进实施情况并积极参与和监督有关工作进展情况。同时，深入开展修法立法、优化行政区划和协同管理机制重大问题研究等工作。

"一分部署，九分落实"。京津冀协同发展是全社会共同的事业，需要调动各方面的积极性，既要落实好顶层设计，又要发挥基层的首创精神和群众的能动性。领导小组办公室、三省市和有关部门将坚持"三严三实"，敢于担当，攻坚克难，推动政策措施落地生根，把工作抓实抓好抓出水平。建立健全工作督办机制，主动沟通协调，及时解决问题。加强重大问题调研，充分发挥专家咨询委员会的作用，提高政策措施的科学性针对性，确保京津冀协同发展今年实现良好开局。

京津冀一体化特点、挑战和政策难点*

最大特点是"行政色彩"

京津冀一体化，首先是一个区域问题，中国的区域问题和国际不太一样，我们首先要了解中国的区域特点。

第一，以行政区为主导的区域发展大框架。行政区导致基础设施的配置和公共服务体系的供给在某种程度上相对封闭。

第二，区域内有不同等级的行政区。通过不同层级城市来体现，使城市的等级和行政区紧密联合在一起。

---

* 李铁：《京津冀一体化特点、挑战和政策难点》，《新京报》2014年5月14日。本文为作者在国家发改委城市和小城镇改革发展中心与新京报社共同举办的"2014中国城镇化高层国际论坛特别对话——京津冀一体化如何突围"上的主题演讲。

第三，中国的区域某种程度上是相互竞争的关系，不是协作的关系。行政区域的政绩考核和公共资源的供给差异，导致这种竞争在近三十年、特别是近二十年来，越来越强烈。在这种竞争格局下，大量政府配置的要素和资源价格被大大压低。

第四，自然、环境和区位条件不同，区域发展呈现出不同的特点。所以，不同区域的协调发展与合作规律是不一样的。

在这个认识框架内，如何认识京津冀一体化？

第一，京津冀是中国行政区划中最具有特点的一个区域，有强烈的行政色彩，是两个政治局委员领导的北京和天津，和两个中央委员领导的河北省，他们在区域等级上是不对等的。

第二，在整个京津冀协同发展中，一系列思维方式都是围绕着"保北京"为前提提出的，这就使整个区域出现了不均等的机会，也使资源配置出现了巨大的空间差异。

第三，由于历史的原因，也有发展阶段的原因，三个地区的发展呈现不同的特色：北京通过绝对的行政权力和行政机构设置，高度聚集了服务业，尽管也有很多工业，但是以服务业发展为重要特色。天津是传统的工业城市，到今天工业化已经发展到中后期阶段。河北在"保北京"的前提下，享受不到北京对它产生的各种功能辐射，大量的人才资源还被吸引到北京来，只能在已有的资源条件下发展特色产业，比如有铁矿、有煤矿，所以发展钢铁工业。但是在发展阶段、人均投资水平、人均财政收入上，三地有非常大的差距，"环北京贫困带"就明显呈现出这个差距。

第四，在各自不同的发展阶段下，整个区域中出现了强烈的同构竞争。大家都希望按照中国城市发展模式获得更多的优质资源。河北在环北京经济圈的规划中，确定了沿北京的 14 个试点城市，在他们各自制定的城市发展规划中，出现了竞争的姿态。本来从北京的角度讲，低端产业外移，向河北等城市辐射，但是河北则希望吸引北京更多的优质产业进来，周边 14

第 **1** 章
打造新型首都经济圈
京津冀协同发展，

个城市提出的概念同构,都希望把北京的房地产项目移到本地。在都以房地产发展作为重大依托的情况下,周边的中小城市形成了同构竞争。这种态势不仅没有得到资源特点的互补,反而产生了强烈的竞争,加剧了封闭。

第五,公共服务水平差距巨大,使这种合作变得越来越不可能。最大的问题就是户口,北京的户口只能和上海对调,和天津都不能对调,更不要说河北的中小城市了。这种户口所带来的优质公共资源的福利化供给,会使大量的其他资源和人口,为了享受这种福利,偏向于向北京集中。2008年以后,北京的招商引资为什么具有绝对的优势?就是因为有福利供给的特点,使这些资源更多集中到北京。2008年到2010年这三年,北京年均人口增长80万,和它加大招商引资的力度有直接的关系。

行政主导易导致"虚化"

在这个体制下研究京津冀一体化,确实是一个巨大的挑战。我们要知道现在研究京津冀一体化不是按照传统的方式,是要更多强调市场化资源的配置,但是在以行政为主导的时候,原来的协作变成了还是"保北京",就使整个一体化的概念变虚了。

挑战之一,到底是"保北京"还是促进协同发展?京津冀和长三角、珠三角不一样,上海的工业对长三角、对浙江、江苏形成强烈的辐射,香港服务业的辐射则带动了珠三角商业的发展。可是北京对周边缺乏辐射能力,上世纪八十年代以来北京对自己辖区内都缺乏辐射能力。所以我们看北京郊区的乡镇企业比天津、比浙江、广东差很多,因为北京工业很小,而且管制得非常严。在这个前提下,怎么样发挥对河北、对天津的辐射作用呢?

挑战之二,天津和河北在发展中还有强烈的同构性,都是发展工业。只不过河北以民营为主,天津发展水平要高一点,已经跳出了钢铁工业一家独大的趋势,发展多元化的现代工业企业。

挑战之三,市场关心的和我们研究所关心的完全是两码事。前几天传言说"保定要成为政治副中心",一下子把保定房地产价格大幅度抬高了,我想这是中央不愿意看到的。河北制定京津冀一体化的时候,更希望通过北京优质资源外移，以帮助河北解套，他们在过去三年大拆大建过程中走了一些不正确的发展路径，搞了一些生态城，由于后续没有资源的供给，这些生态城面临"鬼城"的危险，于是想着能不能通过一体化把资源给唐山、廊坊等地，使这些新城重新起死回生。

难点在优质资源配置

对中央来讲，制定京津冀一体化政策，要面临以下几个具体的问题。

第一，北京到底以什么样的心态来面对一体化？因为雾霾、交通拥堵……把这些都归结于人口过度膨胀，就通过人口外移和控制人口的方式缓解"城市病"吗？这个是要进一步去考虑的。当这个城市有足够多优质资源的时候，一定会有大量所谓的中低端资源的配套。白领、企业总部的老板，包括大量的高档饭店，需不需要服务员、需不需要清洁工人、需不需要快递、需不需要保安、需不需要保姆？可是这些人，他们去购买东西是会到大商场、超市，还是去和他们收入水平相近的小饭店、小零售商、小市场呢？这就是所谓低端产业的来源。当城市有大量精英人士聚集的时候，会需要更多的服务。以排斥人口的方式来缓解北京城市压力，进行京津冀一体化，这不是一个好的方案。北京还有一系列中低收入人口需要充分的就业来支撑。

第二，很多人提出把北京优质资源外移，我想应该从增量优质资源上考虑。制定一个政策的时候一定要想每个人的选择。大量的优质医院、教育资源是不会迁出的。所以优质资源增量放缓进入北京应该是一种措施，新增的一些总部、大学新校区是不是考虑不要集中到主城区？可以分布到北京的郊区，或者到与河北交界的地方去。即便解决了增量，人口还是会继续向北京市区集中，市区有这么多的优质资源，它还会承载未来城镇化的人口。只不过放缓了增长速度，给未来改善基础设施提供了时间。放缓增长速度应该是一个主前提。

第三，如何发挥市场机制的作用？人向哪里去，政府不应该通过行政的方式来规定，而是把路径搭好，他们自主选择去哪里。现在的问题是基础设施资源的配置被行政分割，如果我们在这三个地区建立交通资源的配置体系，由中央政府引导民资、外资的力量来修建交通，根据人口的聚集方式来选择运输承载方式，市场就会确定人和技术等要素向哪里去。很多北京市的居民觉得雾霾很严重了，想到外面去选择一个适合生活的环境，他会自主选择，这是整个一体化非常重要的前提。

第四，北京对外辐射的最大优势是服务业。怎么样通过交通设施的改造，加快服务业对周边地区的辐射，形成新的增长点，这是需要我们研究政策的时候认真考虑的。

最后，中国城镇化高速增长还要持续二三十年，不是一年两年就完成了，京津冀一体化政策的实施也不会在一两年就完全落实。只有在这些大前提下，我们以市场化为主导，制定长期的发展政策，政府做该做的事情，京津冀一体化的目标可能就更为合理。还有就是我们不能期望在十年内就可以出现一个所谓合理的城市布局，三十年形成的框架、结构、人口和产业的组合，不可能瞬间搬出北京，如果要这么做，肯定是短期行为在主导着京津冀协同发展的思路，最后还是事与愿违，并可能造成巨大的社会资源的浪费。

其实重点在于思路，在于机制的建设。所以，我个人认为京津冀一体化的规划，重点在于机制建设，通过十年的努力，形成协同发展、市场主导、政府规划的合理机制，才是最终解决问题之道。

把握京津冀协同发展新方位 *

京津冀地区作为我国优质生产要素富集区，已成为当今世界最活跃的区域经济中心之一。目前，京津冀协同发展已成为事关我国经济未来走势

---

* 孙久文：《把握京津冀协同发展新方位》，《人民日报》2014年10月16日。

的重大国家战略，京津冀地区正站在新的历史起点上。

京津冀协同发展的必要性

京津冀地区发展存在的突出问题制约了其作用的充分发挥。改革开放以来，京津冀实现了快速发展，但也存在一些突出问题。一是行政分割严重，缺少协同发展的机制体制；二是定位不清晰，内部发展差距大；三是中心城市辐射带动能力弱，京津两大城市对周边地区的资源存在"虹吸效应"，河北环绕京津还有20多个贫困县、200多万贫困人口。京津冀只有协同发展，才能持续健康发展，并增强对全国经济发展的带动作用。

北京的城市病问题严重阻碍了国际化大都市建设和国家发展战略落实。北京城市发展中人口非理性增长、交通拥堵、水资源短缺、空气污染严重、房价居高不下等问题，已导致北京经济增长速度下降、服务国家发展战略的能力下降、居民生活质量下降。目前北京的人均生产总值为15000美元，仅相当于纽约、东京、伦敦等城市的1/3。我们离发展的目标还很远，但发展的资源几乎被耗竭了。解决北京城市病问题，使北京放下沉重的发展包袱、增添发展动力，是北京发展的需要，也是国家发展战略的需要。

大范围的雾霾天气凸显京津冀协同发展刻不容缓。近年来，大范围雾霾天气的出现，凸显京津冀地区城市人口过度集中、机动车增长过快、产业结构不合理、重化工业比重过高等弊端。解决资源环境问题，增进居民福祉，推动区域协同发展刻不容缓。

抓住京津冀协同发展的机遇

城市功能疏解的机遇。疏解非核心功能是北京城市减负的主要手段。北京在几年前就有疏解冗余功能的做法，但收效不大，症结在于错综复杂的关系使任何一个疏解行动都面临巨大阻力。实施京津冀协同发展战略是疏解非首都核心功能的良机。北京城市功能疏解的目标是优化资源配置，把更多资源用到发展城市核心功能上。这就要求在疏解中坚持城市发展定位，优化产业结构，巩固核心功能，抑制一般功能，疏解非核心功能；提高空间效率，合理改造城区，丰富发展郊区。这样做的前提是准确识别哪些是非核心功能，防止"误删"影响北京的长远发展。

产业转移持续加速的机遇。进一步推动产业有序转移和优化配置，是京津冀协同发展的主要任务之一。随着产业价值链不断分解和区域专业化分工加深，中心城市拥有知识、技术、人才等高端要素资源的创新集聚区将更加专注于高端产业发展，制造业、部分生产性服务业、部分陆路物流业等将北靠、南移，促进环京津周边地区工业化与现代化进程。加快产业转移，目的是让核心城市的产业结构更加优化、企业更好发展。实现这个目的，首先要完善鼓励和保护政策，解决好企业转移中遇到的问题；其次要保障资源供给，在土地、能源、用工等方面为企业提供帮助；再次是营造良好环境，使企业在聚集中加强生产联系、提升协作水平。

推动交通建设和大气治理一体化的机遇。将交通基础设施建设作为突破口，加快高速公路、高铁和轨道交通的建设和衔接，服务三地要素流动，是京津冀协同发展的最大机遇之一。治理雾霾天气，需要京津冀加强合作。应加强生态环境保护合作，健全大气污染联防联控机制，并以此为契机，加强水资源保护和治理、清洁能源使用等领域的合作，为区域发展提供坚实的生态保障。

推进京津冀协同发展的要点

加强顶层设计。首先，增强京津冀区域认同，新方位是实现对"首都经济圈"的普遍认同。其次，明确京津冀地区在全国区域发展总体规划中的角色定位和区位优势，以此为依据确定京津冀协同发展的战略目标、重点任务和实施路径。再次，进行多层次、多维度的协同发展改革试点，逐步丰富协同发展的内容。

协调地区利益。应建立健全地区利益协调机制，具体包括：一是制定生态环境建设和补偿机制，加强区域援助，特别是对河北北部生态涵养区和水源汇集区的区域援助；二是推进财政和金融体制改革，把比较成熟的转移支付政策应用到对区域内贫困地区的扶助中来；三是完善公共服务体系，通过市场开放、打破公共服务的省市分割，逐步实现公共服务资源均衡配置；四是解决农民工市民化问题，促进城镇化健康发展。

调整空间关系。随着京津冀区域分工程度的加深，空间上的合理布局成为重点。优化空间布局，涉及基础设施共建共享、重点城市—产业带构建、主要经济增长极选择、人力资源自由流动等，都是协同发展战略的重要内容。应建立一种柔性的、有利于消解地区矛盾和实现互动发展的空间关系，这是协同发展能否实现的重要标志之一。

统一产业规划。要使区域经济保持强大生命力和强劲发展势头，就必须打破行政分割，加强发展规划协调。应从各地比较优势和竞争力出发，统一制定产业发展规划，促进区域产业结构优化。具体分工可以是：北京集中发展高端服务业和高新技术产业，天津集中发展高端制造业和生产性服务业，河北集中发展基础制造业和交通物流业。

"京津冀一体化"顶层设计新思维 *

习近平总书记在京津冀协同发展座谈会上的七点要求，是迄今为止在最高层级谋划京津冀一体化发展的最新战略。这"两最"具有丰富的内涵，需要用新思维深入解读。

顶层设计首先要进行观念的顶层设计

我们必须承认，在区域经济一体化推进中，京津冀落后于长三角和珠三角的发展。这种落后，某种程度上也许正暴露出体制的落后。顶层设计

---

* 王曙光：《"京津冀一体化"顶层设计新思维》，《人民论坛》2014 年 5 月下。

首先需要进行观念的顶层设计,没有相当的共识,顶层设计就无法走到"顶层"的高度。首都经济圈的早日形成,不仅仅是经济的聚焦,更是改革这把利剑在体制胶着中的较量。

"全面深化改革",就要敢于深化到京津冀这样的老大难问题中去,啃了"硬骨头",才能产生改革的深度效应。进一步说,"国家治理体系和治理能力现代化",也就看我们能否破除体制机制的壁垒,在能力上展示"设大局、下大棋"的国际水平。而要做到这一切,首先必须聚焦一个字——"破"——破除一切阻挡"首都经济圈"形成的障碍。

首都经济圈的"障碍清单"

"首都经济圈"究竟被什么阻碍了呢?

一是行政区划障碍导致缺乏跨界思维。行政区划天生带有行政的权威性和较为固化的框架,这种权威性和框架便于区域管理,但是不利于要素的流动。当市场经济最宝贵的自由流动要素遇到行政的壁垒,就犹如大潮遇到堤坝只能折身返退。近在咫尺的北京和天津,一个是首都、一个是直辖市,按理说,北京、天津如此大的两个城市双子座,联动效应至少应该是一加一等于二,或者大于二。然而,现状则是两强相峙,结果不仅没能一加一大于二,反而产生了互相排斥的"物理效应"。因此,京津冀在体制上要保持现有的行政区划,也要在机制上突破行政壁垒。我们必须要有跨界思维,大量植入商业元素,开辟市场经济长驱直入的大通道。

二是骨子里的小农意识。我们必须反思为何京津冀一体化格局十年未实际形成,"靴子"为何迟迟落不了地?当下中国,虽已进入全球化,科技水平突飞猛进,但在行政区划的框架内,各地依然习惯于画地为牢,只要在地域边界处,思想上、制度上就会竖起一道城墙,拒人于城墙之外。"一亩三分地"意识强烈,融入与合作意识必然缺乏。这就导致我们的许多机会失去了,资源被碎片化地流失了。小农意识强化了落后体制的顽固性,而体制的庇佑又使得小农意识在官场很有市场。站在"小圈子"作"大评价"，这就使得"一亩三分地"永远进入不了大格局。以小农意识为根源的狭隘的政绩观，使人坐井观天，既耽误自身发展，又延误了大局。以语言为例，中国的方言之多，既是一种历史和文化，客观上也是一种交流的壁垒或障碍。新中国成立后，为改变交流障碍，我们推广了普通话。而今天，区域经济协同发展又何尝不需要用一种新的"经济普通话"来推翻以往的壁垒呢？农村的改革要将土地集约化使用，放大了看，京津冀一体化也是要将自己的一亩三分自留地交出去，主动融入"集约化"大格局。我们必须要有"转身思维"，把小农转化为"股东"，完成身份的转变。

三是缺乏工业化思维。京津冀一体化的障碍，还在于管理思维的滞后。随着市场经济的推进，我们必须全面导入工业化管理思维。一个社会进入到工业化时代，不仅仅是生产和使用工业产品的时代，而且是用工业化思维管理社会的时代。工业化管理思维表现在顶层设计中，就是将社会诸多要素看成一个个齿轮，再将这些齿轮进行最佳排列组合，以产生最优功能。工业化管理思维讲究标准、流程、精确，最终体现的是"逻辑"的力量。而与之相对的"小农管理思维"，更多则是碎片化的随机应变。在京津冀一体化发展中，北京、天津、石家庄、唐山、邯郸、秦皇岛、保定、张家口、承德、廊坊、沧州、衡水、邢台……这些齿轮之间究竟是什么关系，怎样的排列才是最佳组合？在工业设计中，从来不会人为地放大一个小齿轮的作用而放任齿轮组合不合逻辑。换言之，我们必须把原来那种模糊的、概念的、感性的"语文模式"转化为"数学模型"，用坐标和数字清晰地勾画出首都经济圈的确定框架和最优价值。

以"底线思维"破解区域经济发展难题

无论是城市化还是城镇化，无论是眼前难以对付的城市病还是将来的发展，京津冀一体化已到了"底线思维"阶段——不是选择不选择的问题，而已经是别无选择。这是北京的不二选择，是天津的不二选择，也是河北的不二选择。环境不可持续，资源不可持续，生产方式甚至生活方式不可持续，必须有一次彻底的变革才能生存。这种严酷的倒逼考试，有可能逼出真正的创新思维。唯有新的切分与重组，才能让这三地相加大于三。北京的"大饼"不能再摊（城市扩容）；天津的"麻花"不能再卷（产业重叠）；河北的"灯下"不能再黑（方向不明）。该动行政区划的动区划，该产业调整的调产业，该形成链接的形成链接；该靠拢的靠拢，该转移的转移，该合并的合并，该拆分的拆分；该成为领子的成为领子，该成为袖子的成为袖子，该成为衣身的成为衣身。

一件衣服不能领子太大，袖子太短，衣身太破。总之，我们要把这块布重新裁剪，清晰的定位可以是：作为衣领，北京是政治中心、文化中心、国际交流中心、科技创新中心，在工业经济上可以"虚"一点，为自己获得更精确定位和更大空间；作为衣袖，天津可以"长"一点，成为环渤海地区先进制造业中心和物流中心，延长经济手臂，更多外向发展；河北作为衣身，当"实"一点，急需在重要基础工业和先进制造业基地上夯实基础，沉淀经济元素，在拉动内需中保证京津冀一体化稳步发展。如是，棋局已成，棋子之间的关系和价值也就明晰了，规模与产业链效应相得益彰的"大象经济"便呼之欲出了。

我们希望看到京津冀三地在首都经济圈的统领下，各自进行良好的"自转"，同时进行准确的"公转"。而最终，区域经济的绩效评价，就看自转和公转能否沿着顶层设计的轨道有序进行。

京津冀协同发展战略使命和责任的定位 *

使命和责任定位是京津冀协同发展顶层设计的首要问题，京津冀协同发展战略使命和责任可以定位于"一圈一极一体两区"。

---

* 杨开忠：《京津冀协同发展战略使命和责任的定位》，《光明日报》2015 年 1 月 28 日。

一、世界一流的国家首都圈

我国已经成为世界第二大经济体,未来10年内还将跨越中等收入陷阱进入高收入国家行列。国际经验表明,作为高收入大国多功能中心的首都与其周围地区组成的首都圈通常是具有全球一流影响和水平的。北京是比较典型的多功能中心型首都,加之京津冀建设世界级城市群的国家目标,面向未来打造世界一流的国家首都圈,无疑是京津冀协同发展战略使命和责任。

建设世界一流的国家首都圈,一要在明确北京全国政治中心、文化中心、科技创新中心、国际交往中心战略定位的基础上,下决心以教育、科技、文化、卫生、交通、行政功能为先导,采取外科手术式的方式,调整和疏解非首都核心功能。同时,将天津建成全国高技术产业基地,提升天津北方经济增长极以及综合交通、金融市场和物流贸易中枢的功能;提升河北教科文卫功能和商贸物流业基地功能,强化河北首都圈生态屏障和水源涵养区功能,实现河北产业升级和绿色崛起;二要巩固提高北京、天津国家中心城市地位,强化石家庄、唐山区域中心城市地位,把沧州、邯郸建设成为新的区域中心城市,把保定、廊坊、秦皇岛、张家口、承德、邢台、衡水建设成为专业化中心城市,以中心城市为依托、以一小时通勤圈为先导培育各具特色的都市圈,形成多中心多圈层均衡发展格局;三要加强多中心一体化综合交通网络建设,实现从单中心放射型向多中心网络型交通布局的转变;四要以"燕山—太行山、黑龙港流域集中连片特殊困难地区"扶贫攻坚为基本,以基本公共服务均等化为重点,以收入分配差距缩小为方向,着力推进区域生活水平均等化;五要建立健全区域共同价值观、共同市场。

二、国家空间经济协同发展极

打造国家空间协同发展极是京津冀协同发展又一重要战略使命和责任。首先,党的十八大以来,我国空间经济发展形成了国内国际空间新的"两个大局"战略构想。京津冀地区是中国与世界经济主要结合部之一，是推进丝绸之路经济带建设的重要中心地，也是推进 21 世纪海上丝绸之路建设的重要战略支点区，是实现新的两个大局战略构想的重要引擎。其次，协调东中西、平衡南北方是国家经济空间协同发展面临的重大战略问题。京津冀位于环渤海地区中心，是中国北方地区最重要的核心区，是有效协调东中西、特别是平衡南北方的中心地。

打造国家空间协同发展极，一要以自由港为远景目标加快建设中国（天津）自由贸易试验区，并适时将试验区优惠政策向京津冀其他重点功能区延伸；二要按照立足周边、辐射"一带一路"、面向全球的原则和要求，加快发展世界性总部经济；三要将河北曹妃甸新区、正定新区、沧州渤海新区提升为国家级新区，建设新亚欧大陆桥经济走廊黄（骅港）石（家庄）新（疆）欧通道，着力引导人口和经济功能向渤海滨海地区和冀中南转移，建设"一轴两纵两横"空间经济轴线格局。"一轴"即京津发展主轴，"两纵"即京石邯发展纵向次轴、京唐秦发展横向次轴，"两横"即渤海滨海发展纵向次轴和石沧黄发展横向次轴。

三、国家创新中心区域共同体

实现经济发展方式从要素驱动、投资驱动向创新驱动的转变，建设创新型国家，是我国跨越中等收入陷阱、实现"两个一百年"奋斗目标、实现中华民族伟大复兴"中国梦"的国家核心战略。京津冀地区是我国创新资源最丰富、创新能力最强的地区。最大限度地发挥京津冀地区创新潜力和优势，支撑和引领创新型国家建设，是国家战略的必然要求。因此，京津冀协同发展应当打破条块分割，营建具有全球影响力和竞争力的国家创新中心区域共同体。

建设具有全球影响力和竞争力的国家创新中心区域共同体，一要进一步打破科技市场的条块分割，探索建立技术市场监管的区域标准和制度，建立健全开放、自由、有效的科技共同市场；二要围绕产业链（特别是战略性新兴产业链）、科技园区和创新服务体系，培育和壮大产学研用协同创新网络，着力推广中关村国家自主创新示范区政策，建立天津国家自主创新示范区，完善国家自主创新示范区"一区多园"制度；三要设立国家教育区域协同改革示范区，加快研究型、教学型、职业型现代高等院校制度的分类改革，建立健全区域共同高考招生圈，形成开放、统一、均等、充满活力的区域教育体系。

四、国家生态文明区域协同建设示范区

生态文明是人类文明发展的新形态，是中国特色社会主义事业建设总体布局的新方面。探索生态文明建设之路，是当今中国和世界面临的重大理论和实践问题。自然环境是一个结构化的整体，牵一发动全局，一个区域对当地自然环境的干预或多或少，或早或迟都会影响别的区域的自然环境。这样，生态环境问题几乎无不是跨越特定尺度区域的。因此，跳出自家"一亩三分地"，区域协同作战是有效解决生态环境问题、推进生态文明建设的必由之路。京津冀生态文明建设，一方面，生态效率两极分化严重；另一方面，水极度短缺，生态破坏和环境污染十分严重。因此，无论从必要性、可能性还是从紧迫性来看，打造国家生态文明区域协同建设示范区应当成为京津冀协同发展的重要战略定位。

打造国家生态文明区域协同建设示范区，一要着力节流开源，推行水权交易制度，构建区域互通共济、统一调配、永续利用的水资源新格局；二要重点完善区域重大能源基础设施布局，推行节能量交易制度，构建安全、智慧、清洁、高效、可靠的现代区域能源体系；三要健全环境污染联防联控合作机制，建立健全环境保护的区域共同市场、标准、法规和监测预警网络；四要统筹山、海、田、林、水等生态环境要素，建立地区间生态补偿制度和国家公园制度，建设坝上高原生态防护带、燕山—太行山生态涵养区、华北平原宜居生态保障区和滨海生态防护带，构筑一体化的区域生态安全格局。

五、国家区域治理现代化首善区

中国是一个幅员辽阔、地域差异十分显著的巨型国家，地方和区域治理体系和治理能力现代化是国家治理体系和治理能力现代化十分重要的方面。京津冀地区是国家首都、国际交往中心所在地，是展示国家治理体系和治理能力现代化的窗口。因此，创新区域协同发展体制机制，打造科学、民主、法治、有效的国家区域治理体系和治理能力现代化首善之区，应当成为京津冀协同发展战略的使命和责任。

打造国家区域治理现代化首善区，一要按照兼顾规模经济、多样性偏好和外部性内部化的原则和要求，设立管理跨省市事务的机构，优化省、直辖市设置，推行省直管县，探索实行县辖自治市，强化以谈判和协议为基础的横向合作网络；二要探索设立京津冀协同发展基金和政策性银行，完善区域治理的投融资支持系统；三要赋予区域一体化先行先试政策，制定"首都圈治理法"，实行依法治区。

为京津冀协同发展共补"短板"*

2014年9月，农工党中央邀请国家发改委、国家卫生计生委、国家中医药管理局及京津两市有关领导和专家组成调研组赴河北就促进京津冀协同发展开展专题调研。调研发现，河北发展历史欠账多、产业结构不合理、交通对产业发展和人口转移掣肘严重，已经成为京津冀协同发展中的"短板"，农工党中央经过认真调研，从多个方面为补齐这个"短板"提出了意见建议。

数据显示，毗邻首都北京的河北省人均生产总值仅为北京的41.2%、

---

* 农工党中央：《为京津冀协同发展共补"短板"》，《人民政协报》2015年5月29日。

天津的38.2%，其城镇化率只有48.1%，环京津集中连片贫困带有29个县、266万人，成为京津冀协同发展明显的"短板"，且与京津的差距呈进一步扩大趋势。农工党中央调研组认为，当前促进京津冀协同发展的工作重点，应该是充分发挥"京津冀协同发展领导小组"的重要作用，提高大气污染治理与协同发展的工作效率，尤其应从政策上给予河北更多倾斜，加快京津冀交通网络设施建设，支持河北转型升级、绿色崛起，缩小河北与京津差距。

一、加大国家政策对河北发展的支持力度

建议在京津冀协同发展规划总体要求中，将河北定位为：首都圈城市群功能拓展区、京津冀生态环境支撑区、环渤海改革开放新兴区、国家级健康产业示范区、全国产业转型升级先行区。并在以下八个方面给予具体政策支持：

一是改革政策支持。将河北作为相关重点领域先行先试的改革试点。如新型城镇化和中小城市综合改革试点，混合所有制经济和民营经济改革试点，投资和贸易便利化改革试点，环境污染第三方治理、排污权交易等改革试点。

二是开放政策支持。把天津滨海新区政策赋予河北曹妃甸区、渤海新区、北戴河新区三大开放平台，支持曹妃甸建设中外合作平台，支持建设北戴河国际健康城，打造国际医疗旅游服务贸易示范区。

三是科技政策支持。改变河北传统产业结构，加强创新驱动。习近平总书记指出，研发可以放在北京，成果转化和产业化基地可以放在天津、河北。但如果河北政策不如北京、天津政策优惠，北京的单位和企业就难以过去。因此，建议将北京中关村的政策延伸到河北的高新技术开发区。

四是土地政策支持。允许土地占补平衡政策在河北全省范围内调剂使用。简化用地审批流程，提高建设用地审批效率，对经国家批准的基础设施项目的控制性工程，经报审国土资源部同意后，可以先行用地；属单独

选址的重点建设项目用地,涉及补充耕地的可以依据经审查批准的补充耕地方案边占边补。

五是财政政策支持。针对河北省为中国革命作出较大贡献、经济社会发展相对落后、财政较为困难的革命老区县(市),建议在《革命老区转移支付资金管理办法》的基础上,加大一般性转移支付力度,并参照西部政策在分配其他财力性转移支付时给予倾斜。

六是生态政策支持。按市场经济原则进行生态补偿,使张家口、承德等担当生态涵养任务的地区,从根本上解决生态价值补偿问题。

七是扶贫政策支持。比照西部大开发政策,在扶贫攻坚、基础设施建设等方面给予河北重点支持。中央财政扶贫资金逐步加大对河北贫困地区的扶贫资金投入力度,主要用于贫困乡村的基础设施建设、种植和养殖业、农村基础教育和职业技术教育、文化卫生事业和先进适用技术的推广与培训。加大中央转移支付力度,提升河北就业、社会保障等公共服务水平。

八是产业政策支持。参照振兴东北老工业基地政策,出台推进其产业转型升级的政策措施,加大在财政、税收、审批、信贷等方面的政策支持力度。如,提高对产业升级改造项目的中央预算内资金支持比例,对具备条件的企业,适当降低资源税税额标准,允许新购进机器设备所含增值税税金予以抵扣等。

二、加快首都产业转移和承接,强化京津冀科技、教育、卫生协同发展

多年来,河北省牺牲自身利益支持京津发展,在阻风沙、供水源、保稳定等方面作出了重大贡献,但其产业发展尤其是先进制造业、战略性新兴产业方面,与京津相比始终处于落后地位。河北产业体系相对完整、自然禀赋好,建议国家在重大生产力布局上向河北倾斜,尽快缩小河北与京津发展的落差。一是加快河北承接产业转移平台建设,支持曹妃甸区、渤海新区、北戴河新区、新机场临空经济区、白洋淀科技城、正定新区、冀

南新区等重点园区平台建设，打造区域协同发展的重要引擎；二是推动石化、汽车、机械加工等制造业，以及航空航天、电子信息、生物制药等高端制造业的生产和配套环节向河北转移；三是鼓励河北沿海地区发挥地域优势，遵循循环经济理念，建设新型重化工业基地，重点发展现代钢铁、大型先进技术装备、石油化工、大型海水淡化、先进能源转化等产业；四是加快推进中石化曹妃甸千万吨级炼油项目开工建设，打造曹妃甸世界级石化基地；五是支持河北依托重要交通干线和产业聚集平台，加快发展新能源装备、节能环保产业、生物制药、新材料、新能源汽车等战略性新兴产业以及现代物流、研发设计、金融服务等生产性服务业。

同时，重点解决河北在民生领域的"短板"问题，加大干部交流和智力支援，促进人才自由流动和优化配置，加快向河北疏解科技、教育、卫生等功能。一是支持和鼓励京津科研机构在河北建设中试基地，实践产学研一体化模式，推动建立京津冀区域内科技成果的发现、筛选、评价和转化机制。建议科技部以国家科技专项、"863"、"973"计划等成果为重点，组织实施重大工程，促进重大科技成果在河北转化。采取多种形式促进高端科技人才到河北创新创业；二是设立京津冀教育协同发展改革试验区，支持各级各类学校特别是高等院校、职业院校，通过建立合作共建方式，实现办学增量或整体存量向河北转移。建议教育部增加河北"211"高校数量，支持省部共建办学模式，协调驻京津高校对河北高校开展对口帮扶合作、增加在河北的招生规模，推行京津冀高考统一招生。与京津建立职业教育订单培养模式，建设面向京津的劳动力输出与技能培训一体化的劳务基地；三是以临近首都的区域为重点，支持驻京医疗机构通过合作办医、设立分院、整体搬迁等形式疏解到河北。用好京津冀医院成功合作的试点经验，鼓励医疗机构加强技术协作、组建医疗联合体、建立转诊和疑难重症会诊制度。积极推进高端优质医疗资源向河北转移和集聚，建设北戴河国家医疗保健中心，提高暑期医疗服务水平。加强京津冀医疗定点医保衔接，逐步实现信息互联互通、数据共享、异地查询和即时结报。完善社会

办医和医师多点执业制度,通过报付比例调节引导居民就近就医,积极探索建立京津冀合作的异地健康养老服务模式。

三、加快京津冀地区轨道交通建设

建议按照统筹规划、一体化建设的思路,发挥轨道交通快捷、高效、绿色、安全,以及大容量、低成本等优势,加快跨区域轨道交通建设,建设相邻中心城市之间"一小时交通圈",中心城市和卫星城之间的"半小时通勤圈"。

一是抓紧启动北京轨道交通延伸至河北燕郊、廊坊、固安、涿州等周边卫星城的前期工作,力争2017年建成通州至燕郊轨道交通。可借鉴广州、上海的做法,组建市场化的城市轨道交通建设和运营机构,通过轨道交通沿线及站场周边土地开发,筹集建设运营资金。目前,北京市政府已经同意开展城市轨道交通向河北延伸的前期论证工作,建议有关方面尽快开展该项工作,尽早取得突破性进展。

二是加快启动京唐高铁客专建设,打通北京最便捷的出海通道。京唐城际铁路是国家规划建设的快速客运铁路项目。因2013年铁路管理体制改革,建设模式调整,影响了建设进程。鉴于该项目在国家铁路网中的功能作用,建议将"京唐城际"改为"京唐客专",作为实现京津冀交通一体化重点突破的一个重大项目尽快启动,与在建的京沈客专一起构成关内外双通道联络格局,提升路网综合运输效率。

三是加快启动京九客专京衡段前期工作。目前,受京九铁路线路条件和运力紧张等因素影响,北京至衡水客运列车难以满足协同发展需求。建议尽快启动京九客专京衡段项目前期工作,并与正在建设的保津快速铁路、石济客运专线相连,有效疏解北京新机场客货流,缓解北京市交通压力。

第 2 章

长江经济带，建设新常态下中国经济支撑带

长江经济带东起上海、西至云南，涉及上海、江苏、浙江、安徽、湖北、江西、湖南、重庆、四川、云南、贵州，包括9个省和2个直辖市，人口和生产总值均超过全国的40%，已经成为我国经济发展的一项重大战略。事实上，从长江经济带开发的战略构想提出，到上升为国家战略，其历程走了近30年。

早在20世纪80年代初，原国务院发展研究中心主任马洪就提出了"一线一轴"战略构想。"一线"就是沿海一线，"一轴"就是长江。到80年代末，著名经济地理学家陆大道提出了"T"字形的发展战略，即由沿海为一个战略轴线，沿江为主轴线形成的整体空间格局。但是由于国家率先启动了沿海开放战略，长江流域的整体开发基本上淡出了人们的视野。虽然2005年长江沿线七省二市在交通运输部牵头下签订了《长江经济带合作协议》，但被认为"流于形式，效果太差"。2013年7月，习近平总书记在湖北考察时指出，"长江流域要加强合作，发挥内河航运作用，把全流域打造成黄金水道"。长江经济带又成为政府、学者热议的话题。

2014年9月，国务院正式印发《关于依托黄金水道推动长江经济带发展的指导意见》，标志着长江经济带这一国家战略开始进入加速推进的全新阶段。《意见》提出，依托黄金水道推动长江经济带发展，打造中国经济新支撑带，是党中央、国务院审时度势，谋划中国经济新棋局作出的既利当前又惠长远的重大战略决策，要将长江经济带建设成为具有全球影响力的内河经济带、东中西互动合作的协调发展带、沿海沿江沿边全面推进的对内对外开放带和生态文明建设的先行示范带。《意见》明确了推动长江经济带发展的重点任务，

包括：提升长江黄金水道功能；建设综合立体交通走廊；创新驱动促进产业转型升级；全面推进新型城镇化；培育全方位对外开放新优势；建设绿色生态廊道；创新区域协调发展体制机制等七个方面。

2015年3月5日，李克强总理在第十二届全国人民代表大会第三次会议上所做的《政府工作报告》明确提出，"推进长江经济带建设，有序开工黄金水道治理、沿江码头口岸等重大项目，构筑综合立体大通道，建设产业转移示范区，引导产业由东向西梯度转移"。

2015年4月13日，《国家发展改革委关于印发长江中游城市群发展规划的通知》正式印发。《通知》指出，推动长江中游城市群发展，对于依托黄金水道推动长江经济带发展、加快中部地区全面崛起、探索新型城镇化道路、促进区域一体化发展具有重大意义。

2015年10月29日，《中共中央关于制定国民经济和社会发展第十三个五年规划的建议》通过。《建议》指出，培育若干带动区域协同发展的增长极。推进长江经济带建设，改善长江流域生态环境，高起点建设综合立体交通走廊，引导产业优化布局和分工协作。

长江经济带战略实现了东中西三大区域的联动，同时与"一带一路"、自贸区建设等国家战略对接，对于促进经济持续健康发展，推进新型城镇化，加快生态文明建设，形成全方位对外开放新格局具有极为重要的战略意义。

长江经济带建设的战略定位和重大举措*

2014年9月12日，国务院发布了《国务院关于依托黄金水道推动长江经济带发展的指导意见》（国发〔2014〕39号，以下简称《意见》），长江经济带的建设成为我国区域发展的一个重大战略。长江全长是6300多千米，是我国第一大河，世界上是第三大河；长江的货运量是全球第一，约相当于美国密西西比河货运量的4倍、欧洲内河货运量的10倍。长江经济带横跨我国东中西部，流域面积200多万平方公里，占我国国土面积1/5还多，人口和经济总量都超过了全国的40%，是一个庞大的经济体，在我国整体经济发展中，应该说具有举足轻重的地位。那么，长江经济带在我国区域发展布局中处于一个什么地位？

从区域发展整体布局看：改革开放以来，我国的区域发展已经形成了"四大块"的整体布局——东部率先发展、西部大开发、中部崛起和东北振兴。四大块是"分"的，但是区域发展既要有"分"，更应有"合"，长江经济带就是一个"合"，把东部、中部和西部给贯通起来，更有利于我们从更高的层面来统筹区域发展。

从我国城镇化发展布局来看：我国城镇化规划的大布局是"三纵两横"，即以沿海、京哈京广、包昆通道为三条纵轴，以陆桥通道、沿长江通道为两条横轴。长江经济带刚好处在"三纵两横"骨架中间，应该说是处在一个重要的地位。

从"三大城市群"或"三大经济增长圈"来看："珠三角"不仅仅是珠江三角洲本身，"泛珠三角"把整个广东以及周边的省份都联系在一起

---

* 刘应杰：《长江经济带建设的战略定位和重大举措》，摘自《"新常态"下长江经济带发展略论——"长江经济带高峰论坛"主旨演讲摘要》，《西部论坛》2015年第1期。

了,包括广西、湖南、山西、福建,甚至云南、贵州都受到泛珠三角地区的经济影响。"长三角"主要是指上海、江苏、浙江,但是通过长江经济带,就把"长三角"一直向西,包括"成渝城市群"整个贯通起来了。"环渤海经济圈",要推进京津冀协同发展或者京津冀一体化,其中有两个支架(可形象地称为"双簧蛋")——北京和天津两个直辖市,现在延伸到周边地区,包括山东、辽宁、内蒙,甚至陕西。长江经济带也是这样,一头一尾也是两个直辖市——上海、重庆。所以,长江经济带将是一个重要的经济增长带,在整个国家区域布局中占有非常重要的地位。

从与"一带一路"之间的关系来看:习近平总书记提的"新丝绸之路经济带"和"21世纪海上丝绸之路"既是国内区域布局,同时也是中国对外开放的全球布局。"一带一路"是我国的一个大战略,有评论认为,就像中国对外开放的两翼,一个往东,一个往东南,将为中国的对外开放插上两只腾飞的翅膀。而长江经济带能够把"一带一路"更好地贯通和连接起来。

因此,长江经济带在我国经济发展全局中具有重要的战略地位,有黄金水道作为依托,能够打造成为我国经济发展的一条巨龙。真正使这条龙能够舞动起来,摇头摆尾,实现腾飞,中国经济在今后一个较长时期内就能实现更大的发展。

长江经济带的建设现在已经正式启动,已经制定了文件,有关部门正在研究制定长江经济带发展的总体规划和各个专项规划,目前综合交通运输体系的规划已经正式发布。从这些政策制定和实施中可以看到五个方面的重大举措。

一是构建现代化的综合交通运输体系。国家已经发布了《长江经济带综合立体交通走廊规划》,就是要打造一条以长江为依托的综合性交通走廊。首先是建设长江黄金水道,提高长江的航运能力。实现江河联运、江海联运,使整个长江的运输能够通江达海。其中有很多重大的工程要做,包括建设一些交通枢纽、物流中心,实现水陆联运。还有一个问题需要解决,就是长江航道的瓶颈——三峡大坝通行能力受到制约,对此国家有关部门正在积极考虑和研究,将尽快解决。除了黄金水道以外,也包括铁路和公路(如沿江高铁、沪昆高铁和高速公路),还包括航空运输、机场建设。总的来说,就是要围绕长江黄金水道建设一条贯通东中西部的快捷高效的综合性立体交通运输体系。

二是创新驱动促进产业转型升级。《意见》提出要打造"世界级"的产业集群,这个标准很高,不是一般的,要建设"世界级"的。还要推进产业从东部向西部的梯度转移,上海是我国的一个经济中心,武汉在中部是一个经济中心,重庆在西部也是一个经济中心,通过长江经济带的建设,从东到西把这些经济中心贯通起来,就能够形成有序的产业梯度转移。当然,除了现代制造业、高技术产业之外,服务业也需要升级发展。

三是建设现代化新型城镇体系。长江经济带(沿长江)的城市布局在我国是比较密集的,已经有三大城市群——"长三角城市群""长江中游城市群""成渝城市群"。这三大城市群之外,还有许许多多中等的,如安徽的"皖江城市带"、湖南的"长株潭城市群"等。还有一些城镇体系,由大城市到中等城市到小城镇,构成现代化的城市网络。在新型城镇化发展方面,长江经济带有很大潜力。

四是建设改革开放的新高地。要建设长江经济带,其中一个重要的内容就是要更大程度地推进改革开放。重庆的快速发展很大程度上得益于改革开放,包括重庆直辖以后所形成的一个体制优势,这些年重庆仍然在推进一些重要的改革举措。在建设内陆开放新高地方面,重庆也进行了许多大胆的探索,包括招商引资吸收世界500强企业到重庆来落户,包括建设两江新区,等等。长江经济带要进一步对外开放,包括改革方面的联动,包括整个长江流域的大通关体制,甚至以后的自贸区建设,等等,还有很多事情可做。

五是加强生态文明建设,把长江经济带建设成为我国生态文明的示范带。《意见》提出要把长江经济带建设成为"绿色生态走廊"。长江是我

第2章 长江经济带,建设新常态下中国经济支撑带

国第一大河,也是中国的母亲河。总体上看,现在长江的水质相对还是不错的。但是,在一些局部的地区也受到了污染。我们在长江沿岸以及整个流域生态建设中,要保证能够让"一江清水向东流",这就涉及水资源的保护、污染的治理,也包括一些体制机制改革,如探索建立全流域的上中下游生态环境补偿机制。加强生态环境综合治理,才能在长江经济带建设中为我们子孙后代留下青山绿水、碧水蓝天。

长江经济带的国家战略意图 *

2013年以来,中央决策层关于建设国家重点战略区域长江经济带的设想逐渐清晰起来,这一年7月,习近平总书记在考察湖北时指出,"长江流域要加强合作,发挥内河航运作用,把全流域打造成黄金水道"。打造长江经济带的国家战略意图:一是依托长三角城市群、长江中游城市群、成渝城市群;二是做大上海、武汉、重庆三大航运中心;三是推进长江中上游腹地开发;四是促进"两头"开发开放,即上海及中巴(巴基斯坦)、中印缅经济走廊。这样一个以长江水道为纽带,横贯东中西部的经济带的提出,意味着中国国家区域战略的出台和选择有了新思路,具有重要的时代意义。

我国的国家区域战略越来越具有目标针对性和区域适应性

中国国土面积辽阔,资源和人口与产出水平分布的不均衡、历史文化传统的地域性差异,以及由此导致不同地区间的发展差距,决定了中国的中央决策层必须针对不同的地区实行不同的区域发展战略和政策,以便因地制宜地发展区域经济。这就是国家区域性战略。

★ 陈建军:《长江经济带的国家战略意图》,《人民论坛》2014年5月下。

新中国成立以来很长一个时期，我们的国家区域战略基本上是二分法、对冲型的区域均衡发展战略，即参照经济地理学上所谓的黑河—腾冲线，将国土区分为沿海和内陆两大区域，在国家层面推行对人口分布相对稀少、经济相对欠发达的内陆地区倾斜的投资政策。一直到上世纪80年代，国家投资的区域分布都是内陆地区大于沿海地区。80年代以后，适应对外开放的需要，国家推出了沿海发展战略。1986年，为了进一步明确国家区域战略的区域差异性，全国人大立法区分了我国的政策性区域为东中西三个部分，这标志着我国的国家区域战略开始摆脱了简单的二分战略，而进入了一个分类指导的时代，这也是为了适应改革开放以来，地区发展差异的多样化趋势。进入21世纪以后，针对沿海地区和内陆地区发展差距不断扩大的事实，中央决策层提出了"西部大开发"战略，以后又提出了"中部崛起"的国家区域战略。针对东北地区相对独特的改革和发展状况，又将在改革开放前属于沿海地区的东北作为一个独立的政策区域，推出了"东北振兴"战略。这种国家区域战略和政策区域的细分化趋势，在2005年以后进入了新阶段，从2005年到2014年4月，国务院先后主导发布和批复了53个带有国家区域战略意义的规划和批复文件等，大的如"长三角区域发展规划"，小的如"义乌国际贸易综合改革试验点"。这表明了我国的国家区域战略越来越具有目标针对性和区域适应性。但大量针对特定地区或为了实现特定目标的国家区域战略的推出，也带来如何在关联区域内协调或者联动这些战略的问题。

近年来支撑我国区域经济发展的一些基础性条件发生了很大变化，这主要表现为，国家对交通通讯等基础设施的长期持续大量投资产生的累积性效应，特别是高速铁路网的形成和江海联运网络的形成，改变了我国传统的相对静态的区域发展格局，使得要素资源在不同属性的区域间的快速流动成为可能，大大缩短了不同地区间的时空距离，从而为重塑区域发展的格局，特别是推动区域间的发展联动提供了基础性条件。在这样的背景下，如何将东中西发展战略和各类国家战略性区域规划联动化，进一步增加其科学性、可操作性和联动效率,并和其他的国家发展战略,包括推进以城市群为主要形态的新型城镇化战略、区域协同发展战略、东西双向对外开放和自由贸易区发展战略等紧密结合,就成为中国国家区域发展战略的新选择。长江经济带就是在这种背景下被提上了国家战略的高度。它标志着改革开放以来我国的国家区域战略选择进入了一个新阶段,即开始重视不同地区间的联动效应及整体性特征。

长江经济带战略的重大意义

首先,长江经济带战略实现了东中西三大区域的联动。通过长江水道和业已贯通的沪汉蓉沿江高速铁路网,联动东中西三大发展区域,构建中国经济可持续发展的新动力。

长江流域9省2市,是一个典型的横贯中国大陆的雁行发展形态,从人均产出比较来看,东部长三角苏浙沪地区,人均产出已经达到1.3万—1.5万美元,按世界银行的标准,已经进入了发达地区的行列;中部地区的湖南、湖北和重庆市,人均产出为6000—7000美元,和中国大陆的平均水平齐平;西部的贵州云南,人均产出还只有3000—4000美元。这种发展水平的梯级形态,如果孤立地看待,会被认为是消极的地区发展差距和区域发展不协调的标志,但如果把它连接成一个整体空间来看,它恰恰体现了中国作为一个幅员辽阔、发展不均衡,并因此具有资源要素禀赋和市场多样性的发展中大国的发展潜力和发展后劲。众所周知,二战后发达国家之所以能够继续繁荣,东亚和东南亚以及其他一些原本处于发展边缘地区,但又有较好的国际贸易区位条件的欠发达国家和地区之所以能较快地发展起来,这和它们之间的要素流动、产业转移以及市场的一体化具有密切的关系。而这一切,在中国的长江流域,在长江经济带内部就能实现,由此带来了中国经济社会发展的可持续动力。

第二,它将联动长三角、大武汉(长江中游)和成渝三大城市群,由此撑起三大发展区域的骨架,形成具有世界意义的长江沿岸城市带。长江经济带的空间范围的界定，从最初长江水道经过的7省2市，拓展到包括浙江和贵州的9省2市，一方面更完整地涵盖地理学意义上的长江流域，同时也更加突出了以三大都市群为主要架构支撑长江经济带的内容重心。

国家经济带的形成是具有内在的社会经济和产业经济发展的内生机制的。如长距离低成本的航运线路和充裕的水资源的存在，容易形成空间上的点轴发展模式，有利于要素和产业集聚，同时降低城市间的运输成本，推动区域与城市间的产业和城市功能分工，以及市场的一体化，形成不同城市和地区间轻重工业和二、三产业的协调发展格局，提高资源配置效率。

第三，它联动了"两带一路"的国家区域战略，使之具有了整体特征。长江经济带连接东海出海口和西部云南口岸，把对东部的开放和对西部、西南部（中印半岛和印缅）开放，以及通过渝新欧大通道与对中亚西亚乃至东欧地区的开放连接起来，从而使得中国打造丝绸之路经济带和打造海上丝绸之路的设想有了更为坚实的基础。中国的发展和改革离不开对外开放，近30多年，中国的对外开放重点在于东部地区，由此形成了目前这种沿海地区一马当先的区域发展格局，但近年来国内外形势的变化，使得中国不仅需要对东部沿海的发达国家和地区开放，还需要加强对西部、西南部地区的发展中国家和地区以及能源原材料输出国和地区的联系，求得东西部双向开放的平衡，谋划东西联动、以我为主的国际化发展战略的新格局。显然，推动长江经济带的形成和发展是实现这个战略的关键步骤。

第四，它将有利于发挥上海自由贸易区建设对长江流域的示范带动作用。上海自贸区作为中国新时期改革开放的标志性举措，将通过长江经济带的打造，从功能拓展和制度引领两个方面带动中国的内陆地区的改革开放。长江经济带中，上海具有突出的龙头引领作用，因为上海地处长江经济带和中国沿海经济带的交汇点，同时也是长江经济带上最大和功能最为完善的城市。上海自贸区的功能辐射和制度创新引领将通过上海、长三角经济影响力层层扩散，对整个长江经济带的改革开放形成带动和示范作用。长江经济带的形成本身就是和要素的自由流动、贸易的自由化及市场的一

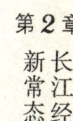

体化密切相关,通过上海自贸区的改革实践和示范引领,将为长江经济带的建设走出一条政府引领、市场推动、企业主导的区域协调发展的新路子。

长江经济带发展的若干重大问题思考*

长江是货运量位居全球内河第一的黄金水道,长江通道是我国国土空间开发最重要的东西轴线,在区域发展总体格局中具有重要战略地位。长江经济带研究是一个很宏大的课题,尽管从20世纪90年代以来我们对长江经济带的重大调研至少也有三次,但是,要说对长江经济带有深入研究还谈不上,这里就长江经济带的几个问题谈一些初步的认识。

第一,关于流域经济的属性与特点。"长江经济带"属于流域经济,流域经济是特殊形态的区域经济,是依托大江大河的区域经济(依运输方式区域经济可划分为流域经济、临空经济、港口经济、陆桥经济或通道经济等),既有区域经济的一般属性(地域性、综合性、系统性等),也有"水资源"的专门属性;具有整体关联性、区段差异性、网络层次性、开放协同性等特征。此外,"长江经济带"在空间形态上是"带",与"圈"和"群"等其他空间形态具有不同的经济特性。从世界经济发展史来看,流域经济带是各国发达的经济走廊和经济中心,如美国的密西西比河流域、德国的莱茵河流域等。

第二,发展长江经济带的战略意义。长江流域经济的相关概念很早就提出来了,从20世纪90年代开始,国内学者对此也做过几次重要研究。这次又重提"长江经济带",意义在哪里?《意见》讲得很明确,即"五个有利于":有利于挖掘中上游广阔腹地蕴含的巨大内需潜力,有利于优

---

* 陈耀:《长江经济带发展的若干重大问题思考》,摘自《"新常态"下长江经济带发展略论——"长江经济带高峰论坛"主旨演讲摘要》,《西部论坛》2015年第1期。

化沿江产业结构和城镇化布局,有利于形成上中下游优势互补协作互动格局,有利于建设陆海双向对外开放新走廊,有利于保护长江生态环境。在中国经济"新常态"下,依托黄金水道推动长江经济带发展,打造中国经济"新支撑带",是党中央、国务院审时度势,谋划中国经济新棋局做出的既利当前又惠长远的重大战略决策。

从国家谋划区域经济发展的战略布局来看,今年中央提出了两大战略:京津冀协同发展和长江经济带,一个讲"经济圈",一个讲"经济带"。这两个大战略各有其特殊的战略意义。京津冀协同发展是讲大城市圈,世界级的城市群;长江经济带是覆盖中国40%以上人口和GDP的200多万平方公里流域,这个流域的经济在未来要支撑中国经济的半壁江山,国家意图是很明显的。长江经济带是贯穿东中西部的经济带,从未来经济发展重点来看,要从过去的外需拉动向内需拉动转变,而拉动内需的主战场主要还是在中西部,长江中上游地区蕴含有巨大的内需潜力。因此,长江经济带的谋划具有非常重要的战略意义。

从国家谋划对外开放格局来看,战略重点是"一带一路"。"新丝绸之路经济带"和"21世纪海上丝绸之路"不但是对外开放战略,也与国内的区域发展密切相关,如果要把国内各个区域融入到"一带一路",应该说都是有依据的。其中,长江经济带的作用尤为重要,它是连通陆上丝绸之路与海上丝绸之路的连接通道。

第三,长江经济带如何实现一体化发展。建设长江经济带,核心还是要实现一体化发展。首先要建立综合交通运输网络,要发挥长江黄金水道的作用,不仅是水运,而且包括公路、铁路、航空,这是一体化的基础条件。同时,流域各地区要形成合理的产业分工与合作,为要素的自由流动和各类经济主体的合作竞争提供良好的政策环境和发展条件,培育统一开放大市场,实施错位发展,避免同质化竞争。此外,生态环境方面也要形成联防、联控、联治的有效机制。

实现一体化发展,最核心的还是体制机制问题。目前,我国地区之间,特别是大的经济区内部的不同行政主体之间协调难度非常大，区域之间的合作，跨流域、跨省区的合作，如果没有上一级有权威的机构来协调，作用和效果就不明显，因此，需要创新区域协调发展的体制机制。现在提出要建立推动长江经济带发展的部级机构，这种体制怎么发挥作用，是不是有效，还有待观察。可以建立推动长江经济带发展的部际联席会议制度，发挥水利部长江水利委员会、交通运输部长江航务管理局、农业部长江流域渔政监督管理办公室以及环境保护部华东、华南、西南环境保护督查中心等机构的作用，协同推进长江防洪、航运、发电、生态环境保护等工作。同时，区域协调机制，应该从区域治理的角度去认识，不仅是政府之间，在社会团体之间、企业之间以及民间都应该有一套系统的参与区域协同发展的机制。

这么长的经济带如何一体化发展，我觉得还是需要有一些具体的抓手。《意见》里提了不少的经济区，我们还可以做一些跨省区的试验，比如长江中游提出"小三角"，咸宁、岳阳、九江希望打造一个"咸岳九试验区"，通过小范围的区域进行跨省市的合作。长江经济带一体化发展需要有这样一些抓手来推进。

第四，长江经济带如何寻求新增长动力。长江经济带的发展最主要还是要寻求新的增长动力，这里主要从政策层面，也就是体制改革来讲。长期以来我们的"先行先试改革试点"是非均衡的制度安排。改革试点的不平衡，使得一些地区（尤其是东部地区）率先获得制度优势而先行发展，而新一轮的改革试点大部分还是集中在东部地区，包括地方发债的试点等。我们希望未来在改革试点上也向中西部倾斜，让中西部承担更多先行先试的试点改革。比如自由贸易区，长江经济带要打造内陆开放高地，我们希望在下一轮自贸区审批中能够更多地关注长江中上游地区，使其发展获得更大的动力。此外，长江经济带还可以依托流域经济进行横向生态补偿机制的试点改革。《意见》中提出了很多的计划和思路，比如在沿江布局一批战略性新兴产业集聚区、国家高技术产业基地和国家新型工业化产业示范基地,推动沿江国家电子商务示范城市建设,等等,都是长江经济带各个地区加快自身发展的有利政策平台。

长江经济带如何提升在经济版图中的地位*

长江经济带在全国的地位非常重要,早在"七五"计划中国家就把长江经济带列为与沿海并列的两条国家一级开发轴线之一。然而,近30年来,尽管长江流域的经济社会发展速度也比较快,但与沿海地区特别是珠江三角洲、长江三角洲和环渤海地区的飞速发展相比,两者的差距拉大了,在全国的经济地位下降了。当前,长江经济带虽然迎来了千载难逢的重大发展机遇,但同时也存在着许多困难和挑战。只有正确认识到这一点,并且采取积极的措施予以妥善解决,长江经济带才能早日腾飞。

基础设施比较落后。长江自西向东流入东海,干流总长6300公里,其中目前的干流通航里程约3000公里。在呈东西长南北窄的长江经济带范围之内,中上游的绝大部分地区以及下游的部分地区,现代化的基础设施还比较缺乏,铁路、公路和通信网络的密度较低,甚至平原、低丘部分县市至今没有通高速公路和铁路。

区域、产业发展不均衡。区域发展不均衡、内部差异大是长江经济带的重要特征,一业独大、一城独大的现象非常普遍。从整个长江经济带范围看,上海市的国际大都市地位突出,2013年人均GDP达到74515.81元,而最低的贵州省仅为22862.04元,只有上海的30%。同年,长江经济带11省市中,实力最强的江苏省GDP达到59161.75亿元,而贵州省为8006.79亿元,两者相差7倍。从一个省市内部看,省会城市和部分发达城市现代化程度高,而广大乡镇则依然以农业生产为主,二、三产业水

* 彭智敏:《长江经济带如何提升在经济版图中的地位》,《人民论坛》2015年3月下。

平很低，集中连片贫困地区还有数千万贫困人口。

对外开放条件与水平不高。由于地理的和历史的原因，长江中上游地区的对外开放条件不如沿海，在引进外资、对外贸易额、与世界的经济技术交流和人员往来等方面，与长三角相比差距非常大。

以建设长江黄金水道为突破口，合力构建长江中游城市群的综合交通网络

开发利用好长江这条黄金水道，是建设综合交通运输体系的首要任务。但目前长江航道存在着诸多问题，如下游岸线资源基本开发殆尽，中游航道不畅、能力不高，上游大部分地区航道等级低甚至还不能通航，大部分二三级支流航运萎缩等。长江水运建设的重点，就是要围绕这些制约经济社会发展、阻碍统一连续航运网络的问题，采取有效措施，逐步加以解决。

首先，从国家到长江经济带各省市要重视沿江通道建设，优先推进水运发展，通过优先推进水运发展来支撑流域开放开发。以长江口、长江中游航道为重点，加快长江深水航道治理；以湘江、汉江、赣江为重点，加强重点支流航道建设；以三个航运中心为重点建设一批现代化的港口，以及依托港口的物流园区和加工业园区；加快实现水运管理的信息化和现代化。其次，要继续加强以客运专线、高速公路为骨干的现代化立体交通建设，实现客运零距离、货运无缝对接。要通过建设翻坝高速公路和高速铁路，与三峡船闸一道构建综合翻坝运输体系，彻底解决三峡瓶颈问题。第三，加大改革开放力度，打破利益保护，制定整个经济带综合运输规划，统一调度运力，统一使用资源。

要以长江中游城市群建设为引爆点，将其建设成为促进中国区域经济协调发展的重点

长江中游城市群以长江中游包括的武汉城市圈、长株潭城市群、环鄱阳湖城市群为核心，外加鄂湘赣三省沿长江、环洞庭湖、环鄱阳湖的若干城市，是一个已具雏形的跨省域的区域经济一体化程度较高的城市集群。

要加强粮食主产区建设，提升农业现代化水平。长江中游三省都是全国重要的粮食主产区，一直以来在稳定全国粮食生产、保障国家粮食安全中发挥着举足轻重的作用。该地区要在加大农田水利等基础设施现代化的同时，大力推进农业生产、运输、销售等环节的合作与联合，降低成本，提高效率；积极发展现代农业，加快农业结构调整。

加强产业融合，促进产业一体化发展。长江中游城市群区域内各地应从自身的比较优势和核心竞争力出发，优劣互补，实现强强联合，逐步形成一批具有全国重要影响的光电子信息产业、汽车制造、工程装备、农副产品加工、有色金属开采与冶炼基地。

以"四江三湖"为重点，共同加强河流湖泊的治理。长江中游都是水资源丰富省份，区域内河流纵横，湖泊密布，共同面临长江防洪大堤加固、水资源综合利用、农村安全饮水、湖泊治理等任务。四省要加强协作，以"四江三湖"（长江、汉江、湘江、赣江、洞庭湖、鄱阳湖、洪湖）为重点，在加强长江防洪大堤加固、水资源综合利用、水污染综合治理、湖泊治理等方面展开合作，共同加强河流湖泊的治理。要特别重视丹江口库区和汉江中下游的生态环境保护。

建设长江经济带要干支结合，实现流域的协调发展，提升其整体实力

目前，长江经济带11省市中，干流沿线经济发展水平普遍较高，交通运输条件也较好，而一些支流尤其是远离干流的山区、库区则要差很多。实现长江经济带的协调发展，就是要树立"流域一盘棋"的思想，更加重视支流及广大腹地的基础设施建设和产业发展，如疏浚淤塞河道、提高航道等级，建成多个区域性航道网，让节能、节地的水运通达流域的广大地区，从而充分发挥全流域黄金水道的作用。还有，受南水北调中线工程的影响，丹江口库区及上游地区淹没损失严重，移民搬迁安居致富的任务繁重，未来发展受到严格限制。对这个为全国经济社会可持续发展作出了巨

大贡献的流域,建议国家在建设长江支撑带过程中,作为开发的重点和试点。支持汉江核心城市打造包括铁水公空管在内的全国性综合交通运输枢纽,支持其产业转型升级,推动其新型工业化步伐,支持其生态环境保护、低碳城市建设等。

创新长江经济带区域合作机制*

国务院《关于依托黄金水道推动长江经济带发展指导意见》指出,长江经济带11省市要"建立健全地方政府之间协商合作机制,共同研究区域合作中的重大事项"。如何创新长江经济带区域合作机制,是促进长江经济带协调发展的重大命题。

一、构建长江经济带统分结合的区域合作机制

长三角地区统分结合区域合作机制的成功经验,可以扩大到长江经济带,在经济发展新常态下加以丰富和发展,构建长江经济带统分结合的区域合作机制。

第一,丰富和发展政府之间的统分结合。政府层次的统分结合要实行"上提""下移"。"上提"到国务院,成为最高层级的"统",决策区域合作的重大问题,长江经济带11省市政府分头实施,实现国务院与长江经济带11省市政府间的有"统"有"分"、统分结合。目前国务院已成立长江经济带规划领导组,并建立了长江经济带发展部际联席会议制度,统分结合机制在政府层面已实现了"上提"。所谓"下移",就是政府层次的统分结合要下移到县,成为最低层级的"分",省级政府要授予县级政府在区域合作有较多的自主权,引导政府间区域合作重心的下移。

---

* 程必定:《创新长江经济带区域合作机制》,《安徽日报》2015年6月29日。

这是长江经济带地域广、差异大，县域地位与作用的重要性所决定的。目前，长江经济带县域层面的区域合作还不广泛，需要进一步推进。

第二，丰富和发展政府与企业间的统分结合。在市场经济条件下，企业是区域合作的主体，政府对区域合作的主导作用是通过企业间的具体合作实现的。政府可以引导企业间的合作，但不可替代企业间的合作，因此，政府与企业之间在区域合作中也要有"统"有"分"，统分结合。"统"就是政府要为企业发挥区域合作的主体作用创造条件，尤其是给予政策支持，优化企业合作的区域环境，通过政府间的合作对企业合作给予实质性的帮助，解决企业在合作中无力解决的困难和问题。"分"就是政府要尊重企业作为区域合作主体的地位与作用，遵循市场经济的客观规律，放手企业在投资、技术、销售及产业链分工等方面的自主决策、自由合作，共同组织合作事项的实施，合作收益共享、合作风险共担，在合作中形成利益共同体，将区域合作利益下移。政府与企业间的统分结合潜力很大，需要进一步挖潜。

第三，丰富和发展政府与行业间的统分结合。主要是重视中介组织的作用，开展政府与中介组织之间的统分结合。中介组织主要是各类行业协会，是政府之外的"第二合作平台"，又是企业合作的桥梁纽带，特别是经济发展进入新常态下，行业协会与政府在区域合作中的关系十分重要，政府与行业协会的关系也应有"统"有"分"，统分结合。对政府来说，应转变职能，将行业管理的社会职能分离给行业协会等中介组织，积极培育和支持行业协会的发展，放手行业协会等中介组织独立处理合作事宜，帮助解决行业协会等中介组织发展中的难点问题；对行业协会等中介组织来说，要积极承担自己的业务职能与社会责任，积极为企业的跨区域合作服务，与企业共享共担合作中的收益与风险。

二、发挥区域多元合作主体的作用功能

政府、企业和中介组织是区域合作的三大主体，长江经济带构建统分

结合的区域合作机制,要发挥这三大主体的功能和作用。

第一,发挥政府在区域合作中的作用功能。政府在区域合作中的作用主要在三个方面:一是在重大基础设施建设方面发挥主导作用,如快速交通干线、跨区域的水利工程、生态环境保护与治理等,主要是克服狭隘的地区利益和眼前利益,打破行政界限,树立全局观念,积极主动而为。二是在公共服务平台建设方面发挥主导作用,主要是建设区域统一市场、提供公共服务等,如省市间的名牌产品互认、质量技术监督互认、市场环境建设、农民工社会保障、离退休人员医保关系变动时的衔接等,这是政府的责任,尽管难度较大,也应认真作为,不断有所突破。三是对企业的"引"与"帮"。"引"即引导企业积极参与区域合作,通过区域合作增强企业发展力、竞争力,既要引导本地区企业在省内的区域合作,更要通过招商、选商引导外地企业的跨省合作,或运用产业政策引导优势企业之间的跨地区、跨所有制的联合、并购、重组等,把骨干企业做强,把优势产业做大;或运用布局政策引导企业集中、要素集聚,培育一批具有本地特色的产业集群或产业集中区。"帮"即主动帮助企业在区域合作中遇到的困难问题,如土地问题、劳动力问题、供电供水问题,虽要优化本地的发展环境,帮助解决企业的共性问题,又要热情服务,帮助解决企业的个性问题,特别是通过招商引资引入企业的共性问题与个性问题。通过"引"与"帮",提高企业参与区域合作的积极性。

第二,发挥企业在区域合作中的作用功能。企业作为市场主体,更是区域合作项目的投资主体,企业的投资意向往往会决定在区域合作项目的成败,对区域合作发展带有根本性的影响。为此,长江经济带各省市应从政府和企业两个方面,在经济发展进入新常态下,发挥企业在区域合作中的作用功能。无论是国有企业、民营企业还是外资企业,都应将参与区域合作作为企业开拓发展的新空间、解决问题的新机会。对于那些成长性好、发展潜力大的企业,参与政府倡导的区域合作,可以低成本、快速度地扩张,或低成本地配置资源以扩大生产规模,或高速度地细分市场以提高市场占有率,从而开拓企业发展的新空间。由于安徽资源相对丰富、区位相对优越,对省外那些成长性好、发展潜力大的企业很有吸引力,是这类企业可以开拓的发展新空间,安徽应继续通过招商引资,吸引省外境外的这些企业到安徽发展,特别是那些有条件的欠发达市县,更应注重在区域合作中吸引省外境外的企业,尤其是行业领头企业。对于那些面临困难的企业,也可通过参与政府倡导的区域合作解决相关问题,如引进资本、技术解决要素约束,重组、融入并购解决机制问题,参与各种合作平台解决市场障碍等,都是解决问题的新机会。这种情况对本地企业更有针对性、可行性,本地那些有困难的企业应该看到区域合作对自己的特有价值,把区域联合作为解决企业问题的新机会。在经济发展进入新常态的新形势下,长江经济带各省市应倍加珍惜企业资源,倍加关注企业面临的困难,开拓解决企业困难的新途径,而区域合作就是可以运用的有效途径。

第三,发挥中介组织在区域合作中的作用功能。在区域合作的三大主体中,政府是行政主体,企业是市场主体,行业协会、商会等中介组织则是介之于政府与企业之间的社会组织主体,也可简称为社会主体,在区域合作中具有政府与企业不可替代的作用。可以说,中介组织的发育和作用程度,决定着区域合作发展的广度和深度。长江经济带各省市的各类行业协会、商会都发展很快,一些省市在区域合作中不仅注重发挥本省中介组织的作用,还注重发挥外省中介组织的作用,都取得了很好的效果。但是,目前行业协会、商会等中介组织在区域合作中的这种作用在总体上还没有得到很好的发挥。其原因主要是政府功能过强,挤压了中介组织的生存空间,从而导致中介组织功能严重不足。即使有中介组织能发挥一些作用,也被误称为是"政府授权"的;一些中介组织为了能发挥一些作用,也千方百计与政府拉关系,自愿"行政化",成为政府机关的附属物。这些现象表明,行业协会、商会等中介组织存在着本位不清的问题,需要本位回归。国务院2007年制定的《关于加快推进行业协会商会改革和发展的若干意见》明确规定,行业协会商会要严格依照法律法规和章程独立自主地开展活动，切实解决依赖政府的行政化倾向，就已提出了中介组织的本位回归问题。然而如果政府不放权，则中介组织无此力。所以，要发挥中介组织在区域合作中穿针引线、桥梁纽带的作用功能，归根到底是转换政府职能，为中介组织的本位回归创造条件，培育中介组织的作用功能。

以体制机制创新推动长江中游城市群建设 *

从城镇化的水平、城镇体系的完善程度、空间结构紧密性、核心城市集聚与扩散效应的强弱对比，城市分工体系的层次与细致状况、增长路径的集约化水平等方面，一般将城市群发展分为四个阶段，即雏形发育阶段、快速发育阶段、趋于成熟的阶段和成熟发展的高级阶段。

对照城市群不同阶段的主要指标特征来看，长江中游城市群所处的阶段介于城市群雏形阶段与成熟阶段之间，目前正处于快速发育阶段。

从城镇化率来看，长江中游城市群的户籍人口城镇化率为32%，正处于城镇化率水平从30%向50%的快速发展过程之中。在长江城市群中，户籍人口城镇化率低于常住人口城镇化率18个百分点，这意味着2000多万的人口在长江中游城市群各类城镇生活、居住6个月以上，但没有户籍，没有完全地市民化。

从城镇体系来看，长江中游城市群涵盖武汉城市圈、环长株潭城市群、环鄱阳湖城市群3大城市圈或城市群；包括武汉、南昌、长沙3个省会城市，以及28个地级城市的全部或部分区域，这表明长江中游城市群的城镇体系架构初步成形。长江中游城市群面积、人口、经济总量分别占全国的3.8%、8.8%、8.8%，表明它是人口与经济活动较为密集的区域。但从过去各地采取的战略思路来看，武汉、南昌、长沙分别是所在省的中心城市，

---

* 冯奎：《以体制机制创新推动长江中游城市群建设》，《经济日报》2015年5月14日。

主要处于集聚发展阶段,对省会周边其他城市有一定的辐射作用,但影响范围基本局限于省域行政范围内。长株潭城市群一直与珠三角联系较多,南昌等城市则竭力构建与东部特别是长三角的联系,中部城市群内部的"向心力"与"离心力"并存。

从城市产业分工体系来看,有关研究显示,长江中游城市群的湘鄂赣3省产业的相似度较高。例如3省都是以汽车、钢铁、有色金属等为主要产业,产业相似度超过了90%,彼此在产业合作方面空间狭小,亟待拓展。各行政主体"一亩三分地"的思维,仍然还占据着重要的地位。

从增长路径来看,近年来,武汉、长株潭、环鄱阳湖城市群的城市着力通过自主创新,集约高效发展;但由于基础较为薄弱,这3个武汉城市圈、长株潭及环鄱阳湖城市群仍以外延式增长为主,内涵式增长还没有真正实现,平均经济密度大约只相当于长三角和珠三角的1/5,相当于京津冀的1/2。

体制机制创新的意义

体制机制创新是推动形成长江中游城市群基本形态的手段。长江中游城市群面积巨大,有31万平方公里,是国内所有城市群中面积最大的,在世界上也绝无仅有。从区域性质上说,长江中游城市群是行政区、经济区、流域、城市群、都市圈等不同性质的混合体。推动长江中游城市群发展,就需要在原有各类体制机制基础上,以长江中游巨型城市群为基本形态,以武汉城市圈、长株潭和环鄱阳湖城市群为支撑,以区域内的大城市为依托,以各类中小城市为重点,架构各类经济与非经济联系、培育各类正式组织与非正式组织,需要根本性、持续性的体制机制创新。

体制机制创新是协调长江中游城市群各类发展主体的关键。长江中游城市群涉及的主体多,包括3个省31个市,有300个县、3000多个小城镇。省际、城际、城乡关系多种多样,政府与企业、社会组织的利益关系纵横交叉。目前而言,在长江中游城市群中,发挥主导作用的还是以隶属为特征的行政上下级关系。随着城市群不断发展壮大，比较单一的行政上下级关系，难以满足城市群发展的多目标、多任务需求。例如，国内经验表明，单靠政府的力量、缺乏公众的广泛参与就难以实现环境的有效治理。展望未来，长江中游城市群旧有的治理秩序已经不够，新的秩序还没有形成，体制机制创新正是实现治理秩序从旧向新过渡的必由之路。当前及今后，需要在城市、城乡之间，政府与企业、团体之间，城市群内部与外部之间构建新的关系网络。对于城市群发展来说，体制就是构建新的关系网络，机制就是让这个关系网具有能动性、有活力，能够一直积极向上。

体制机制创新是长江中游城市群获得持久发展动力的保证。长江中游城市群发展，根本点是要以人为本，优先解决好2000万已在城镇就业落户的转移人口的市民化的问题，重点推动各类城镇可持续发展，提升城市群的综合竞争力。这就需要在农业人口市民化、土地、投融资、行政管理、科技人才、产业集群政策、城市群共同治理等方面，在生态文明、智慧城市发展等领域，进行一系列的改革与突破，为城市群发展创造良好的制度环境。

体制机制创新的主要内容

要在城镇化改革方面进行体制机制的创新。长江中游城市群的一个重要特征是常住人口城镇水平较高，但户籍人口城镇化率水平低，这意味着大量人口已在城镇居住与就业，但享受不到城镇的公共服务。当前，应着力围绕提高城镇化率，推进农业转移人口市民化改革、农村土地制度改度；围绕城镇承载能力的提升，推进投融资制度改革、行政管理体制改革；围绕绿色、低碳、智慧城市建设和发展，推动相关配套制度的改革，提高城镇的综合竞争力与可持续发展水平。

要在各类规划制定与执行方面进行体制机制的创新。在长江中游城市群快速发育阶段，要特别注重发挥次级城市群的作用。武汉城市圈、长株潭城市群、环鄱阳湖城市群是长江中游城市群3个次级城市群。这3个次级城市群的经济区范围与行政区范围较好地叠合，有利于调动各地的积极性，推进它们的发育与成长。要推动中心城市、一般城市、小城镇在经济区与行政区交织的情境下，综合分析，谋求各自科学的定位。

要在综合交通的组织上进行体制机制的创新。交通是先行官。对于长江中游城市群而言，涉及的城市那么多，交通方式又非常复杂。怎样打破封锁，降低交通运输成本？怎样促进3省物流的发展？怎样吸引民间资本参与到城市群的综合交通发展？这些问题都需要尽快研究解决。

要在水利建设与管理体制方面进行体制机制的创新。"治水"是长江中游城市群的特色。长江中游城市群有1100公里的长江黄金水道，城市群内还有长江最大的3条支流——汉江、湘江、赣江。水能变成水利，也能变成水患。在治水方面的协同治理，需要进行规划对接、航道连通、港口合作安全应急、资质互认等实质性的合作，需要一系列体制机制的创新。

要在产业发展方面进行体制机制的创新。当前特别关键的，是要共建、共用、共享一些共性平台，推动城市群产业发展。这样既能降低平台建设，又能提高平台的利用效率。这些平台包括实体的内容，如国家重大的实验室、重要的产品检测中心、跨区域的物流贸易中心等。

要在生态环境共同治理方面进行体制机制的创新。城市群内部的水、气是流动的，对于水污染、大气污染联手共治将是下一阶段的重要内容。

体制机制创新的途径

长江中游城市群体制机制创新，一靠借鉴，二靠实践。

全球范围看，美国五大湖沿岸、英格兰东南部、欧洲西北部、日本太平洋沿岸都形成了较为成熟的具有世界影响的城市群。这些城市群在治理过程中，发挥了中央元、地区元、非政府组织元、社区元等多元主体的作用，努力实现区域管理中的集权与分权的平衡。国内的长三角、珠三角城市群从上世纪80年代起步，经过30多年的发展，刚刚步入渐趋成熟的阶段，他们积累了一定的经验，例如普遍通过区域规划指引城市群治理、构建政府参与的各类伙伴关系实施城市群治理、进行一定的区划调整适应城市群治理。这些经验都值得长江中游城市群学习与借鉴。

  长江中游城市群至少要经历 15 年以上的时间，才能跨步迈入趋于成熟的新阶段。长江中游城市群今天面临的内外环境，不同于其他已经较为成熟的国内外城市群。这就需求长江中游城市群不断实践，形成体制机制创新的自身特色。近一个阶段，要注重发挥中央政府及职能部门的作用。长江中游城市群发展是"一带一路"、长江经济带等重大国家战略的组成部分，要推动湖北、湖南、江西 3 省与中央政府及其职能部门形成"三地四方"的治理框架。建议针对若干重大问题，成立 3 省省际的专门机构或组织，赋予它们以解决重大问题的职权，包括议程设定权、资金分配权、行政审批权、效果监督权。要让政府与市场协同起来，共同发挥作用。在规划引领、消除政策壁垒与障碍、跨区域基础设施的互联互通、区域发展重大平台建设、提供居民的基本公共服务、生态环境监测等方面，政府责无旁贷。同时要着力培育各类社会组织参与城市群的治理，发挥市场机制的作用，逐渐形成多元复合、精简高效的城市群治理体制与机制。

第3章
自贸区战略，构建开放型经济新体制

近年来，自贸区成为我国乃至世界经济发展的热门词汇。从中国—东盟自贸区，到中日韩三国自贸区，再到中国（上海）自贸区，各种自贸区在世界各地不断涌现。但是许多人并不了解，这些"自贸区"却有着不同的内涵。以大家熟知的中国—东盟自贸区为例，其英文全称为 Free Trade Agreement（FTA），指的是两个或多个国家及经济体通过签署自由贸易协定，相互给以贸易和投资自由化待遇所形成的涵盖两国或多国及经济体的自由贸易区；而目前我国正在大力推进的上海自由贸易试验区，英文全称则是 Free Trade Zone（FTZ），指的是一国在自己领土上划出一块地方，单边自主实施贸易投资自由化措施所形成的自由贸易区，有时也称为自由贸易园区。

自党的十八大以来，新一届中央领导集体高度重视自贸区建设，2014年12月5日，中共中央政治局还专门就加快自由贸易区建设进行了第十九次集体学习。重视自贸区建设，既是在经济发展进入新常态的大背景下，妥善应对我国经济社会发展中面对的困难和挑战的客观需要，也是我国积极扩大对外开放，积极参与经济全球化的重要举措。相对于FTA来说，FTZ对于全面深化改革，开创对外开放新格局具有更为重要的战略意义，特别是中国（上海）自由贸易试验区的设立和探索，为我国自贸区建设积累了宝贵的经验。

2013年1月1日，上海在《上海市推进国际贸易中心建设条例》中，首次提出要在上海"探索建立符合国际惯例的自由贸易园区"。3月，国务院总理李克强在上海调研期间表示，鼓励支持上海积极探索，建立一个自由贸易试验区，进一步扩大开放，推动完善开放型经济体制机制。

2013年7月3日,国务院常务会议通过《中国(上海)自由贸易试验区总体方案》,强调建设自贸区是顺应全球经贸发展新趋势,更加积极主动对外开放的重大举措,有利于培育我国面向全球的竞争新优势,构建与各国合作发展的新平台,拓展经济增长的新空间,打造中国经济"升级版"。8月,国务院正式批准设立中国(上海)自由贸易试验区。9月29日,上海自贸区正式挂牌成立。

2014年12月,国务院决定推广上海自贸区试点经验,设立广东、天津、福建三个自贸试验区,并扩展上海自贸区的范围。

2015年3月24日,中共中央政治局召开会议,审议通过广东、天津、福建自由贸易试验区总体方案、进一步深化上海自由贸易试验区改革开放方案。

2015年10月29日,党的十八届五中全会通过《中共中央关于制定国民经济和社会发展第十三个五年规划的建议》。《建议》指出,加快实施自由贸易区战略,推进区域全面经济伙伴关系协定谈判,推进亚太自由贸易区建设,致力于形成面向全球的高标准自由贸易区网络。

加快实施自由贸易区战略是我国新一轮对外开放的重要内容,要坚持使市场在资源配置中起决定性作用和更好发挥政府作用,坚持统筹考虑和综合运用国际国内两个市场、两种资源,坚持与推进共建"一带一路"和国家对外战略紧密衔接,坚持把握开放主动和维护国家安全,逐步构筑起立足周边、辐射"一带一路"、面向全球的高标准自由贸易区网络。

在全面深化改革的关键时期,大力推进自由贸易试验区建设,对于积极参与全球贸易竞争构建世界经济政治新秩序,推动经济转型升级和进一步深化改革开放,具有极为重要的意义。

自贸区的战略部署与未来展望（节选）*

相比"京津冀"是国内不同省之间的协作，上海自贸区的着重点则是中国与海外的对接，是我国下一阶段重要的经济引擎。从国内的环境来看，我国宏观经济目前面临着潜在增速下降、人口红利消失和投资占经济体量过大等各种问题，迫切需要新一轮的经济体制改革。从上海自贸区推进的速度和力度可以看出新一届政府对于理顺自身定位、深化改革开放的决心，而探索建立负面清单管理模式则减少了寻租机会，提高了经济效率，也为建立小政府、大市场的经济体制提供了宝贵的试验田；从国际环境来看，目前WTO主导下的"多哈回合谈判"已陷入停滞，而美国推动的TPP（泛太平洋合作伙伴）和TTIP（跨大西洋贸易与投资伙伴）涵盖了39个国家、超过62%的世界GDP经济体量。美国介入TPP是为了开拓新市场、实现美国出口倍增计划创造条件；也希望建立起21世纪自由贸易协定新标准，推行美国的全球价值观；利用TPP谈判推动APEC贸易自由化进程，形成美国主导的亚太自由贸易体系。"项庄舞剑，意在中国"，TPP核心在于"平衡中国战略"，抵制排斥美国的"东亚共同体"的形成，遏制中国在东亚地区日益增长的影响，并重建美国在亚洲的领导地位。中国目前还没有加入到TPP的谈判中，因而，借助自贸区的建立，中国有望获得参与新一轮全球贸易自由化的机会，且可能是未来中国更加深入地融入国际经济和贸易环境的窗口。

自贸区将成为中国经济新的试验田，然而，自贸区的作用并不局限于上海，随着金融、贸易的发展，整个长三角地区都会因为配套设施的需求提高而有所收益。上海自贸区会在较短时间内产生巨大的虹吸效应，也会

---

* 摘自巴曙松、白海峰：《自贸区的战略部署与未来展望》，《人民论坛》2014年5月下。

产生溢出效应，令长三角的分工更加精细。不仅如此，习近平总书记曾强调自贸区制度需要"可复制"和"可推广"，意味着自贸区未来能够成为其他区域效仿的榜样，这将使得区域经济、协同发展的理念得以落实。

何为自贸区

自贸区按照不同功能定位可分为多种类型：第一种类型是以香港、新加坡为代表的零关税自由港型，这种类型的自贸区对进口商品、当地消费和转口输出都不征收关税；第二种类型是转口集散型，这种自贸区主要利用区位优势进行港口装卸、货物储运、货物商业性加工和货物转运等业务，典型代表是德国港口汉堡和西班牙的巴塞罗那；第三种类型是以菲律宾马里莱斯为代表的贸工型，集加工贸易与转口贸易于一身；第四种是出口加工型自贸区，以出口加工为主，如我国台湾地区的出口加工区；第五种是保税仓库型，可不办理进口手续、连续长时间处于保税状态，以意大利罗马的免税仓库为代表。

虽然各国自由贸易园区的具体功能和管理政策有差异，但通用的规则包括：进入自由港或自由贸易园区的商品无需缴税；自由贸易园区免于实施惯常的海关监管，监管更为简便和宽松；商品进港后，可以进行各类加工、处理，也可以与外国或国内商品混合重新出口。如需运到所在国的其他地区，办理报关手续缴纳进口税即可；对进出区的活动不加限制，已纳税的进口货物可以从纳税地进入区内与其他货物混合后，再免税进入纳税地等。

自贸区的功能跟各国国情与所处地区的资源禀赋有极强的相关性，因此在不同的区域中也承担着不同的角色。

美国对外贸区。第一种是综合性自由贸易区，称对外贸易区，主要从事贸易，以方便货物进出，加快货物流转，增加就业等为目的。第二种是单一性的自由贸易区，称为贸易分区，主要搞加工业，以提高产品附加值，扩大出口为目的。

欧洲自贸区。德国汉堡自由港：外国货物从水上进出区自由，有的须申报，有的不须申报，均不征关税；外汇交易均不作限制，方便企业间贸易活动。比利时安特卫普港：安特卫普港对整个港口实行更加灵活的管理制度，注重单证管理而非实物管理。爱尔兰香农自贸区：香农开发公司围绕香农机场进行深层次开发，在紧邻香农国际机场的地方建立了世界上最早以从事出口加工为主的自贸区，以其免税优惠和低成本优势吸引外国特别是美国企业的投资。

东南亚自贸区。香港自由港，第一作用是贸易自由。香港对进出口贸易基本上没有管制，不存在关税壁垒和非关税壁垒，凡符合惯例的贸易行为均畅通无阻。第二作用是金融自由。香港的货币市场全球最开放，资金可自由流通及调度。东南亚自贸区：主要有新加坡自由港、印尼巴淡自贸区、马来西亚柔南经济特区、菲律宾苏比克湾自由港等几个主要自贸区，其中新加坡港是仅次于香港的自由港。韩国仁川机场自贸区：进驻园区的外资企业根据不同行业和投资规模，在今后5—15年内，可享受减免税收、土地使用费等优惠政策，同时，积极鼓励货运航空公司入驻或拓展新货运航线，拓展机场连接性。此外，仁川机场不断完善物流配套设施，提升物流服务水平，提高物流效率，降低物流成本。

拉美自贸区。巴西玛瑙斯自贸区：区内生产并在本国销售的产品，免征工业产品税。巴拿马科隆自贸区：自由贸易区货物进口较为自由，无配额限制，不缴进口税。智利伊基克自贸区：区内企业享有免缴一级所得税权利，智利本国商品免缴增值税。

自贸区折射的是区域经济发展战略

近年来，中央提出一系列区域经济发展的思路，比如"京津冀一体化""一带一路""长江经济带"等等，不难看出区域经济是我国经济转型释放红利的关键，也是这届领导班子经济发展理念的重中之重。

事实上，无论是对内还是对外，自贸区的形成都指向了"区域经济，协同发展"的战略思想。对内部而言，自贸区的建立能够进一步强化长三角地区的经济和地理优势,并带动长江中上游地区过渡带和内河航运的作用。自贸区对整个中国经济也具有重要的杠杆作用,尤其在重构区域经济结构方面,包括浙江、江苏甚至长江上游的重庆等地,其产业发展都将受到影响。而自贸区经验一旦获得进展则可以使得全国更多的区域进行效仿,进一步推动国内区域协同发展的进程。对外部而言,它能够推动我国和贸易伙伴之间的互动,并弥补我国在对外区域合作上的不足;它能对中国加入 TPP 谈判形成有利的环境,便于同其他国家在贸易、金融领域达成合作,共同发展。某种程度上可以称得上是构建了与贸易伙伴之间进一步互惠互利、协同发展的区域战略平台。2013 年 9 月,习近平总书记出访中亚时曾经说道,各国可以就经济发展战略和对策进行充分交流,本着求同存异原则,协商制定推进区域合作的规划和措施,在政策和法律上为区域经济融合"开绿灯"。由此可见,和邻国之间深度合作,形成更广义的"区域经济"也同样是决策层的目标之一,而自贸区则正是达成这一目标的重要通道。

自贸区未来展望

自贸区不仅是未来经济改革的试验田,也是我国未来融入世界经济的一个契机。尽管今年 4 月份,美国表示欢迎我国在一定前提下加入 TPP,但目前根据 TPP 协定,我国在政府管制、知识产权、货币兑换、劳工标准上均暂时不完全达到要求,因而,上海自贸区的建立将成为我国加入 TPP 前的一个重要示范区域。借助自贸区的建设管理,可以结合中国实际,逐步提升中国贸易产品和服务的品质,如中国应在国际劳工标准和绿色环境标准制定中发挥作用;不断提高现代服务业的发展水平,为贸易自由化奠定坚实的国内产业基础。配合自贸区的深远意义,应以开放的心态和迎接机遇的眼光看待 TPP 发展,甚至可以待自贸区成熟后,在适当的时机加入 TPP,中国有望在未来参与 TPP 谈判中取得话语权与规则的制定权,而不被世界经济组织边缘化。

过去十年我国在外需扩张、地产和基建投资的拉动下取得了长足的发展,并进入了中等发达国家行列。然而,以往拉动经济的几大引擎正在逐渐转弱。外需开始动力不足,并且物价上涨,劳动工资水平上升,固定资产投资增速下滑等方方面面的现象都显示了中国经济正处于经济转型期。展望未来,我国的经济增长仍有相当大的红利空间可以释放。自贸区的设立,以及相关的区域经济发展理念的实施将会是下阶段释放我国经济增长潜力的重要战略思想。

从国家战略视角看上海自贸区建立 *

中国(上海)自由贸易试验区(简称上海自贸区)是我国第一个完全与国际接轨的自由贸易园区,2013年9月29日正式挂牌成立。从地理位置上看,自贸区位于上海的浦东新区,但从名称上可以发现,建立上海自贸区不仅仅是地方经济的发展需要,更体现了国家发展的整体战略规划。党的十八届三中全会《中共中央关于全面深化改革若干重大问题的决定》指出:"建立中国上海自由贸易试验区是党中央在新形势下推进改革开放的重大举措,要切实建设好、管理好,为全面深化改革和扩大开放探索新途径、积累新经验。"在上海自贸区成立一周年之际,回顾总结其地位作用,对未来全面深化改革具有重要的指导意义。

迎接全球贸易竞争的突围之举

国际金融危机以来,世界经济深度调整,各个领域包括贸易投资规则的竞争更加激烈。在国际贸易领域,话语权和规模并非总成正比关系。2013年我国超过美国成为全球最大的贸易国,但是在参与全球贸易规则的制定上,我国却面临非常严峻的局面。

---

* 蒋政音:《从国家战略视角看上海自贸区建立》,《中国国情国力》2014年第1期。

1. 严峻挑战

近年来，美欧日三大经济体先后发起 TPP（跨太平洋战略经济伙伴协议）、TTIP（跨大西洋贸易与投资伙伴协议）和 PSA（多边服务业协议）新一轮多边贸易谈判，力图形成新一代高规格的全球贸易和服务规则，来取代目前的 WTO 规则。其主要的特点就是积极推行贸易自由化、投资自由化。在这些谈判中，都不包括中国。纵观未来全球贸易格局，由美欧日等发达国家主导的新一代全球贸易与服务业规则正在形成。

2. 突围之举

面对这些挑战，建立中国自己的自贸区是当下的突围之举。如果说加入 WTO 是货物和部分服务业的对外开放，上海自贸区则更注重投资和金融领域更深层次的开放，是全方位、各领域的对外开放。相关的法律法规、管理体制都要深度调整，未来还要推广到其他沿海城市甚至全国。自贸区要通过贸易和服务规则上的先行试点以及进一步扩大开放力度，实现我国与世界的接轨，从而捍卫我国在全球贸易中的主动权和话语权。

（1）贸易的便利化开放。上海自贸区的最大特色是"境内关外"的特殊监管制度，即"一线放开，二线管住"。这里的一线是指国境线，二线是指与非自由贸易区的连接线。也就是说商品从境外进入自贸区不需要缴纳关税，可以在区内自由流动、加工和使用，或者直接出境；但商品从自贸区进入国内其他地区，则需要高效监管。这种监管模式让企业可以"先入区，再申报"，最大限度地提升一线进出境的便利程度和物流效率。

（2）投资的自由化开放。我国现有的投资管理体制，对于外资要进行审批和备案，但是在国外通常都是对外资实施准入前和准入后的国民待遇，程序非常简单。在自贸区内，投资大部分会实行备案制，取消审批，取消外资持股比例或经营范围等诸多限制，与国际接轨。而且，重点突出扩大服务业开放，金融服务、航运服务、商贸服务、专业服务、社会服务、文化服务，六大领域将全部开放。

（3）金融的国际化开放。重点是放开资本项目管制，建立与自贸区相适应的外汇管理体制,包括利率、汇率市场化、资本项目可兑换、人民币跨境使用等。由于金融改革和开放牵涉的面比较大,怎样在搞活金融和控制金融风险之间实现平衡,在推进人民币国际化的同时,隔离外资投机和市场操纵对我国金融市场的冲击,不仅需要研究也需要在一定的范围内试验,上海自贸区就承担了这样的重任。

加快政府职能转变的重大创举

当前,我国的改革已进入攻坚期和深水区,容易改的都已经改完,剩下的都是难啃的硬骨头。这其中,有的牵涉复杂的部门利益,有的在思想认识上难以统一,有的要触动一些人的"奶酪",有的需要多方面配合、多措并举。面对改革途中的"急难险滩",该怎么办?

1. 大胆闯、大胆试、自主改

今年3月5日,习近平总书记在参加全国两会上海代表团审议时强调:"建设自由贸易试验区是一项国家战略,要牢牢把握国际通行规则,大胆闯、大胆试、自主改,尽快形成一批可复制、可推广的新制度。"在28.78平方公里的热土上,上海自贸区要找到一条能够在960万平方公里土地上可推广、可复制的改革创新之路,使命和压力不可谓不大。

对此,中央多次强调要用壮士断腕的决心推进改革。习近平总书记更是指出:"我们一定要坚持胆子要大、步子要稳。"从2013年3月底李克强总理在上海的考察调研,到7月3日国务院通过《中国(上海)自由贸易试验区总体方案》,再到9月29日上海自贸区正式挂牌成立,不过短短半年时间。这充分显示出中央推动新一轮改革时不我待的信心和决心。

2. 不栽盆景,而是种苗圃

对于进入深水区的攻坚战改革应该怎么走,上海市委书记韩正用"不栽盆景,而是种苗圃"的形象比喻做了回答。自贸区的所有制度、规则,所有改革举措都必须按照中央的要求,实现可复制、可推广,这就好比"种苗圃"。所谓"不栽盆景",意思是说不要特殊照顾,不要额外政策,不

第3章 自贸区战略,构建开放型经济新体制

做"好看不好用"的面子工程。换句话说，上海自贸区就是要通过制度创新、通过体制改革而不是政策优惠来释放经济活力。

3. 政府放开该放的、管住该管的

上海自贸区的意义不仅仅是促进贸易领域的自由化，而是更多肩负了其他重要领域的改革、创新和试点。对此，李克强总理指出："建立中国（上海）自由贸易试验区，其中重要方面也是简政放权，探索负面清单管理模式，政府放开该放的、管住该管的。"

党的十八届三中全会指出，经济体制改革的核心问题是处理好政府和市场的关系。正是基于此，上海自贸区的主要设计都指向一个中心：重新界定政府与市场的关系，加快转变政府职能。这其中最大的亮点就是建立负面清单管理模式。负面清单是相对于正面清单而言的。正面清单管理是规定企业"只能做什么"，而负面清单管理仅限定企业"不能做什么"，并用清单的方式列出来。法无禁止即可为，这体现了放权的改革思路，实质就是要发挥好市场配置资源的决定性作用，不在无形市场上错伸有形之手。

简政放权的另一个重点是改革行政审批制度。从上海自贸区的实践来看，从核准制到备案制的转变，大大简化了政府办事手续。如投资者通过自贸区的"并联办事系统"，4天就可以拿到企业的营业执照，而过去则需要29天。据统计，截至2014年7月底，上海自贸区内新设企业9585家，外资企业1032家。

负面清单变"潜规则"为"明规则"，告诉政府哪些该管，哪些该让给市场、让给社会来管。同时，自贸区内试点的注册资本认缴登记制、"先照后证"登记制等举措，也在不断降低企业进入门槛。一系列的改革举措，在降低准入门槛的同时，对企业的诚信、对政府的监管能力却提出了新的考验、新的要求。显然，"宽进"的同时必须"严管"，也就是要进一步加强事中事后的监管。只有这样，才能够提供并保障一个公平、公正的市场竞争环境。

推进经济转型升级的驱动引擎

上海自贸区的建立之所以万众瞩目,主要在于,无论是普通民众,还是党和政府,都期盼它能为我国的经济建设带来新的发展动力,为国家的富强、民众的幸福提供新的创新平台。李克强总理指出,设立上海自贸区是打造中国经济升级版的重要举措。

1. 促进贸易升级

在经济全球化背景下,大到大型客机,小到智能手机,都由分布在众多国家的企业合作完成,越来越多的国家专注于全球生产价值链上的某些增值环节,"微笑曲线"正是对这一价值链的形象描述。曲线的一端是高利润的研发、设计,一端是高利润的销售和服务,中间是低利润的加工生产,而我国就长期停留在这个底端。对我国经济而言,当下正面临着如何转型升级的问题。

(1)促进低端的货物贸易向高端的服务贸易转化和延伸。我国的服务贸易从数量上看,在全球经济中所占比重较小。2012年,服务贸易占对外贸易的比重为10.8%,不仅低于外贸环境类似的日本、韩国、新加坡等亚洲国家,更是低于印度、巴西、南非等新兴市场国家,而欧美发达国家服务贸易占比均在20%左右。从质量上看,高端服务业发展相对滞后。国外一些大城市,经济发展的主要增量来自于金融、创意、物流、会展等在内的高端服务业。如纽约的高端服务业占GDP的比重在66%以上,伦敦更高达70%,而上海高端服务业占GDP比重只有40%左右。上海自贸区的最大看点就是服务贸易,这次不仅对金融服务、航运服务、商贸服务、专业服务、社会服务和文化服务六大领域全面开放,而且寻求管理、税收、法规等方面的创新。如果自贸区的先行先试取得预期的成功,更多贸易活动和高端服务业将聚集到上海,这将有效地促进上海经济的转型并成为引领全国发展的主要动力。

(2)通过创新驱动、结构调整来提高产业本身的含金量。由于我国加工贸易的零部件和原材料过度依赖进口,因而形成了研发和营销"两头在外"的模式。而且，加工贸易国内价值链过短，对配套产业的带动作用不足。所以，上海自贸区所承载的使命就体现在：尽快提高加工贸易原材料、零部件的本地化率，加强国内企业自身优势的培育，使跨国公司将更多的设计、生产、流通和服务环节放在中国，促使加工贸易由单纯生产向综合服务和全球运营方向转型，进而推进我国产业从低附加值的劳动密集环节向技术密集和信息、管理密集的高附加值环节升级。

2. 助力企业转型

长期以来，虽然我国一直致力于经济转型，但以往出台的产业政策引导、经济补贴等，没有促进企业真正形成创新能力，反而造成过度贷款、过度投资，最后形成大量低端过剩产能。上海自贸区致力于简政放权、减少政府对市场的干预，所有投资者，无论是外资的、国有的、民营的都能在一个公平开放的平台平等竞争。有竞争就有创新，就会形成优胜劣汰，落后的产能、落后的产品自然就会被市场所淘汰，这就是倒逼企业转型的一种机制。

更重要的是，上海自贸区凭借着投资管理体制和融资渠道的便利化，有助于聚集全球要素资源，加快企业"引进来"和"走出去"步伐，为企业创新发展提供平台。

3. 推动金融创新

人民币要进一步提升国际影响力、中国的金融实力要在全球化层面"越级而升"，很大程度上有赖于上海自贸区这块"金融试验田"取得成功。目前，上海自贸区内的企业可以办理跨境双向人民币业务，实现自贸区内账户和香港账户之间自由联动，让人民币更加顺畅地在境内外自由流动。市场预期，随着众多的境内外贸易企业、金融机构、物流企业等主体大量进入上海自贸区，以人民币为主的计价与支付手段将迅速发展，包括转口贸易、离岸贸易、跨境贸易的人民币结算业务将蓬勃开展，这些都将成为人民币国际化的突破口。

上海自贸区的金融创新不仅有人民币业务，外汇业务也在加速改革。一是自贸区内率先实现了外币存款利率市场化，二是出口企业可以自主选择时间结汇换成人民币,有效规避汇率风险。

当然,开放与自由从来与风险相生相伴,金融越"自由",国内外资本尤其是国际游资,很可能利用上海自贸区作为平台,实施资本的快进快出、疯狂套利,扰乱我国的金融市场,冲击我国的金融秩序。所以,金融制度创新对于上海自贸区来说是挑战与机遇并存的。

2014年3月,李克强总理在《政府工作报告》中提出,今年内将在自贸区"形成可复制可推广的体制机制,开展若干新的试点"。当前,天津、广东等地的自贸区申报方案正在加紧筹划。我们期待,以上海自贸区为支点和起点,推动我国的改革向纵深发展,并撬动起中国经济奇迹"第二季"。

自贸区"雁阵起航" 引领全国深层次改革 *

四大自贸区的挂牌,标志着我国对外开放、深层次改革的战略布局已然构建完成。这四大自贸区将立足国家总体战略,充分发挥自身优势,为"一带一路"建设、京津冀一体化、长江经济带发展、粤港澳深度融合、两岸经济发展等,探索新途径、积累新经验,实现多层次、全方位的发展。

4月20日,国务院发布中国四大自贸区负面清单,4月21日上午,广东、天津、福建自贸区统一挂牌。听到这一重大消息,看到这一重大决定,我极为宽慰。自贸区"雁阵起航",决不能迷失方向,而方向就是党中央、国务院以自贸区引领全国深层次改革开放的决定。

要发挥试验区、桥头堡和排头兵的作用

自贸区是撬动中国新一轮改革开放的支点,要发挥试验区、桥头堡和排头兵的作用。四大自贸区都将加快政府职能转变、扩大投资领域的开放、

---
* 周汉民:《自贸区"雁阵起航" 引领全国深层次改革》,《文汇报》2015年4月23日。

推进贸易发展方式转变、深化金融领域的开放创新、完善法治领域的制度保障等作为主要任务，涉及行政管理、贸易、金融等领域的开放政策，具体体现在：

贸易便利化。监管上采取"一线逐步彻底放开、二线安全高效管住、区内货物自由流动"的模式。自贸区势必还将进一步推动贸易便利化，同时提升贸易开放程度。更重要的是，还要一并推进与自由贸易相关的服务贸易的发展，如包括航运、贸易及相关服务业的开放，一定程度上放松现有的贸易壁垒，推动区内要素转移、资源配置。贸易便利化既是自贸区建设的目标和任务，也是自贸区对接国际的手段和方法，是推进改革和提高开放型经济水平的重要标志。

投资自由化。自贸区要成为改革的桥头堡、排头兵，要自始至终采取高标准的投资规则，第一是公平竞争的政策，第二是整个过程的准入前国民待遇和负面清单管理。基于负面清单的准入前国民待遇要求是投资自由化进程中的核心议题。从国家战略的角度出发，负面清单需要兼顾BIT等一系列国家谈判，以及国际投资贸易规则的新变化，四个自贸区使用同一张负面清单，体现我国新时期的国情与特色。

金融国际化。金融行业在自贸区受益面最广，而且未来自贸区金融方面的发展愿景也很大。四大自贸区在金融方面的试点内容主要包括利率市场化、汇率自由汇兑、金融业的对外开放、产品创新等，也将涉及离岸业务。自贸区推动离岸金融业务，拓宽外商金融投资范围，包括允许符合条件的外资金融机构设立外资银行，符合条件的民营资本与外资金融机构共同设立中外合资银行。人民币国际化方面，自贸区将在风险可控的前提下，对人民币资本项目可兑换进行先行先试。

行政精简化。即政府职能转变为事中事后监管制度。按照国际化、市场化、法治化的要求，转变政府职能，简化审批程序，以综合监管和法制化管理为主，提高行政透明度，积极探索建立与国际高标准投资和贸易规则体系相适应的行政管理体系。可以预见，未来四大自贸区内，会不断实践"小政府"和服务型政府,实行高效的市场化宏观调控和管理,理清市场和政府最优边界。

四大自贸区要进一步理清各自的战略定位

中国四大自贸区的挂牌,标志着我国对外开放、深层次改革的战略布局已然构建完成,往前走,还要进一步理清各自的战略定位。

2.0版上海自贸区由保税区、张江、金桥、陆家嘴、世博5个片区构成,应该在各区域间形成协调发展,提高整体竞争力。一是要思考如何与"四个中心"建设和全球科创中心建设结合起来,加速建设一批高能级、面向国际的金融、贸易、航运平台和创新平台,把金融创新和科技创新作为上海自贸区的重中之重。二是完善组织架构,扩区之后的上海自贸区管委会,已正式推行"双主任制"的领导架构,从而起到更高效管理和建设自贸区的效果。三是推动上海自贸区建设与长三角乃至长江经济带发展有机结合。

广东自贸区强调了粤港澳概念,明确提出依托港澳、服务内地、面向世界,以制度创新为核心,促进内地与港澳经济深度融合,深入推进粤港澳服务贸易自由化,强化粤港澳国际贸易功能集成,探索构建粤港澳金融合作新体制等。值得一提的是,在深化粤港澳合作方面,广东自贸区建设相关事项纳入粤港、粤澳合作联席会议制度,相向互动,在CEPA总体框架下,探索对港澳更深度开放。广东自贸区有望在金融改革中推出更多的新创举。广东自贸区的重要任务就是探索更开放、更便利的国际投资贸易规则。

天津自贸区将着重于制造业和商业物流的并重开放;天津市是综合改革实验区,中央赋予天津先行先试政策;天津是京津冀协同发展的重要一极,天津港是京津冀最大的综合性贸易港口,在京津冀吸引外资过程中发挥引擎作用。此外,由于金融业的业态和体量规模等都与上海不同,天津自贸区金融创新的侧重点也将有所区别。如果说上海作为金融中心是总体金融实验,天津自贸区则要发挥在融资租赁领域的潜力,为实体经济发展提供服务。

从国家层面考虑，福建自贸区最大的战略意义在于对台，以"对台湾开放"和"全面合作"为方向，进一步深化两岸经济合作，一来吸引台资入驻，二来便利与台湾的经贸往来，促进两岸经济和人员更好地融合。福建在对接台湾产业、加快两岸产业融合方面独具优势，因而福建自贸区需要扩大对台服务贸易开放，以此进一步促进服务要素的自由流动，推动海峡两岸经贸的深度发展。在金融创新方面，两岸跨境人民币业务是福建自贸区金融业发展的一大特色和未来方向。

总之，这四大自贸区都将立足国家总体战略，充分发挥自身优势，为"一带一路"建设、京津冀一体化、长江经济带发展、粤港澳深度融合、两岸经济发展等，探索新途径、积累新经验，实现多层次、全方位的发展。

自贸区扩大试点的战略深意 *

党的十八届三中全会后，我国加快了以周边为基础的自贸区谈判进度，在习近平主席亲自推动下，中韩、中澳自贸区在去年底已结束了实质性谈判，预计在2015年可进入实施阶段。与此同时，上海自由贸易实验区也加快了改革开放试点的进度。去年12月，国务院又原则批准在天津、广东、福建增设三个国内的自贸园区，并同意上海自贸区内涉及服务业开放的有关内容可以在上海浦东范围内扩大试点。特别值得关注的是，2014年12月5日，中央政治局第19次集体学习专门安排了自贸区专题讲座，习近平主席在主持学习时强调：要以对外开放的主动赢得经济发展的主动，赢得国际竞争的主动。深刻领会习近平主席的讲话精神是我们贯彻落实自贸区战略的重要依据。

---

* 霍建国：《自贸区扩大试点的战略深意》，《人民论坛》2015年3月下。

推动自贸区建设是我国进一步深化改革开放的重要动力

习近平总书记指出,要准确把握经济全球化新趋势和我国对外开放新要求。改革开放是我国经济社会发展的动力。不断扩大对外开放、提高对外开放水平,以开放促改革、促发展,是我国发展不断取得新成就的重要法宝。

从国际形势看,各国纷纷谋求区域经济一体化合作,特别是以美国为首推动的 TPP 和 TTIP 谈判等超大型自贸区谈判,正在推进并将产生巨大影响。这些大规模的自贸区谈判一旦达成协议,其影响范围是巨大的,并且由欧美发达国家主导的新的贸易规则将形成国际主流影响力,这将对我国形成新的约束和影响,在区域经济一体化和自贸区谈判的推动下,特别是美国重返亚太战略,导致亚洲及我国周边的政治经济环境变得更为复杂,国际形势对我国推动的自贸区战略构成巨大挑战,在当前自贸区战略快速推进之际,我国要想保持开放型经济的快速发展,并保持在国际市场的竞争力和影响力只能采取积极的应对措施,主动参与到各类自贸区发展中去,形成以我为主的一批自贸区安排。一方面可以扩大我国对外贸易合作的基础,另一方面也可适应新的开放规则和要求,避免我国在国际贸易新一轮规则竞争中被边缘化。同时加快实施自贸区战略也有利于我国充分利用两个市场,两种资源,进一步扩大对外开放,而且鉴于自贸区协定的签署是一种有法律约束力的制度性开放安排,将有利于形成开放促改革的新局面。

从国内形势看,当前国内改革已进入深水区,经济呈现出新常态的若干特征,且经济增长持续面临下行压力,资源能源约束日益加剧,产业升级面临明显压力,海外需求不振,导致出口维持在中低位水平,金融汇率改革面临新的风险,财政货币政策回旋余地有限,我们既不能回归大规模刺激经济的老路,又必须要保持经济运行在合理的区间,我们唯有通过深化改革向市场要活力,通过激活民间的内在增长动能,靠体制和机制的活力形成新的增长引擎,要做到这一点更重要的是营造法治的营商环境,通过制造业和服务业的对外开放,引进更多的国际投资资本,以支撑中国经

济的增长和产业结构的升级。以深化国内市场改革创造公平的竞争环境来调动各种经济成分增长的积极性,形成大众创业、万众创新的发展局面,而要想实现这一目标,唯有突破自贸区的发展束缚。通过扩大自贸区安排,带动国内市场的对外开放并加快同国际规则的接轨,形成对内改革和对外开放的良性互动。

加快自贸区建设是适应我国不断走向国际治理前台的需要

习近平总书记指出,加快实施自由贸易区战略,是我国积极参与国际经贸规则制定、争取全球经济治理制度性权力的重要平台,我们不能当旁观者、跟随者,而是要做参与者、引领者,善于通过自由贸易区建设增强我国国际竞争力,在国际规则制定中发出更多中国声音、注入更多中国元素,维护和拓展我国发展利益。

金融危机后世界经济格局仍处于艰难的调整中,美欧等发达国家企图通过加强区域经济合作构筑自己的利益网,再度形成对全球经济发展的主导作用和影响力,而大多数发展中国家则被排斥在这一进程之外,新一轮的全球治理及规则重塑已成为当前国际经济范畴的重点和难点。现在我国虽已成为亚洲、非洲、欧洲、美洲等绝大多数国家的第一或第二大贸易伙伴,我国的经济利益已延伸到世界各个区域,维护并拓展我国的自身利益是我国未来发展面临的一项紧迫任务。我国除了继续在WTO中寻求贸易和投资利益外,更需要在双边和区域经济一体化机制下拓展空间,通过建立多边区域、双边经贸合作机制以促进共同发展,相互补充,符合我国的根本利益。为此,加强自贸区建设是维护我国在区域经济发展中的新机遇,是参与广泛的区域经济合作的重要平台,有助于提升我国在全球经济合作中的话语权和影响力,从而有助于确立我国在世界经济新格局中的地位。

经过30多年的改革开放,中国已经成长为全球第二大经济体和第一贸易大国,经贸利益早已超越国境,延伸到全球各地,成为一个具有全球利益的大国。国际经验表明,经济大国和强国必须要着眼于全球视野来规划本国发展，着眼于全球资源推动本国增长，只有通过全方位开放才能形成与世界各国拥有众多利益交汇点，形成你中有我、我中有你的开放格局。因此，中国作为一个正在崛起的大国应该慎重思考如何构建大国的对外开放战略，如何实现并处理好出口与进口并重，走出去与引进来并举，获取利益和防范风险并行，坚持不做追随者，更加积极主动参与全球治理，确保国际规则向于我有利的方向发展，提高整合全球资源为我所用的能力，实现我国经济全方位的国际化。

作为世界第二经济大国和第一贸易大国，中国自觉或不自觉地终将走向国际治理前台，发挥世界经济贸易大国影响力。在新一轮的区域经贸规则重塑过程中，不能以"鸵鸟"心态置之事外，更不应回避敏感问题，一定要以更加开放的心态积极参与谈判，主动提出新主张、新倡议、新方案，提升我国对国际和区域经贸规则制定的影响力，引导规则向于我国有利的方向发展，为新规则的形成做出中国应有的贡献。在未来对外贸易谈判时，我们也不能只停留在关税减让、开放服务贸易等方面，而必须要面对有关的新议题谈判，并以此促进我国在知识产权保护、国有企业改革以及减少行政审批等诸多领域的改革，为中国经济持续和良性增长打下基础。因此我们通过加强自贸区建设，认真应对谈判内容和开放重点，主动深化市场化改革，努力突破传统体制机制障碍，最终才能实现习近平主席要求的以对外开放的主动赢得国际竞争的主动。

做好两种"自贸区" 推进高水平对外开放 *

盘点2014年年度经济热词，自贸区肯定榜上有名。12月5日，中共中央政治局围绕自由贸易区问题组织集体学习。12月12日，国务院召开

★ 李健：《做好两种"自贸区" 推进高水平对外开放》，《人民政协报》2015年1月15日。

常务会议,部署推广上海自贸区经验,要求在广东、天津和福建再设三个自由贸易园区。这两处所讲的"自贸区",是两种自贸区,前者叫FTA(Free Trade Agreement),是两个或多个国家及经济体通过签署自由贸易协定,相互给以贸易和投资自由化待遇所形成的涵盖两国或多国及经济体的自由贸易区;后者叫FTZ(Free Trade Zone),是一国在自己领土上划出一块地方,单边自主实施贸易投资自由化措施所形成的自由贸易区,有时也称为自由贸易园区。

为什么党的十八大以来,国家如此重视这两种自贸区的建设?原因就在于当前国际国内形势的巨大发展变化。

从国际看,金融危机之后,经济全球化进入了一个深刻调整期。主要经济体都在着力解决发展中的结构性、体制性问题,一方面更重视抢占科技和产业竞争制高点,纷纷推出了振兴传统产业和发展新兴产业的规划及战略。另一方面,根据新一轮国际经济竞争更多发生在科技研发、投资、服务、知识产权、劳工和环境等新的领域,而多边的自由贸易谈判进展缓慢,不利于保护发达经济体利益的情况,使许多国家转向更积极地推进区域性贸易和投资自由化谈判。美国近年大力推进以它的贸易投资自由化标准为模板的跨太平洋经济伙伴关系协定(TPP)和跨大西洋贸易与投资伙伴关系协定(TTIP)谈判,试图重构国际贸易规则。尽管这些谈判也十分艰难,但是谈判由多边转入区域,纳入了包含服务、投资、竞争政策、劳工标准、环境标准在内的许多"21世纪新议题",协定内容由"边界措施"延伸至"边界内措施"等,却是大势所趋,代表着新的国际分工和竞争游戏规则。

从国内看,我国已经进入由低收入工业化迈向中高收入工业化的发展新阶段。人口红利递减,国民经济增长速度在放慢,但对发展的质量和效益提出了更高要求。必须把转方式、调结构放在更加重要的位置,从主要依赖要素投入为主的发展转变到创新驱动为主的发展。必须参与更高层次国际分工和竞争,从主要依赖传统低成本优势转变到依赖以技术、品牌、质量和服务为主的新的综合竞争优势。过去国家工业化的重心是制造业,现在则要优先发展服务业。过去产业的提升主要靠大规模承接产业转移和释放人口红利，现在则要更多地依靠自主创新和提高劳动者素质。

怎样提升我国在全球产业链分工中的地位，缩小与发达国家在技术、品牌、质量和服务等方面的差距？总结30多年来的经验，关起门来搞是不行的，只能靠进一步改革和开放。30多年前，我国以建立四个经济特区为起点，与国际市场和国际贸易规则接轨，抓住了融入经济全球化的机遇，开始了大规模工业化和现代化进程。今天，新一轮国际产业进步和经济竞争孕育并催生着新的游戏规则，我们作为后来者没有别的选择，只能积极地参与自贸区（FTA）谈判。而且我们谈的不应是低水平的自贸区，必须是高水平的自贸区。因为中国不能停留在低水平产业链分工上，而是要加入中高收入工业化国家竞技场，与新一轮国际产业技术进步所要求的新的游戏规则接轨，抓住经济全球化调整期的历史机遇，实现新兴大国由低收入工业化向中高收入工业化的历史跨越。

具体到现实发展路径，就是要建立、发展两种意义上的自贸区。对外，加快建立立足周边、辐射"一带一路"、面向全球的高标准自由贸易区网络。自身瞄准高水平自贸区标准，主动自觉地进行贸易和投资自由化、便利化开放尝试，倒逼国内深化改革，加快建立和完善国际化、法治化和更加开放的贸易投资环境。这两种自贸区在功能上是有内在联系的。对外进行自贸区（FTA）谈判和参与国际贸易规则重构是战略目标，对内建立自贸园区（FTZ）是战役部署，是脚踏实地的改革试验和实践，通过不断扩大的试验和实践，帮助修正和完善我们的开放目标，最终实现民族复兴、和平崛起的中国梦。

现在，国内各地方争建自贸园区的积极性很高。越来越多的人认识到与更高水平国际经济贸易规则接轨就像当年入世一样，是推进改革开放的新的动力。当然，我们不能否认其中有一定的跟风或从众因素，也不排除有些地方企图以此来圈地搞开发。但从根本上讲，自贸园区热反映各地从上海自贸试验区看到了深化改革、扩大开放、实现新突破的希望，看到了自贸园区带

第3章 自贸区战略，构建开放型经济新体制

来的经济转型和产业升级的重大利好。不同地方有不同情况,不应当一哄而起。但是为了进一步发展,都要进一步开放,营造与国际先进水准看齐的体制和法律制度环境,这一点是一样的。所以,中央应当爱护和引导这股自贸园区热,鼓励更多条件成熟的地方参与到自贸园区试验中来。

同时,对于争建自贸园区的地方来讲,一定要找准目标,端正认识。第一,自贸园区是开放高地,不是政策洼地。建立自贸园区主要是靠进一步开放、建立与高水平贸易投资自由化规则接轨的体制和规则环境,而不是靠财税政策优惠吸引投资者。第二,自贸园区是改革试验田和压力测试场,不是仅供参观的盆景。建立自贸园区会带来一定风险、一定压力,必须承担起排头兵的责任,坚持先行先试,应当控制好风险,同时要有迎难而上的勇气和坚韧。第三,建立自贸园区是国家战略,不是短期行为。地方开放改革和发展的规划及战略必须与国家现代化"新三步走"战略、创新驱动战略和"一带一路"战略等相适应和配合。

总之,自贸区是新形势下我国扩大开放,进一步融入经济全球化的重要载体。上世纪80年代第一轮开放的重要载体是四个经济特区和沿海开放地区,他们率先开放带动了全国的开放。进入21世纪以后第二轮开放的重要载体是加入世贸组织,入世带动了各个领域与多边贸易组织所代表的国际贸易规则接轨。现在,第三轮开放的重要载体就是实施自贸区战略和建立自贸园区。我们应当做好自贸区这篇大文章,借自贸区之势推动我国进一步融入经济全球化,参与更高水平国际分工和竞争。

第4章
创新驱动发展，打造中国经济新引擎

创新是一个民族进步的灵魂，是一个国家兴旺发达的不竭动力。从新中国成立伊始，我们党和政府就高度重视科技和创新对促进经济社会发展的巨大作用。从"向科学进军"的号召，到"科学技术是第一生产力"的论断，到"科教兴国"的战略、科学发展观，再到创新驱动发展战略的全面实施，我国在建设创新型国家的道路上进行了大胆而卓有成效的探索与实践。

1949年11月1日，就在新中国成立仅仅一个月后，中国科学院正式成立。此举在全国及海外华裔科技人员中引起了强烈反响。1956年1月，党中央发出了"向科学进军"的号召，这是历史性的一个跨越。1956年4月，根据毛泽东的一系列指示，由周恩来和聂荣臻等牵头，我国成立了科学技术规划委员会，制定了《1956—1967年科学技术发展远景规划》。此后，我国自行制造了第一颗原子弹和氢弹，并将"东方红"人造地球卫星送上了太空。

1978年3月18日全国科学大会在北京举行。邓小平旗帜鲜明地指出"科学技术是生产力"，大会还通过了《1978—1985年全国科学技术发展规划纲要（草案）》。自此，"863计划""火炬计划""攀登计划"相继实施，我国在科技创新道路上取得了极大进步。

20世纪90年代，世界变化日新月异，世界新科技革命和知识经济的发展如火如荼。1992年10月，江泽民在党的十四大报告中首次提到了"创新"问题。1995年5月26日，在全国科学技术大会上，江泽民首次正式提出实施"科教兴国"的战略。其后，以胡锦涛为总书记的党中央提出了"以人为本，全面协调可持续"的科学发展观。实施科教兴国战略以来，特别是全面落实科学发展观以来，我国的科技创新能力不断提高。

党的十八大以来，以习近平同志为总书记的新一届中央领导集体高度重视科技创新对于促进经济社会发展的巨大效用。2014年6月9日，中国科学院第十七次院士大会、中国工程院第十二次院士大会在人民大会堂隆重开幕，习近平发表重要讲话指出，我国科技发展的方向就是创新、创新、再创新。实施创新驱动发展战略，最根本的是要增强自主创新能力，最紧迫的是要破除体制机制障碍，最大限度解放和激发科技作为第一生产力所蕴藏的巨大潜能。要坚定不移走中国特色自主创新道路，坚持自主创新、重点跨越、支撑发展、引领未来的方针，加快创新型国家建设步伐。

2015年3月2日，国务院办公厅印发了《关于发展众创空间推进大众创新创业的指导意见》。2015年3月5日，李克强总理在《政府工作报告》中明确提出，打造大众创业、万众创新和增加公共产品、公共服务"双引擎"。

2015年3月13日，《中共中央国务院关于深化体制机制改革加快实施创新驱动发展战略的若干意见》正式印发。《意见》指出，加快实施创新驱动发展战略，就是要使市场在资源配置中起决定性作用和更好发挥政府作用，破除一切制约创新的思想障碍和制度藩篱，激发全社会创新活力和创造潜能，提升劳动、信息、知识、技术、管理、资本的效率和效益，强化科技同经济对接、创新成果同产业对接、创新项目同现实生产力对接、研发人员创新劳动同其利益收入对接，增强科技进步对经济发展的贡献度，营造大众创业、万众创新的政策环境和制度环境。《意见》明确提出了深化体制机制改革加快实施创新驱动发展战略的八大任务。

创新发展是《中共中央关于制定国民经济和社会发展第十三个五年规划的建议》提出的五大发展理念之首，是贯穿《建议》全篇的重大战略思想。创新驱动发展战略是落实创新发展理念的具体行动，是一个立足全局、面向全球、聚焦关键、带动整体的国家战略，而不是一个短期的、局部的战略。这是党中央在我国发展关键时期作出的重大决策，契合我国发展的历史逻辑和现实逻辑。

为中国梦点燃创新驱动新引擎 *

党的十八届三中全会作出全面深化改革的重大部署,强调要加快建设创新型国家,深化科技体制改革。这与党的十八大精神和以习近平同志为总书记的党中央关于科技创新的一系列重大新论断新要求一脉相承,为实施创新驱动发展战略进一步指明了方向。我们要认真贯彻落实中央的重大决策部署,着力疏浚创新驱动发展的渠道,把科技创新对提高社会生产力和综合国力的战略支撑作用充分发挥出来。

一、实现中国梦亟需发动创新驱动新引擎

实施创新驱动发展战略决定着中国前途命运。习近平总书记对此作出深刻阐述。科技创新对社会生产生活的影响从来没有像今天这样深刻,国家发展和民族复兴对科技创新的需求从来没有像今天这样迫切。实施创新驱动发展战略,是中央镜鉴历史、面向未来,立足全局、放眼全球的重大抉择。"不日新者必日退",古代中国辉煌的文明得益于科技水平长期处于世界前列,近代中国深重的苦难根子之一在科技落后,从历史的深处展望未来,我们能够更加深刻地体会中央把科技创新摆在国家发展全局核心位置的重大意义。国际上,全球现代化拉动、国际金融危机倒逼下的新科技革命和产业变革正在孕育兴起,成为各国最难掌控但必须面对的不确定性因素,国际竞争的焦点已前移到科技实力和创新能力的较量,在创新驱动上我们不能等待、不能观望、不能懈怠。从国内看,我国改革发展已进入关键时期,突破"中等收入陷阱"的挑战,提高发展质量和效益,打造经济升级版,推动我国从经济大国走向经济强国,亟需把创新驱动发展作

---

* 王志刚:《为中国梦点燃创新驱动新引擎》,《经济日报》2013 年 12 月 30 日。

为牵一发而动全身的战略抓手，一以贯之、长期坚持。

实现中国梦亟需写好创新篇章。到 2020 年进入创新型国家行列，进而在本世纪中叶成为科技强国，是实现"两个一百年"目标、实现中华民族伟大复兴中国梦的必然要求。没有强大的自主创新能力，我们难以从大国走向强国。创新之路是中国道路的题中之义，在党的领导下经多年探索形成的中国特色自主创新道路，是中国特色社会主义道路的重要内容，来之不易、动摇不得；实施创新驱动发展战略是走中国特色自主创新道路的最新实践，必须下大力气落到实处。创新精神是中国精神的时代内涵，我们民族素有革故鼎新的文化传统，35 年改革开放孕育丰富了改革创新的时代精神，把我们民族体内的创新热情前所未有地激发出来了，我们要倍加珍惜、不断滋养这一难得的创新自觉和自信。创新驱动是中国力量的重要载体，各族人民大团结是中国梦最可依凭的力量，科技界和产业界、社会各界合力同心建设创新型国家和科技强国的实践，是广大人民在中国梦感召下团结奋斗的重要着力点，广大科技人员需要更加自觉地投身创新驱动，服务中国梦的伟大奋斗。

把创新驱动的引擎真正发动起来，加快提升我国科技实力、经济实力和综合国力。充分利用我国的创新积累和技术储备，创新商业模式，开拓新兴市场，着力培育新的经济增长点，为经济转型发展提供有力支撑，以人才强、科技强促进产业强、经济强、国力强。坚持把提高科技实力与创新能力作为创新驱动的核心和关键，把握好自主创新这一基本立足点，把强化基础前沿、关键共性技术、社会公益技术和战略高科技、涉及国家安全的技术研究作为重大的基础工程来抓，增强预见性前瞻性，在差距较大的领域积极探索"非对称"发展措施，加快提高原始创新水平。坚持把提高经济实力和社会生产力作为创新驱动的主攻方向，重点围绕壮大实体经济，坚持战略性新兴产业培育发展和传统产业转型升级"两手抓"，用好国家科技重大专项、国家自主创新示范区和高新区等载体，着力促进制造业的高端化智能化、发展节能减排的生产模式，使"中国创造"和"中国制造"协同并进。坚持把提升综合国力和核心竞争力作为创新驱动的根本目的，现代化建设的各个方面都需要科技创新，我们既要强调科技的经济价值，也要强调科技的民生、社会、安全、文化和生态价值，抓住水资源可持续利用、能源安全、粮食安全和现代农业发展、信息安全等重大问题，全面加强各领域的科技创新，使科技成果更多地惠及广大群众。

二、点燃创新驱动新引擎的改革引信

实施创新驱动发展战略最紧迫的任务在改革。实现从要素驱动发展为主向创新驱动发展的战略转变，是一个带有全局性的重大变革，涉及到整体发展观念、发展布局、发展方式的变化，需要相应的体制机制保障。改革是创新驱动发展的关键一招，伴随着改革开放的不断推进，我国市场导向的创新格局在发展中日益形成，但制约科技经济紧密结合、制约企业创新能力和原始创新水平提升等体制机制问题仍然不少，解决这些问题必须通过深化改革，真正把束缚创新的绳索解开。改革是创新驱动发展的临门一脚，通过多年努力，我国已成为具有重要影响的科技大国和创新大国，正处在建成创新型国家、进而建成科技强国和创新强国的爬坡过坎阶段，能否真正迈过这个"坎"、爬上这个"坡"，迫切需要发挥好改革的"临门一脚"功能。改革是创新驱动发展的制胜一步，国际金融危机背景下，各国都在苦练创新发展的"内功"，抢占发展的制高点，下好改革这步"先手棋"，有利于盘活创新驱动转型发展的"总棋局"，有利于我们在日益剧烈的国际竞争中赢得主动权、打好主动仗。

改革的目的是要进一步打通科技和经济社会发展之间的通道。多年来，科技经济结合一直是我国科技体制改革的基本目标。当前，加快转变经济发展方式、调整经济结构对科技经济结合提出了更高的要求。要通过改革创新大幅增加经济社会发展的科技含量，这也是创新驱动发展的本质要求，迫切需要完善体制机制，真正把科技创新作为经济社会发展的主要驱动力量予以重视和部署，使人才、科技等资源的价值在市场和社会上得到更多的尊重，使知识、技术等要素的投入比重在经济社会发展中得到更大幅度的提升。要通过改革进一步强化创新供给，坚持科技面向经济社会发展的导向，围绕产业链部署创新链、围绕创新链完善资金链，着力提升自主创新特别是原始创新能力，消除制约科技成果转移扩散的障碍，使科技创新成果更多地向经济社会转移扩散。要通过改革进一步释放创新需求，加强科技创新政策、产业政策、需求政策的衔接和科技改革、经济改革、职能转变的统筹，使重视创新、鼓励创新、支持创新在科技和经济社会发展等各个方面的规划布局、政策制定、考核评价中得到更好地体现，引导科技界和各方面把智慧与力量更多聚焦到创新驱动发展上来。

改革的关键是要处理好政府和市场的关系、以生产关系的调整进一步解放和发展科技第一生产力。这是把创新驱动发展战略真正落到实处的"总开关"。技术创新的根本力量在市场、在社会、在企业主导的产学研用结合。特别是产业变革具有技术路线和商业模式多变多样的特征，必须通过深化改革让市场真正成为配置创新资源的决定性力量。政府需要管好该管的领域，着力加强基础前沿研究和共性、公共科技服务，营造良好的创新环境，在关系国计民生和产业命脉的领域积极作为，明确科技创新的重点与方向，集中力量抢占制高点。要突出发展导向、问题导向和市场导向，着力理顺各类创新主体之间的利益关系，围绕经济社会发展的全局需求，抓住科技体制改革中存在的突出问题，着力完善政策体系和激励措施，把企业的关注重点引导到强化技术创新和形成创新集群效应上来，把科研院所和高等学校的关注重点引导到原创突破和为企业提供创新服务上来，把技术市场、金融机构、科技中介等的关注重点引导到为产学研用牵线搭桥和提供保障上来。

着力疏浚创新驱动发展的渠道，把科技创新的"源头活水"加快引入经济社会发展的"田间地头"。特别是要按照党中央、国务院的要求，加强创新驱动发展战略的顶层设计。协调有关部门，动员科技界、产业界和社会各方面广泛参与，把发展需要与现实能力、长远目标与近期工作统筹起来考虑，提出切合实际的发展方向、目标和工作重点。要加快建设国家创新体系，促进科技创新和经济社会发展紧密结合。着力强化企业技术创新的主体地位和科研院所、高等学校的创新服务能力，补齐区域创新和科技服务等"短板"，健全产学研协同创新机制，发挥创新的集群效应，提升国家创新体系整体效能，夯实科技经济结合的宏观载体和物质基础。要持续增强市场和社会创新活力，促进创新资源和要素高效配置。着力完善创新资源配置的市场机制和政府支持创新的方式，抓住创新人才这个根本，用好评价激励指挥棒，深化产业链、创新链、资金链的融合互动，加快形成市场导向、社会参与、开放流动、高效协作的创新机制。要不断完善创新管理，营造良好的创新生态。着力推进政府职能转变，加强部门协作，提高围绕创新全链条的科学管理、宏观管理水平，发挥好科技规划、创新政策、技术标准、评价评估等在创新管理中的重要作用，从知识产权、要素价格、科技金融、产业制度、需求引导、对外合作等方面加快营造公平开放透明的创新政策环境，完善科技创新基础制度、基础条件和公共服务平台，培植创新发展的肥沃土壤。

站在全面深化改革的新起点上，广大科技工作者要紧密团结在以习近平同志为总书记的党中央周围，进一步解放思想，以更加自觉更加自信更加振奋的精神状态，锐意改革、攻坚克难，让一切有利于创新的星火乘风燎原，为开创我国经济社会发展更加美好的未来、实现中华民族伟大复兴的中国梦作出更大的努力！

以"四个全面"统领创新驱动发展 *

以习近平同志为总书记的党中央，站在时代发展和战略全局的高度，提出全面建成小康社会、全面深化改革、全面依法治国、全面从严治党，

---

* 白春礼：《以"四个全面"统领创新驱动发展》，《人民日报》2015年3月19日。

明确了实现"两个一百年"奋斗目标的战略布局。"四个全面"是我们党治国理政的总方略,也是现阶段各项事业改革发展的基本遵循。当前,我国经济发展进入新常态,实施创新驱动发展战略进入关键期。实现创新驱动发展,必须以"四个全面"为统领,明确创新方向,找准发展路径,深化体制改革,加快创新跨越,推动经济社会发展实现从要素驱动为主向创新驱动为主的根本转变,使创新成为国家繁荣、民族复兴的强大引擎。

全面建成小康社会为创新驱动发展指明根本方向

未来5年是我国全面建成小康社会的决定性阶段,时间紧迫,任务艰巨。习近平同志近期在福建、江苏和云南等地考察调研时反复强调全面建成小康社会这一战略目标。全面建成小康社会,体现了中国特色社会主义的本质属性和必然要求。当前,我国经济社会发展面临资源环境约束加剧、产业结构不合理、农业基础薄弱、城乡区域发展不协调、就业总量压力和结构性矛盾并存等突出问题。发展仍是解决我国所有问题的关键,必须把全面建成小康社会作为创新驱动发展的根本方向,加快推动以科技创新为核心的全面创新,最大限度激发科技作为第一生产力的巨大潜能,最大限度释放全社会的创新活力与潜力,向科技要效益,向创新要动力。

我们要依靠创新加快产业升级和结构调整,攻克高端装备、智能制造、关键元器件、新材料等关键核心技术,促进制造业向价值链中高端跃升,创造新的经济增长点和就业机会;依靠创新抢占空天海洋、信息安全、能源资源等战略必争领域制高点,扭转关键核心技术长期受制于人的被动局面,大幅增强我国的综合国力和国际竞争力;依靠创新推进云计算、移动互联网、大数据、生物技术等开发与应用,加快培育新业态和新产业,创造新的市场需求,扩大就业和创业空间;尤其要依靠创新保障和改善民生,让更多的人过上幸福生活,享有更好的教育、更高水平的医疗卫生服务、更优美的生活环境。为此,应聚焦人口健康、资源环境、公共安全等民生重点领域，攻克大气污染防治、土壤环境整治、水安全、医疗器械、重大疾病防控、食品安全等一批重大关键技术，提高人民生活质量，改善人居环境；推进先进适用技术在教育、医疗、社会保障等领域的应用，使基本公共服务提供实现低成本、高质量、广覆盖。

全面深化改革为创新驱动发展提供动力源泉

改革开放是决定当代中国命运的关键一招，也是决定实现"两个一百年"奋斗目标的关键一招。30多年来，改革为我国创新发展提供了不竭动力。我国大力推进科技体制改革，深化分配制度、用人制度、资源配置制度改革，激发了科研院所和广大科研人员的创新活力；实施知识创新工程、985工程、国家技术创新工程，显著增强创新主体的能力，构建了中国特色国家创新体系；推动建立技术市场、部分院所转制、建立高新区等，促进科技与经济紧密结合，培育和发展了一大批科技型企业，形成了一批高新技术产业，为我国经济持续健康发展注入强大动力。在全面深化改革的开局阶段，院士制度、事业单位分类、事业单位人事制度、科技计划管理、科技成果转移转化、科技资源开放共享、科技评价激励等重点领域和关键环节的改革取得实质性进展，一些长期束缚创新的绳索正在逐步解开。科技体制改革呈现全面播种、次第开花的生动景象，将进一步激发和释放全社会的创新动力与活力，促进形成大众创业、万众创新的生动局面。

改革没有穷期，创新永无止境。党中央在全面深化改革进程中高度重视深化科技体制改革，着力破除制约创新驱动发展的体制机制障碍。习近平同志主持召开中央财经领导小组第七次会议，专题研究部署实施创新驱动发展战略，进一步明确了科技体制改革的总方向。我们要按照全面深化改革总体部署，认真做好实施创新驱动发展战略的顶层设计，增强改革的系统性、整体性和协同性。围绕影响和制约创新驱动发展的全局性、根本性、关键性重大问题，以科研院所分类改革为突破口，全面推进人才人事制度、

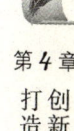

第4章 创新驱动发展，打造中国经济新引擎

科技评价制度和科技资源配置制度等重点领域改革,进一步释放科研院所和科技人员的创新活力。围绕推动科技与经济深度融合,加快形成公平竞争的市场环境,实施最严格的知识产权制度,积极推进市场监管、要素价格、投资制度等重点体制改革,为创新创业开辟广阔市场空间。加快建立规范化、常态化的督查制度,重点消除改革方案制定和落实过程中的"中梗阻"现象,确保各项改革措施落到实处。

全面依法治国为创新驱动发展夯实制度根基

依法治国是坚持和发展中国特色社会主义的重要保障,是推进国家治理体系和治理能力现代化的必然要求。党中央坚持依法治国、依法执政、依法行政共同推进,坚持法治国家、法治政府、法治社会一体建设,吹响了加快建设社会主义法治国家的号角。

全面推进依法治国是一项系统工程,是国家治理领域一场广泛而深刻的革命,将为创新驱动发展提供有利的法治环境。近年来,国家大力推进有关科技创新的法治建设,修订了科学技术进步法和专利法,正在修订科技成果转化法和研究制定职务发明人条例,创新的法治环境不断完善。党的十八届四中全会《中共中央关于全面推进依法治国若干重大问题的决定》明确了创新立法重点,要求"完善激励创新的产权制度、知识产权保护制度和促进科技成果转化的体制机制"。贯彻党的十八届四中全会精神,提高科技领域法治水平,必须紧紧围绕科技治理体系和治理能力现代化展开。要加快制定国家创新基本法,明确创新在政府管理、经济社会发展中的定位,规定促进创新的综合性、系统化政策要求和措施,保证财政对创新的投入。研究制定国家科研机构法,加快有关创新的法律法规的制定和修订完善,规范科学发现、技术开发、工程化、商业化应用与市场推广等活动,逐步形成以保障和促进创新为核心的法律法规体系,激发各类主体的创新活力,保障和促进全面创新。加强科研诚信制度和科学伦理、科研道德及学风建设,引导广大科技人员树立正确的科技价值观,恪守诚信,遵纪守法。

全面从严治党为创新驱动发展提供坚强保障

党兴则民族兴,党强则国家强。回顾新中国成立以来科技事业发展历程,党的领导是取得辉煌成就的有力保证。一大批优秀科学家把创新追求和共产党人的理想信念结合起来,用实实在在的创新行动和创新贡献报效祖国、服务人民。他们理想信念坚定、工作作风踏实、善于攻坚克难,是我国创新事业的中坚骨干。在实施创新驱动发展战略的伟大征程中,有许多硬骨头要啃、许多险滩要涉,他们依然是党、国家和人民可依靠、可信赖的中坚力量。

全面从严治党是科技事业健康发展、深入实施创新驱动发展战略的坚强保障。我们必须按照全面从严治党的要求,全面落实党风廉政建设主体责任和监督责任,加强科研院所基层党组织建设,充分发挥各级党组织在创新中的政治核心和战斗堡垒作用,在党员干部和科研骨干中大力弘扬追求真理、创新科技、服务国家、造福人民的科技价值观;使党员干部进一步增强使命意识、责任意识、危机意识,时刻铭记肩负的历史责任和光荣使命,充分发挥先锋模范作用,以身作则,敢于担当,团结和带领广大科技人员攻坚克难、勇攀高峰,在实施创新驱动发展战略、建设世界科技强国的伟大征程中建功立业。

打造"众创"发展新形态[*]

"大众创业、万众创新"已成为我国经济社会发展的新理念、新形态。所谓"众创",就是由广大人民群众创业创新、创造财富、共享财富。"众"与"创"的有机结合,是对经济增长规律认识的不断深化,是对经济社会发展本质的进一步揭示。打造我国"众创"发展的新形态,激发内生增长的新动力,形成内源发展的新方式,厚植创业创新的新文化,是我国经济

---

* 王保安:《打造"众创"发展新形态》,《求是》2015 年第 13 期。

社会发展转型升级、保持中高速增长和迈向中高端水平的重要支撑。

一、"众创"是国家发展形态的深刻变革

在世界经济深度调整的大背景下，我国经济发展进入新常态，增长速度换挡，经济结构调整，发展动力转换。其内在原因是我国经济发展的资源环境约束加大，要素投入的驱动力减弱，高投入、高消耗、高污染的粗放式的发展方式难以为继。大力推进"大众创业、万众创新"，实现"众创"发展，是适应新常态和引领新常态的必然选择。

经济发展的战略选择，往往具有阶段性、历史性特点。从党的十二大提出"把全部经济工作转到以提高经济效益为中心的轨道上来"，到党的十四届五中全会提出"经济增长方式从粗放型向集约型转变"，党的十七大明确提出"加快转变经济发展方式"，再到党的十八届三中全会提出全面深化改革，"使市场在资源配置中起决定性作用和更好发挥政府作用"，我国经济发展战略随着发展阶段与经济形势的变化始终在调整。当前，我国经济发展进入新常态，表面上看是高增长环境和要素条件的明显改变，实质上是发展动力需要再造，发展战略需要调整。面对消费拉动乏力、支撑不强，投资增速放缓、效率下降，世界经济疲软、外需不振的新情况，唯一正确的选择就是依靠创新驱动提高全要素生产率，依靠大众创业实现产业链延伸，以"众创"发展新形态，重塑经济增长新动力。新一轮科技革命和产业变革正在孕育兴起，信息技术、生物技术、新材料技术、新能源技术迅速发展，产业链条更加灵活多变，创业创新不断加快，世界主要国家都在抢占未来发展先机。我们只有大力推动"众创"发展，真正在创新驱动发展上迈出实实在在的步伐，才能赢得发展先机和主动权，在全球竞争中占据更有利的地位。

"众创"发展是我国发展历程中的一场深刻变革，是以广大人民群众为创业创新主体、以创业创新为动力的发展形态的深刻转型，是中国经济包括发展方式、发展动力、发展路径在内的全面调整。在新的历史时期，"众创"将成为我国经济社会发展的新形态，从而为中华民族的伟大复兴奠定

坚实基础。只有站在这样的历史高度，才能深刻认识"众创"发展的重大而深远的意义。

二、"众创"发展面临的体制机制障碍

当前，大力推进"大众创业、万众创新"，走"众创"发展之路，已形成社会共识，以大数据、云计算、"互联网+"为代表的"众创"发展日新月异，大众创客不断涌现，"众创空间"迅速拓展，涌现出一批像北京中关村创业大街、重庆江北微型企业孵化园等便利创业创新的示范基地。但是，我们要清醒看到，"众创"发展仍然面临着不少体制机制障碍。

市场配置资源的决定性作用发挥不够，市场自组织功能受到抑制。形成"众创"新形态，需要激活市场主体的活力和创造力，放大自由创新空间，让市场机制"自主选择、自我组织、自行发展"的功能更显性化、更加强化。只有这样，经济发展才会由"外推"转变为"内生"，动力才会源源不断，包容和可持续发展也就有了真正的基础。但从实际情况来看，作为"众创"主体的小微企业，尽管数量庞大，对经济增长和促进就业贡献巨大，但由于体制机制改革滞后，政策传导缺乏有效载体，导致有些扶持政策难以正常发挥作用，市场缺乏"热情"。

融资体制改革滞后，融资市场体系尚不健全。"众创"的发展离不开融资。根据一般市场规律，小微企业融资需求自然会催生相应的市场供给，但由于我国中小银行等金融机构发育缓慢，服务"众创"对接过少、匹配欠缺、效率过低，小微企业的融资需求缺乏基本的市场机制支撑，面向小微企业融资的激励政策也因缺乏载体而效率低下。总体上看，我国融资市场并没能为"众创"提供足够空间。具体从资金需求方看，大量小微企业由于治理结构不完善、经营不规范、财务不健全、缺少可抵质押资产、信息不透明等问题，获取市场融资困难。从资金供给方看，我国商业银行长于搞"批发"、不善于搞"零售"，客户主要是规模以上的大企业，缺少与小微企业相匹配的风险揭示机制和融资工具。从资本市场渠道看，目前主要服务于小微企业的中小企业板、创业板、区域性产权和股权交易所，

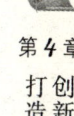

以及中小企业债券市场等门槛仍然过高，绝大多数处于种子期、初创期、成长期的小微企业难以企及。虽然近些年民营资本支撑的小贷机构和互联网金融正逐步形成新的金融业态，但由于体制上的障碍和监管方式滞后，抑制了"众融"新业态的发展，没有与实体经济的"众创"形成有效对接。从支持政策来看，国务院近年来为解决小微企业融资难问题出台了一系列政策，成效明显，但在落实过程中一些地方仍存在政策使用成本过高、可操作性不强等问题。

简政放权只是基本前提，政府服务依然缺位。简政放权是减少对实体经济"众创"发展的体制制约，无疑是当前打造实体经济"众创"发展新形态的一个前提。目前，简政放权已取得明显成效，以政府扶持之名干预市场的行为逐步得到遏制，市场随政策起舞的局面得到改善，市场主体的预期趋于稳定和长期化。但仅仅"简"与"放"还远远不够，要使"众创"成为一场自发自觉自组织的"群众运动"，形成长期有效、健康有序的市场协调机制，还需要政府在"简"与"放"之外提供相应的服务，搬开了石头，不等于秧苗就能茁壮成长，还需要浇水、施肥、除草，不然就会竹篮打水或收获有限。在这方面，还存在一些认识误区，往往把政府服务简化为政府"给钱"，如减税、补助、设基金等等。当然，给一些"引子钱"也是必要的，但对于"众创"来说，最重要的不是给钱，而是必须转变观念，让政府职能从行政审批为主转向以服务"众创"为主。

三、积极探索"众创"发展新路径

"众创"发展既是当前稳增长的"定海神针"，也是推动经济转型升级、适应和引领经济新常态的内生动力，更是实现中华民族伟大复兴中国梦的群众基础。推动"众创"发展，需要多策并举，制定系统性的解决方案。

转变观念，扎扎实实走好群众路线。"大众创业、万众创新"是新时期经济领域走群众路线的具体化，是从群众立场出发提出的新理念、新理论。发动群众、依靠群众、相信群众，让群众来创造财富，正是"众创"的生命力所在。这意味着理顺政府与市场的关系，要换角度、换思维、换观念。创业创新要依靠市场内在动力和群众激情,政府的作用首先是"鸣锣开道",然后才是"扶上马送一程"。要服务创业创新大众主体,构建好"众创"公共服务平台;增强创业创新制度供给,建立和完善普惠性政策体系;尊重创业创新规律,最大限度释放各类市场主体创业创新能力;厚植"众创"文化,营造"激励创新、包容失败"的舆论氛围,形成有利于"众创"发展的制度环境、扶持体系、成长空间。

围绕"众创"发展进一步简政放权,并提供相应的公共服务平台。简政放权是"众创"起步的条件,其目标不是看减少和下放了多少审批权,而是要看是否符合市场规则,是否有利于创业创新。"众创"起步之后,创业的存活与成长、创新链条的延长,更需要政府提供公共服务平台。创业、创新都是社会化活动,不是孤立的行为,政府简政放权、提供服务,既要注重市场机制以提高效率,也要注重普适性措施以兼顾公平。要深化商事制度改革,加快实施创业便利化措施;加快注册登记制度改革,健全工商注册便利化统一模式;努力破除不合理的行业准入限制,健全完善负面清单制度;健全知识产权保护措施,探索建立知识产权有偿共享便捷机制;加快科技体制改革步伐,以市场化办科技取代行政化办科技;大力发展"众创空间",充分利用国家自主创新示范区、国家高新区、大学科技园等有利条件,积极打造"众创"平台。

大力推动"众融"新业态发展,以体制机制创新提供发展动力。放松金融管制、促进"众融"新业态发展,是从大环境上优化创业创新融资市场的重要举措。互联网金融是一个有力的抓手和突破口,其特点是充分利用互联网的广覆盖、低成本、大数据、多信息,实时开展以大数据为基础的供需匹配与行为监控,有效降低了金融服务成本。当前发展互联网金融的难点在于金融监管体制机制的不适应,必须加快金融监管体制改革,真正转向宏观审慎监管,微观减少干预,让金融新业态"众融"和实体经济新业态"众创"实现有效衔接。同时,要改进和创新金融监管方式,在促进发展中防范风险。

实行信用风险等级管理，建立健全小微企业信用风险评估机制。可以借鉴一些地方经验，通过政府购买服务的方式，帮助小微企业建立经营档案，并在此基础上评判信用风险等级，向融资市场推荐，既牵线搭桥，也能起到防范信用风险的作用。实行诚信激励政策，增强小微企业规范自身行为的意愿，主动配合建档，推进创业人员和小微企业社会信用体系建设，将分散在工商、税务、银行等部门和领域的信息进行集成，利用"大数据"建立创业人员和小微企业社会信用档案和查询系统，并将其信用记录与其相关社会保障等重大个人切身利益相关联，提高创业人员和小微企业的社会诚信度和行为规范性，为小微企业融资市场发育和金融监管创新，提供基础设施、降低金融风险。

优化整合小微企业扶持政策，合力推进"众创"发展。首先，要整合各部委小微企业扶持政策和资金，统一扶持对象、受理标准、审批程序，集中发力，避免重复支持，变选择式、分配式为引导式、普惠式政策。其次，提供政策辅导，增加政策透明度和可信度，降低政策使用成本。第三，加大政府与金融机构的互信合作，加大金融政策与非金融政策的协调配合。政府要发挥后勤保障、公益服务优势，对小微金融机构创新、产品创新，要以发展的眼光和以不替代市场方式的全方位支持，为创业、创新发展提供良好的金融环境。金融机构要发挥管理经验、信息综合与资金优势，通过互信合作，实现商业利益和政策效应兼容。

大众创业万众创新要激发多元主体活力 *

2015年政府工作报告提出，要推进大众创业、万众创新，打造中国经济发展"新引擎"。当前，新一轮创业创新浪潮正在兴起，对于稳增长、促改革、调结构、惠民生具有重要意义，必将为中国经济社会发展带来持续活力。

★ 辜胜阻、李睿：《大众创业万众创新要激发多元主体活力》，《求是》2015年第16期。

一、改革开放以来创业创新的第四次浪潮

全国工商总局统计数据显示，自2014年3月1日至2015年5月底，全国新登记企业485.4万户、个体工商户1170.2万户、农民专业合作社35.5万户，平均每天新登记注册的市场主体超过3.7万户，全社会的创业创新热情不断高涨，创业创新氛围日益浓厚，中国正经历改革开放以来的新一轮创业创新浪潮。

这一轮创业创新浪潮的兴起具有四大动力。一是简政放权和商事制度改革降低了创业门槛与成本，推动新的市场主体呈井喷式增长。2014年国务院各部门共取消和下放246项行政审批事项，取消评比达标表彰项目29项、职业资格许可和认定事项149项，再次修订投资项目核准目录，大幅缩减核准范围。通过简政放权和商事制度改革，简化了创业创新程序，缩短了审批流程和时间，降低了创业创新门槛，提高了市场主体的积极性。二是新一代互联网技术的发展带动了产品服务、商业模式与管理机制不断创新，引领了新一轮"互联网+"创业创新浪潮。2014年全年新登记注册的企业中，信息传输、软件和信息技术服务业企业共14.7万户，增长97.9%。《中国互联网络发展状况统计报告》显示，截至2014年12月，全国企业开展在线销售、在线采购、利用互联网开展营销推广的比例分别为24.7%、22.8%、24.2%。互联网发展既带动了企业技术提升，也对企业营销、管理模式等产生了广泛和深远的影响。三是高新区与科技园区作为集聚人才、技术、资金、创业创新服务机构等要素的重要载体，日益成为创业创新活动比较集中的活跃地带。中关村每年新创办企业达到13000家，2013年中关村GDP占到了北京市的20%，经济增长贡献率超过25%。四是并购热刺激"职业创业人"崛起。并购热的出现拓宽了投资者的退出通道，鼓励更多资本进入初创企业。通过并购，可以实现初创企业与大企业合作共赢，有利于促进产业链延伸和发挥市场优胜劣汰作用，激发全行业的活力。在此过程中产生了一批"职业创业人"，他们拥有丰富的初创经验，善于寻找并开展有市场前景的项目，成为这次创业创新浪潮的重要

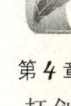

第4章 创新驱动发展，打造中国经济新引擎

组成部分。

回顾我国改革开放以来创业创新的发展历程，大致经历过三次浪潮。第一次是1978年党的十一届三中全会以后，以城市边缘人群和农民创办乡镇企业为特征的"草根创业"；第二次是1992年邓小平南方谈话以后，以体制内人群下海经商为特征的"精英创业"，包括了政府部门和科研院所的行政科研人员；第三次是进入新世纪，特别是中国加入WTO以后，伴随着互联网技术和风险投资及资本市场的发展，以互联网新经济为特征的创业浪潮。今天，我国经济发展进入新常态，新一轮创业创新浪潮对实现可持续发展具有极其重要的战略意义，也从根本上决定了新一轮创业创新浪潮具有与以往显著不同的特征。最为突出的就是创业创新主体更加多元化——国际金融危机催生"海归"回国创业创新，体制内及企业内的精英离职引发创业创新浪潮，政府多策并举大力推进大学生创业创新，返乡农民工掀起新的草根创业创新浪潮。

二、创业创新主体多元化是新一轮浪潮的最显著特征

多元的创业创新主体是实现大众创业、万众创新的基础，是形成创业创新持久动力的重要保障，也是新一轮创业创新浪潮的最显著特征。

具有先进技术和管理优势的海归人员创业，有利于带动国内产业与国际接轨，提升企业国际化水平。伴随着留学归国人员数量的提升，海归创业创新逐渐成为趋势。据统计，截至2014年底，全国有近300家留学人员创业园，超过5万名留学人员在此创业。鼓励海归人员创业创新，对于我国实施"走出去"战略、提升企业国际竞争力具有重要意义。这是因为，相较于本土创业创新者，留学人员在国外学习先进的技术知识，通过实习或工作熟悉国外企业管理模式和经验，一般而言具备更宽广的国际视野和更前沿的技术资讯，回国后如果能将这些知识经验融入创业创新过程，可以有效提升技术管理团队的水平，以及所创办企业的国际竞争力。据统计，截至2015年5月，在美国纳斯达克上市的上百家中国企业中，80%是由留学人员创办和管理的。

具有实践经验的体制内人员和科技企业人员，选择离职创业或在企业内部创业创新，这种"裂变创业"大大激发了市场活力。日前，国务院印发了《关于进一步做好新形势下就业创业工作的意见》，提出要调动科研人员创业积极性，探索高校、科研院所等事业单位专业技术人员在职创业、离岗创业有关政策。今天，越来越多有技术、懂市场的技术和管理人员选择离职创业创新，联想系、百度系、腾讯系、华为系等一系列"创业系""人才圈"逐渐形成。这部分人员拥有大量实践和管理经验，了解市场情况和消费者需求，对创业创新环境也有比较深入的认识，创业创新成功率相对较高。此外，大企业内部创业创新也正在成为一个重要趋势，包括美的、万科等在内的公司纷纷开始"裂变创业"的尝试，通过鼓励内部创业创新，努力形成良好的竞合共赢关系，有利于充分发挥企业和市场的活力。

具有创造力与激情的大学生创业创新，有利于减轻大学生就业压力，促进中国经济向创业创新型转变。与其他创业创新主体相比，大学生更富有创造力，创业创新积极性也较高。一份针对大学生就业选择的调查问卷显示，21.4%的大学生表示"有可能选择自主创业"，近5%的大学生表示"将创业作为主要的就业方式"。近年来，高校毕业生人数不断攀升，2014年达到了727万人，就业形势严峻。鼓励大学生创业创新，一方面有利于缓解大学生就业压力，实现以创业创新带动就业；另一方面，大学生群体是未来中国经济社会发展的中坚力量，激发大学生创业创新热情，增强青年人创业创新能力，是促进中国经济向创业创新型经济转型、提高技术进步对经济增长贡献率的重要方式和手段。

以农民工为主、量大面广的草根创业创新，有利于尽快实现农民工市民化和就地城镇化。新一轮创业创新浪潮的一大特点是，不仅有"洋海归"（海外留学人员回国创业创新），而且还有"农海归"（在沿海地区打工的农民工回乡创业创新）。国家统计局发布的《2014年全国农民工监测调查报告》显示，自营就业的农民工所占比重为17%，较上年提高0.5个百分点。大量农民工返乡创业创新，有利于实现家庭式迁移与就地城镇化，降低城镇化的社会代价，促进城乡一体化发展。随着农民工创业创新浪潮逐渐兴起，"市民化＝稳定就业＋公共服务＋安居"的观念进一步形成，越来越多的地区通过鼓励农民工创业创新来增加就业机会、提升就业稳定性，农民工市民化进程正在加速。

三、多策并举为新一轮创业创新浪潮提供持久动力

让更多不同类型的创业创新者主动创业、积极创新，是本轮创业创新浪潮可持续发展的关键所在。当前，还存在一些抑制创业创新主体积极性的因素和问题，应该予以重视。首先，创业创新环境有待提升。调查显示，2013年中国创业环境在参加全球创业观察的69个国家和地区中排在第36位，仅居中游水平，创业创新的成本和门槛有待进一步降低。其次，天使投资对创业创新支持不够。在创业创新初期，固定资产的购买租赁、产品的研发生产与市场推广、工作团队的招聘培训等都离不开以天使投资为主的资金支持。而我国的天使投资发展尚不成熟，活跃的天使投资人数量仅为几百。再次，围绕创业创新的服务体系尚不健全。在创业创新的过程中自然会产生公司组建选址、技术支持、市场分析、信息共享等多种需求，而其中很多需求并不能得到满足。我们需要进一步加快简政放权，发展天使投资与互联网金融，构建创业创新服务体系，有效激发多元创业创新主体的活力，为大众创业、万众创新提供持久动力。

进一步加快简政放权改革步伐，降低创业创新门槛，营造良好创业创新环境。要继续用政府权力的"减法"换创业创新的"乘法"，加快简政放权，深化行政权力结构改革，构建权力运行的制约与监督机制，避免因部门利益导致的"明放暗不放"等问题，使简政放权真正落到实处。进一步明确政府职能定位，最大限度地减少事前审批，加强事中和事后监管，构建包括行业自律、政府监管、社会监督在内的综合监管体系，营造低成本、低门槛、公平有序的创业创新环境，让创业创新者的热情竞相迸发，让初创企业快速健康成长。

大力发展服务创业创新的股权投资与互联网金融，充分发挥天使投资

在创业创新初期的关键作用。创业创新者在不同阶段获得资金的方式不同，当创业创新进入中后期，企业可通过新三板挂牌、创业板上市等方式获得直接融资，或是通过银行贷款获得间接融资；但在创业创新初期，除了自有及亲友的资金，创业创新者离不开天使投资等股权投资的支持。为此，要大力推动以天使投资、风险投资、私募股权投资为代表的创投发展，努力壮大活跃的天使投资人队伍，发展社区银行，构建中小企业信用担保体系，鼓励包括金融租赁、知识产权担保等在内的融资担保模式创新，拓宽创业创新企业融资渠道。

构建和完善创业创新服务体系，形成鼓励冒险、宽容失败的创业创新文化氛围。一方面，要依托高新技术开发区、经济技术开发区和大学科技园，发挥互联网龙头企业的带动作用，为创业者提供免费或低价的场地、项目对接、专业的教育培训等创业创新服务，建立更多"孵化＋投资＋服务"的新型创业创新平台；加强商业模式创新和盈利模式探索，引导有经验的职业"创客"进入创业创新服务业，形成品牌效应，实现创业创新服务业的有序发展。另一方面，要完善知识产权相关法律法规，提升知识产权保护意识，形成鼓励守信守法的观念，构建重视规则、良性竞争的文化；鼓励冒险与开放思维，允许试错、宽容失败，在制度层面为创业创新人员提供基本经济、法律等保障的同时，构建有利于创业创新的文化氛围，"不以成败论英雄"，从文化层面提升社会对创业创新者的认可和尊重。

让创新成果成为现实生产力*

党的十八大提出实施创新驱动战略，强调科技创新是提高社会生产力和综合国力的战略支撑，必须摆在国家发展全局的核心位置。但多年来，

---

* 吕薇：《让创新成果成为现实生产力》，《求是》2015 年第 6 期。

我国一直存在着科技成果向现实生产力转化不力、不顺、不畅的问题，一个主要症结就在于科技创新链条上存在着诸多体制机制关卡。

比如说，在市场准入方面，一些行业以企业规模大小为准入标准，导致很多中小企业难以进入；不同地区对环境、质量和安全等标准的执法力度差别较大，有些地方为保护本地企业，故意放宽执法尺度，有些地方为吸引投资采取零地价、减免税等优惠措施，扭曲了资源配置机制，而受保护的企业缺乏创新动力，形成劣币驱逐良币。在宏观引导方面，一些地方政府仍习惯于把科技计划、资助项目和考核评比作为引导企业创新的主要手段，导致企业和研究机构围着政府的指挥棒转，甚至为迎合政府要求而偏离市场。在创新主体定位方面，大学、科研院所和企业之间功能错位，大学、科研院所偏向应用研究和试验开发，基础研究投入和能力不足，研究层次甚至不如一些创新型企业；技术转移机制不健全，责任不落实，成果产业化资金短缺。

因此，在实践中要紧紧抓住三个环节不放松。

形成以市场为导向、企业为主体、产学研有效分工协作的创新体系。创新不是为了追求技术的先进性，而应强调市场适应性。实践证明，在市场上获得成功的创新不一定是最先进的技术，但一定是能够适应市场需求、能够带来效益的创新。集装箱的发明就是典型的例证。其发明者是美国的一位卡车司机，他在港口等待装船时产生了把散货放进大箱子的想法，正是这个念头形成了20世纪最重要的创新之一，彻底改变了传统运输方式，使海陆空运输一体化成为可能，极大地降低了成本，提高了效率，推动了全球贸易市场的发展。

企业最贴近市场，在技术选择、规模化和产业化方面具有优势，应该成为创新的主体。因此，强化企业创新的动力机制，必须让企业真正成为市场运营和竞争的主体，根据市场需求决定创新投入的方向，营造法治、公平、有序竞争的市场环境，为创新产品和服务开辟通道。但以企业为创新主体并不等于创新链条上的每个环节都要在企业内部完成，企业主要作为技术集成、科技成果产业化应用和市场开拓的平台。而在科学研究、行业共性技术研究开发等方面，大学和科研院所应充分发挥优势和作用。

打通从创意到产业化应用的创新链条。总体看，创新链条包括创意、研究开发、成果转化到产业化应用和开拓市场的全过程。各环节的市场化程度和风险不同，市场和政府的作用也不相同。在创新链的前端，研究开发特别是基础性研究和竞争前共性技术的开发，大多是实验室的研究结果，社会效益和风险都比较大，单个项目需要的资金不多，以大学和科研机构研发为主。创新链中端是从实验室到产业化的阶段，包括科研成果产业化中试和创办新技术企业等，这一阶段的市场效果尚不明显，需要资金较多、投资周期长、市场风险大，需要产学研合作。在创新链的后端，新技术产业进入成长期，市场应用前景明朗，风险较小，企业和资本市场都有投资积极性。但在现行体制下，创新链的前端政府投入较多，后端以企业投资和国内风险投资为主，中端却投入不足，成为创新链的薄弱环节。

夯实创新链的中间环节，要多管齐下。一方面是加强政府科技经费管理的统筹协调，实行需求目标导向、研究开发和示范推广一体化的管理。另一方面是发挥大学和科研机构在科学研究方面的优势，构建以企业为主体、大学和科研机构充分参与的成果转化平台。同时，要引导风险投资投向新技术产业化初期的创业企业。

培育有利于创新转化为生产力的生态环境。政府要大力推进科技体制改革，积极营造有利于大众创业、市场主体创新的制度环境。一是建立公开透明、长期稳定的激励机制，鼓励投资者进行长期技术创新投入。制定激励创新的普惠性政策，减少政府点对点资助企业的优惠，形成各类技术路线和企业公平竞争的环境。继续加强知识产权保护，加大对假冒侵权行为的打击力度，切实保护创新者的积极性。二是健全和完善多层次的资本市场，针对我国风险投资容易忽略初创期小企业的状况，加强政策引导，比如，探索风险投资机构和出资人的税收优惠政策，为风险投资提供更多退出渠道,政府设立风险投资引导基金。三是加强鼓励创新的需求政策制定,使企业不仅是创新投入的主体而且要成为收获创新成果的主体。比如,通过技术标准、安全标准、市场准入等措施促进新技术的利用和推广;对节能减排等社会效益比较明显的产品和技术,建立反映资源稀缺性和外部性的价格和税收体系,促进经济效益与外部效益的一致性;进一步细化鼓励创新的政府采购政策,发挥政府采购对创新的激励作用。四是改进人才评价和激励机制。人是最重要的创新要素,要建立用人单位和市场评价创新人才的机制,落实股权激励机制,培育敢于探索、容忍失败的创新文化,让一切创新源泉充分涌流。

知识产权和大数据:创新驱动发展的一体两翼 *

创新是推动社会前进的重要力量,作为创新核心的知识产权与大数据,是面对新一轮科技革命与产业变革的竞争手段,是实现"两个一百年"奋斗目标的力量支撑,是适应经济发展新常态的不竭动力,是创新驱动发展的一体两翼。

1. 知识产权与大数据彼此融合、共同促进。

据新华网2014年12月23日报道,阿里巴巴正尝试联合政府相关部门,利用大数据保护知识产权,并计划定期公布"线下假货分布及流通地图"。在我国法律体系中,知识产权制度承担激励创新、推动创新的使命,具有"创新之法"功能,是创新活动和知识经济的保护神。知识产权是我们参与市场竞争的武器,随着"一带一路"战略的实施,我国各类企业参与沿线国家投资建设,知识产权是产品"走出去"的制度支撑;随着中央新批

★ 韩曜旭:《知识产权和大数据:创新驱动发展的一体两翼》,《红旗文稿》2015年第11期。

准的三个自贸区和上海自贸区的升级，自贸区的高、精产业和国际知名企业不断入驻，知识产权是跨境贸易的机制保障；实施深化改革战略，鼓励大众创新、万众创业，由"中国制造"升级为"中国创造"，知识产权是"中国创造"的必要条件。2014 年，我国知识产权工作加快推进，按照"激励创造、有效运用、依法保护、科学管理"的方针，以市场为导向，着力加强知识产权运用和保护。2014 年底最高人民法院在北上广相继成立了知识产权法院，2015 年 4 月石家庄等 7 个高新技术产业开发区被设立为国家知识产权示范园区。2014 年我国共受理发明专利申请 92.8 万件，同比增长 12.5%；发明专利申请所占比重达到 39.3%，超过实用新型专利申请的 36.8%，专利申请结构优化。

在海量数据存在的今天，数据将是下一个社会发展阶段的金矿。大数据是在合理时间内对海量数据达到采集、管理、处理并整理成为对企业经营决策具有较高参考价值的资讯。大数据不仅意味着对海量数据进行专业化处理、挖掘和分析，更是一种颠覆思维的技术变革。大数据是促进知识产权业态发展的技术支撑，知识产权是大数据创新技术的应用载体，知识产权和大数据既是资源又是手段，两者相互促进、互相融合。知识产权与大数据作为创新发展的重要资源和核心要素，已上升到实施创新驱动发展的国家战略，共同构成为创新型国家建设、深化改革、提升经济的一体两翼。

2. 知识产权携手大数据助力"互联网+"

"互联网+"是创新 2.0 下的互联网与传统行业融合发展的新形态、新业态。知识产权与大数据是互联网和传统产业深度融合的支撑。知识产权保护是"互联网+"的核心，"互联网+"的新技术的法律适用对知识产权保护构成挑战，发挥知识产权主导作用就抓住了互联网发展的"命门"。

近年来，与互联网有关的竞争激烈频繁，微信购物、电子商务等新兴网络服务平台群体性侵权不断增加，知识产权侵权案件上升明显。创客时代公司商标的申请，专利基础信息资源的开发和利用，移动电子商务版权的保护,跨地域、跨国界网络行为的监管等都是知识产权急需解决的问题。大数据利用抓取、跟踪、分析技术增强知识产权侵权的监管,知识产权保护大数据分析发挥效能。大数据是创新力提升的关键,是传统产业升级的重点。大数据帮助传统企业快速精准的获取新兴市场洞察和客户群体预测,针对用户需求,提供解决方案。对企业的未来发展提出具有前瞻性的看法,将抽象出的规律上升了知识或智慧以辅助决策。如果互联网仅仅是被动的"+"传统技术,加不出新业态、迸发不出创造力。只有大数据资源的自主开发利用,变被动为主动的"互联网+"才能发挥创新效能,激发创造力。知识产权保障大数据技术渗透到传统企业每个发展阶段,大数据则保障知识产权的安全网延展到传统企业各个角落。知识产权和大数据是产业提升竞争力的利器,通过制定两者相融合的"互联网+"标准体系,构建产业升级的环境,将使传统产业在竞争中和贸易纠纷中掌握主动权。

3. 知识产权保障大数据创造未来产业生态。

创新是开启未来大门的钥匙,知识产权和大数据的融合将创造全新产业生态圈。大数据为知识产权运用提供方向和落脚点,知识产权则为创新发展保驾护航。大数据将碎片式的、相互独立的知识产权"信息孤岛"和"应用孤岛"连接起来,形成信息共享的知识产权新业态。知识产权保护大数据应用全过程和创新发展的全领域。既要防止数据资源垄断,保护创新动力;又要激励数据基础资源共享,发挥最大效能。

目前,大数据领域面临数据分析的算法、过程的知识产权界定不清晰、数据挖掘算法迅速被仿制、供大数据分析的海量数据反向侵权等问题。要形成良性循环的未来产业生态圈,必须要具有完善的顶层设计,完备的知识产权保障机制,开放、共享的数据基础资源。

一是完善的顶层设计。创新驱动发展战略规划与知识产权法的制定相结合,紧贴大数据发展进程,从全国人大层面与国外立法机构沟通协调完善知识产权相关法律的衔接,从政府层面协调知识产权行政执法和产业发展规划,从司法机关层面主导知识产权法律法规的适用。

二是完备知识产权保护机制。完善刑法、民法、行政法在知识产权侵权的法律适用,加紧完善知识产权法对大数据分析算法、程序、采集海量数据反向侵权的具体界定,加快形成司法机关与行政机关在知识产权侵权案件的资源平台一体化。

三是开放、共享的数据基础资源。从国家、政府、社会三个维度引导数据资源开发开放,行政机关协调建立机关、企业、个人对不涉及国家、个人和商业秘密的基础数据资源共享机制;建立大数据产业联盟,打破目前各自独立的数据资源藩篱;联通各行业间"信息孤岛",解决重复、无序建设的困局。

4. 知识产权与大数据改变我们生活。

人生而求索,知识产权和大数据是我们探索的新领域。知识产权与大数据将会在未来,渗透到我们生活的方方面面,改变我们的衣、食、住、行,创造全新的生活体验。无产权不创新、无数据不时代的社会即将到来。大数据使知识产权应用更加便利,发明申请、注册商标和著作权申请更加便捷、安全。在未来,商家可以为个人只提供商标,由个人通过3D打印机按照需求生产个性化产品;或者商家只提供实物,由个人提供声音和图像订制自己的商标产品。

"互联网+"的爆发式发展,创造力的井喷,智慧城市的逐步形成,将带来生活方式的巨变。个人养老、医疗、教育将实现更精准定位、更精细安排,满足个体化要求。未来养老,大数据将会采集每个人的日常生活习惯,订制养老方案,或者居家提供适合个体需要的养老上门服务,或者安排到养老生态园提供标准而有差异的集中看护。未来医疗,将针对每个人家族遗传病、惯性病、易发病和生理状态、年龄、血型、基因组序、受教育水平、日常饮食、锻炼等建立数据档案,通过电子神经元,实时分析预测发病日期和身体状况,提供精准的医疗保健、饮食养生和锻炼建议。

第4章 创新驱动发展,打造中国经济新引擎未来教育将会根据不同生活区域、民族、年龄层,针对个人的个性、兴趣爱好进行精细化投送,满足不同年龄层次、学历层次人群的教育需求,通过网络平台,结合人工智能技术,以激发人们创新潜力为主,提供多样化套餐服务,真正做到终身学习、个性化学习。

第5章
供给侧结构性改革，引领经济发展新常态

2015年11月以来，"供给侧改革"成为高层讲话中的高频词。11月10日，习近平总书记在中央财经领导小组会议上首次提出了"供给侧改革"，指出"在适度扩大总需求的同时，着力加强供给侧结构性改革，着力提高供给体系质量和效率，增强经济持续增长动力，推动我国社会生产力水平实现整体跃升"。11月11日，国务院常务会议上，李克强总理再次强调"培育形成新供给新动力扩大内需"。11月17日，李克强总理在"十三五"《规划纲要》编制工作会议上强调，在供给侧和需求侧两端发力促进产业迈向中高端。11月18日，习近平总书记在APEC会议上再提"供给侧改革"，指出要解决世界经济深层次问题，单纯靠货币刺激政策是不够的，必须下决心在推进经济结构性改革方面作更大努力，使供给体系更适应需求结构的变化。

所谓"供给侧"，与之对应的是"需求侧"。需求侧有投资、消费、出口三驾马车，三驾马车决定短期经济增长率。而供给侧则有劳动力、土地、资本、创新四大要素，四大要素在充分配置条件下所实现的增长率即中长期潜在经济增长率。而结构性改革旨在调整经济结构，使要素实现最优配置，提升经济增长的质量和数量。

2016年是全面建成小康社会决胜阶段的开局之年，也是推进结构性改革的攻坚之年。中央经济工作会议指出，稳定经济增长，要更加注重供给侧结构性改革。推进供给侧结构性改革，既要在战略上坚持持久战，又要在战术上打好歼灭战。战略上要坚持稳中求进、把握好节奏和力度，做好打持久战的准备，敢于经历痛苦的磨难，适当提高换挡降速容忍度，先筑底、后回升；

战术上要抓住关键点，主要是抓好去产能、去库存、去杠杆、降成本、补短板五大任务。

站在中国经济无法绕开的历史关口，中央经济工作会议明确部署推进供给侧结构性改革，将之作为完成我国经济转型升级的突破口和着力点。这是适应和引领经济发展新常态的重大创新，是适应国际金融危机发生后综合国力竞争新形势的主动选择，是适应我国经济发展新常态的必然要求。

七问供给侧结构性改革*

去年底召开的中央经济工作会议，对"十三五"开局之年的经济工作进行了全面部署，强调要着力推进供给侧结构性改革，推动经济持续健康发展。如何认真学习、深刻领会、正确贯彻中央经济工作会议精神，围绕推进供给侧结构性改革这条主线，做好新一年经济工作？近日，权威人士接受本报独家专访，对"供给侧结构性改革"作了解读和阐释。

一问：如何正确理解"供给侧结构性改革"的政策含义？

推进供给侧结构性改革，既有明确的理念，也有清晰的思路，还有具体的任务。要坚定地干、大胆地干、扎实地干、精准地干、决不回头地干

不是实行需求紧缩，供给和需求两手都得抓，但主次要分明，当前要把改善供给结构作为主攻方向

不是搞新的"计划经济"，而是为了更好发挥市场在资源配置中的决定性作用，明确政府的权力边界

权威人士：对于供给侧结构性改革，现在有各种解读。从国情出发，我们不妨用"供给侧＋结构性＋改革"这样一个公式来理解，即从提高供给质量出发，用改革的办法推进结构调整，矫正要素配置扭曲，扩大有效供给，提高供给结构对需求变化的适应性和灵活性，提高全要素生产率，更好满足广大人民群众的需要，促进经济社会持续健康发展。

推进供给侧结构性改革，既有明确的理念，也有清晰的思路，还有具体的任务。各地区各部门要按照创新、协调、绿色、开放、共享"五大发展理念"的要求，适应经济发展新常态，实行宏观政策要稳、产业政策要准、微观政策要活、改革政策要实、社会政策要托底的总体思路，围绕去产能、

---

* 龚雯、许志峰、王珂：《七问供给侧结构性改革——权威人士谈当前经济怎么看怎么干》，《人民日报》2016 年 1 月 4 日。

去库存、去杠杆、降成本、补短板"五大重点任务",坚定地干、大胆地干、扎实地干、精准地干、决不回头地干。

正确理解供给侧结构性改革,要消除两种误解:

一种误解是,认为推进供给侧结构性改革就是实行需求紧缩。供给和需求不是非此即彼的关系,两者互为条件,相互转化,两手都得抓,但主次要分明。当前经济周期性矛盾和结构性矛盾并存,但主要矛盾已转化成结构性问题。因此,必须在适度扩大总需求和调整需求结构的同时,着力加强供给侧结构性改革,把改善供给结构作为我们的主攻方向,实现由低水平供需平衡向高水平供需平衡跃升。当然,推进供给侧结构性改革过程中,需要营造稳定的宏观环境,在需求政策上,既不能搞强刺激,也要防止出现顺周期紧缩。

还有一种误解是,认为推进供给侧结构性改革是搞新的"计划经济"。恰恰相反,供给侧结构性改革就是要充分发挥市场在资源配置中的决定性作用,通过进一步完善市场机制,矫正以前过多依靠行政配置资源带来的要素配置扭曲。为此,要调整各类扭曲的政策和制度安排,进一步激发市场主体活力,更好发挥市场在资源配置中的决定性作用,这是社会主义市场经济在新形势下的完善和深化,决不是要回到计划经济的老路上。过去正是由于市场机制的作用发挥得不够,政府干预过多,导致市场不能及时出清,引发各种结构性矛盾。比如,一些没效益的"僵尸企业",有些地方非要硬撑着给贷款、给补贴。

当然,下好供给侧结构性改革这盘大棋,也要更好发挥政府这只手的作用。当前最重要的是明确政府的权力边界,以自我革命的精神,在行政干预上多做"减法",把"放手"当作最大的"抓手"。同时,"放手"不是"甩手",政府也要切实履行好宏观调控、市场监管、公共服务、社会管理、保护环境等基本职责。扩大开放是改革的题中之义,我们要创造更好的投资环境,吸引更多的外资。现在,美欧等发达国家都在吸引我国的投资,我们有什么理由认为我国的外资多了!

二问：当前为什么要强调供给侧结构性改革？

从"三期叠加"到"新常态"，再到供给侧结构性改革，是一个不断探索、深化认识的过程

推进供给侧结构性改革，是正确认识经济形势后选择的经济治理药方。不论主观上怎么想，都不能违背客观规律。不抓紧转变，总有一天会走进死胡同

"四降一升"等突出矛盾和问题主要是结构性的。在当前形势下，国民经济不可能通过短期刺激实现V型反弹，可能会经历一个L型增长阶段。解决中长期经济问题，传统的凯恩斯主义药方有局限性，根本之道在于结构性改革

权威人士：推进供给侧结构性改革，是以习近平同志为总书记的党中央在综合分析世界经济长周期和我国发展阶段性特征及其相互作用的基础上，集中全党和全国人民智慧，从理论到实践不断探索的结晶。

从"三期叠加"到"新常态"，再到供给侧结构性改革，是一个不断探索、深化认识的过程。2013年，中央认为我国经济进入"三期叠加"阶段，明确了我们对经济形势应该"怎么看"。2014年，中央提出经济发展"新常态"，对此作了系统性理论论述，既进一步深化了"怎么看"，又为"怎么干"指明了方向。2015年，中央财经领导小组第十一次会议提出要推进"供给侧结构性改革"，既深化了"怎么看"和"怎么干"的认识，又进一步明确了主攻方向、总体思路和工作重点。2015年12月召开的中央经济工作会议，对供给侧结构性改革从理论思考到具体实践，都做了全面阐述，从顶层设计、政策措施直至重点任务，都做出了全链条部署。

推进供给侧结构性改革，是大势所趋、形势使然。这是正确认识经济形势后，选择的经济治理药方。我国经济正从粗放向集约、从简单分工向复杂分工的高级形态演进，这是客观要求。我们不论主观上怎么想，都不能违背客观规律。粗放型经济发展方式曾经在我国发挥了很大作用，但现在再按照过去那种粗放型发展方式来做，不仅国内条件不支持，国际条件

也不支持,是不可持续的。不抓紧转变,总有一天会走进死胡同。这一点,一定要认识到位。要发挥我国经济巨大潜能和强大优势,必须加快转变经济发展方式,加快调整经济结构,加快培育形成新的增长动力。通过转变经济发展方式实现持续发展、更高水平发展,这是中等收入国家跨越"中等收入陷阱"必经的阶段。

推进供给侧结构性改革,是问题倒逼、必经关口。处于转型期的中国,经济发展长期向好的基本面没有变,经济韧性好、潜力足、回旋余地大的基本特征没有变,经济持续增长的良好支撑基础和条件没有变,经济结构调整优化的前进态势没有变。但在前进的道路上,我们必须破除长期积累的一些结构性、体制性、素质性突出矛盾和问题。这些突出矛盾和问题近期主要表现为"四降一升",即经济增速下降、工业品价格下降、实体企业盈利下降、财政收入增幅下降、经济风险发生概率上升。这些问题主要不是周期性的,而是结构性的。比如,如果产能过剩这个结构性矛盾得不到解决,工业品价格就会持续下降,企业效益就不可能提升,经济增长也就难以持续。目前,我国相当多的产能是在世界经济增长黄金期面向外需以及国内高速增长阶段形成的,在应对国际金融危机冲击中一些产能又有所扩大,在国际市场增长放缓的情况下,仅仅依靠刺激国内需求难以解决产能过剩问题,这就相当于准备了两桌饭,就来了一桌客人,使劲吃也吃不完。这个问题不仅我们遇到了,其他国家也遇到了。认识供给侧结构性改革,说到底,就是要看到在当前全球经济和国内经济形势下,国民经济不可能通过短期刺激实现 V 型反弹,可能会经历一个 L 型增长阶段。致力于解决中长期经济问题,传统的凯恩斯主义药方有局限性,根本解决之道在于结构性改革,这是我们不得不采取的重大举措。

三问:推进供给侧结构性改革是适应和引领经济发展新常态的重大创新,各项工作重点应该怎样转变?

以"十个更加注重"为标尺,对不上的事不能再干,对得上的事要加把劲干、创造性地干。化大震为小震,积小胜为大胜

权威人士： 中央经济工作会议提出，适应和引领经济发展新常态，推进供给侧结构性改革，要努力实现十个方面工作重点的转变。这就是：推动经济发展，要更加注重提高发展质量和效益；稳定经济增长，要更加注重供给侧结构性改革；实施宏观调控，要更加注重引导市场行为和社会心理预期；调整产业结构，要更加注重加减乘除并举；推进城镇化，要更加注重以人为核心；促进区域发展，要更加注重人口经济和资源环境空间均衡；保护生态环境，要更加注重促进形成绿色生产方式和消费方式；保障改善民生，要更加注重对特定人群特殊困难的精准帮扶；进行资源配置，要更加注重使市场在资源配置中起决定性作用；扩大对外开放，要更加注重推进高水平双向开放。

在工作实践中，各地区各部门都要以"十个更加注重"为标尺，对不上的事不能再干，对得上的事要加把劲干。比如，放水漫灌强刺激、盲目扩建新城区以及强化行政对资源配置的干预等事情不能再干了，投资没回报、产品没市场、环境没改善等项目不能再上了。相反，有利于引导社会心理、化解产能过剩、提升技术水平、加快人口城镇化、促进要素自由流动、提高扶贫精准度等事情要使劲地干，创造性地干，拙劲加巧劲地干，努力化大震为小震，积小胜为大胜。

四问：推进供给侧结构性改革，如何正确把握宏观经济政策的总体思路？

宏观政策要稳、产业政策要准、微观政策要活、改革政策要实、社会政策要托底。"五大政策支柱"整体融合、有机结合、相互配合，为推进供给侧结构性改革营造更好的环境和条件

权威人士： 前面说到，当前和今后一个时期，要在适度扩大总需求的同时，着力加强供给侧结构性改革，实施"五大政策支柱"，即宏观政策要稳、产业政策要准、微观政策要活、改革政策要实、社会政策要托底。这"五大政策支柱"的具体内容已经公布并得到各方面广泛认可，但如何更加准确地加以把握还需要进一步明确。"五大政策支柱"整体融合、有

机结合、相互配合,旨在为推进供给侧结构性改革营造更好的环境和条件:

宏观政策要稳,就是要为结构性改革营造稳定的宏观经济环境。要坚持积极的财政政策和稳健的货币政策,但重点和力度有所调整。积极的财政政策要加大力度,对企业实行减税,并用阶段性提高财政赤字率的办法弥补收支缺口。稳健的货币政策要灵活适度,主要体现在为结构性改革营造适宜的货币金融环境,降低融资成本,既要防止顺周期紧缩,也绝不要随便放水,而是针对金融市场的变化进行预调微调,保持流动性合理充裕和社会融资总量适度增长。

产业政策要准,就是要按照结构性改革的方向和要求,通过功能性的产业政策加以引导,而不是政府去确定具体项目,或选择把钱投向哪一家企业,具体的投资机会还要由企业家来摸索和把握。实践证明,市场的选择是最有效益的。现在成功的民营企业有哪一家是政府扶持的?都是在市场经济大潮中闯出来的。正所谓"有心栽花花不开,无意插柳柳成荫"。

微观政策要活,就是要把企业真正当作经济发展的主体,"放水养鱼",让企业去创造有效供给和开拓消费市场。

改革政策要实,就是要一项一项出台、一项一项督导,让各项具体改革举措落地,促进供给侧结构性改革重大决策的落实。

社会政策要托底,就是要从思想、资金、物资等方面有充分准备,切实守住民生底线,为供给侧结构性改革提供更和谐稳定的社会环境。

五问:供给侧结构性改革的重点任务是什么?

完成好去产能、去库存、去杠杆、降成本、补短板"五大重点任务",既要有绵绵用力、久久为功的韧劲,也要有立说力行、立竿见影的狠劲

做好"加减乘除"。长期看各项任务都有利于增强发展动力,短期看不同任务之间有"对冲"作用,必须全面推进,并把握好"度"。当务之急是斩钉截铁处置"僵尸企业",坚定不移减少过剩产能,让"僵尸"入土为安病根都是体制问题,都要依靠改革创新来化解

权威人士:推进供给侧结构性改革,战略上我们要着眼于打好持久战,

坚持稳中求进，把握好节奏和力度；战术上我们要抓住关键点，致力于打好歼灭战，主要是抓好去产能、去库存、去杠杆、降成本、补短板"五大重点任务"。完成这"五大重点任务"，既需要有绵绵用力、久久为功的韧劲，也需要有立说力行、立竿见影的狠劲，确保2016年过剩产能和房地产库存减少，企业成本上涨和工业品价格下跌势头得到遏制，有效供给能力有所提高，财政金融风险有所释放。

完成好"五大重点任务"要做好"加减乘除"。"五大重点任务"是一个系统设计，要着力在"优化存量、引导增量、主动减量"上下功夫。从长期看，各项任务都有利于增强发展动力；从短期看，不同任务之间又具有"对冲"作用。比如，化解房地产库存对增长是明显的"加法"，可以减缓去产能带来的"减法"效应。而去产能又会调整供求关系，防止出现宏观经济通缩效应。因此，"五大重点任务"必须全面推进。当然，落实到一个地区，又会有所侧重，关键在于把握好"度"。当前，做"加法"相对容易理解，做"减法"困难会大一些，但必须做下去。当务之急是斩钉截铁处置"僵尸企业"，坚定不移减少过剩产能，让"僵尸"入土为安，腾出宝贵的实物资源、信贷资源和市场空间。"僵尸企业"本来已"死"在那里，就不要再维持了。旧的不去，新的不来，这是事物新陈代谢的客观规律，是社会主义市场经济竞争性原则的要求，要敢于和善于进行这种"创造性创新"。

完成好"五大重点任务"要全面深化改革。"五大重点任务"的具体内容非常多，但病根都是体制问题。无论是处置"僵尸企业"、降低企业成本、化解房地产库存、提升有效供给还是防范和化解金融风险，解决的根本办法都得依靠改革创新。比如，降低企业制度性交易成本、减轻税费负担、降低资金成本，必须减少行政审批，改革财税、金融体制；扩大有效投资补短板，必须改革财税、金融、投融资体制，才能解决"钱从哪里来，投到哪里去"的问题。同时要看到，完成这些重点任务，本质上是一次重大的创新实践，只有进行顶层设计创新、体制机制创新，不失时机地进行

第5章 供给侧结构性改革，引领经济发展新常态

技术创新，才可能有效推动这次重大的结构性改革。

六问：有人担心，推进供给侧结构性改革会带来一定的社会冲击，社会能否承受？

阵痛不可避免，但也是值得的。适当的后退是为了更好地前进。只有退够，才能向前

只要处理得当，阵痛不会很大，可以承受。但对于推进过程中产生的矛盾和冲击，切不可大意，具体政策要有序配套、稳妥实施

窗口期不是无休止的，问题不会等我们，机遇更不会等我们。供给侧结构性改革拖不得、等不起，否则"病情"会越来越严重

权威人士：推进供给侧结构性改革，特别是化解过剩产能、处置"僵尸企业"，必然会带来一些冲击，而且这些冲击很可能会从经济领域延伸到社会领域。对此，我们可以从几个角度来把握：

阵痛是不可避免的，但也是值得的。我国处在结构调整的阵痛期，地区、行业、企业发展出现明显分化，可谓几家欢乐几家愁。在推进供给侧结构性改革过程中，不可能皆大欢喜，产业会此消彼长，企业会优胜劣汰，就业会转岗换岗。特别是眼下一些发愁的企业可能会更愁，甚至关门倒闭，引发职工下岗失业、收入降低等。但这种阵痛是一朝分娩的阵痛，是新的生命诞生和充满希望的阵痛，是新陈代谢、是凤凰涅槃，这是值得的！适当的后退是为了更好地前进。只有退够，才能向前。正如老子所言："明道若昧，进道若退。"拿"僵尸企业"来说，是等着这类企业把行业中的优质企业拖垮，最后一起死，还是快刀斩乱麻，处置这类企业从而腾出必要的市场资源和空间？显然，必须尽快处置"僵尸企业"，实现经济发展质量和效益的整体提升。

阵痛是可以承受的，但切不可大意。相比上世纪90年代，现在我国的实力相当雄厚，经济发展基本面好，新动力正在强化，新业态不断出现，前景是光明的，经济不会出现断崖式下跌。社会就业形势、财力规模、保障制度有了很大进步，抗风险能力强，只要处理得当，虽有阵痛，但不会很大，不会出现大规模的下岗失业问题。特别是人民群众对我们优化产业

结构、提升发展效益是理解的、支持的，对我们改善发展质量、产品质量、空气质量是充满期待的，这是我们最大的底气。同时，对于推进过程中产生的矛盾和冲击，切不可大意。具体推进的政策要有序配套、稳妥实施。比如，处置"僵尸企业"，要尽可能多兼并重组、少破产清算，对破产企业尽量实行"安乐死"。要高度重视、全力做好职工安置工作，防范引发社会风险。更加细致地做好社会托底工作，比如，个别产能过剩严重的地区会出现职工集中下岗和财政支出困难，要深入细致地研究和实施配套措施，认真拿出因应之策。

需要强调的是，供给侧结构性改革有一个窗口期，但窗口期不是无休止的，问题不会等我们，机遇更不会等我们。今天不以"壮士断腕"的改革促发展，明天就可能面临更大的痛苦。所以，供给侧结构性改革是不得不迈过的坎，是不得不闯过的关，这项改革拖不得、等不起，必须加快步伐、加紧推进，避免"病情"越来越严重。

七问：如何确保供给侧结构性改革取得预期成效？

目前对于新常态的认识有三种情况，大家都要照照镜子，认识不到位的要尽快抓提高，思想不适应的要尽快换脑筋

当断不断，必受其乱。要勇于做得罪人的事，否则过得了初一过不了十五，把包袱留给后面，将来会得罪天下老百姓

排除干扰，心无旁骛，学好用好中国特色社会主义政治经济学，牢牢把握几个重大原则，形成推进供给侧结构性改革的整体合力

权威人士：毫无疑问，这不是一件轻松的事，也不可能一蹴而就，更要避免投机取巧。我们只有深化认识、下定决心、硬碰硬地干下去，才能取得实实在在的成效。

认识新常态、适应新常态、引领新常态，是当前和今后一个时期我国经济发展的大逻辑。从目前情况看，对这个大逻辑的认识有三种情况：

第一种是认识逐步深入，适应更加主动，引领已经开始。这种情况在不断增加，这是好的。

第二种是认识还不到位，一知半解，适应不太主动，引领基本无为，

流于口号化。这种情况还比较普遍。

第三种是很不适应，没有摆脱"速度情结""换挡焦虑"的思维定势，结果行动上自觉不自觉逆向而行。

大家都要照照镜子，往第一种靠拢，认识不到位的要尽快抓提高，思想不适应的要尽快换脑筋。提高认识后，还要靠扎实的工作和顽强的毅力来完成这个历史责任。当断不断，必受其乱。在推进过程中，要勇于做得罪人的事，否则过得了初一过不了十五，结果延误了窗口期，把包袱留给后面，将来会得罪天下老百姓。1998年我们也面临外需低迷、内需不足、产能过剩的困境，当时顶住压力，纺织业实行大规模限产压锭，才有了后来经济的强劲增长，才有了今天综合国力的持续增强。

推进供给侧结构性改革，必须加强和改善党对经济工作的领导，排除干扰，心无旁骛，牢牢把握住中国特色社会主义政治经济学的几个重大原则：

一是坚持解放和发展社会生产力。社会主义初级阶段的最根本任务就是解放和发展社会生产力，这是中国特色社会主义政治经济学的核心，任何束缚和阻碍社会生产力发展的言行都背离社会主义本质要求，必须坚决反对。要始终坚持以经济建设为中心不动摇，主动研究发展规律，不断推进科学发展，持续改善人民生活。

二是坚持社会主义市场经济改革方向。深化经济体制改革的主线，是让市场在资源配置中起决定性作用，这是生产力能否解放好、发展好以及供给侧结构性改革能否取得成效的重大原则性问题。对于政府作用，强调"更好发挥"，不是"更多发挥"，要集中精力抓好那些市场管不了或管不好的事情。

三是坚持调动各方面积极性。人是生产力中最活跃的因素，必须充分调动人的积极性，充分调动中央和地方两个积极性，这是改革开放以来的重要经验。当前，要注重调动企业家、创新人才、各级干部的积极性、主动性、创造性。为企业家营造宽松环境，用透明的法治环境稳定预期，给他们吃定心丸。要为创新人才建立完善激励机制，调动其积极性。对各级干部,要坚持激励和约束并举,既坚持党纪国法的"高压线",也要重视正面激励,完善容错纠错机制,旗帜鲜明给那些呕心沥血做事、不谋私利的干部撑腰鼓劲。

总之,我们要学好用好中国特色社会主义政治经济学,把各方面的力量凝聚起来,形成推进供给侧结构性改革的整体合力。

结构性改革:改什么 怎么改 *

"十三五"规划建议提出,要坚持以经济建设为中心,从实际出发,把握发展新特征,加大结构性改革力度,加快转变经济发展方式,实现更高质量、更有效率、更加公平、更可持续的发展。

为何要进行结构性改革?结构性改革应该改什么?供给侧结构性改革的着力点在哪里?《经济日报》记者就此采访了国务院发展研究中心资源与环境研究所副所长李佐军。

记者:什么是"结构性改革"?怎样理解结构性改革的内涵?

李佐军:结构性改革包含了两层含义。一方面,深化改革本身涉及很多领域,需要明确改革思路,对"先改什么、后改什么"做出结构性安排,确保改革平稳有序推进。

另一方面,当前我国经济社会发展中面临很多问题。这些问题又并不是单一的问题,而是多个矛盾交织叠加形成的结构性问题。要解决这些问题,需要有针对性地进行结构性改革。

目前,多数人理解的结构性改革是指后者。简而言之,结构性改革是针对结构性问题而推进的改革。众所周知,经济发展常常有周期性波动。

---

* 林火灿:《结构性改革:改什么 怎么改——访国务院发展研究中心资源与环境研究所副所长李佐军》,《经济日报》2015年11月23日。

过去多年来，我们主要依靠财税和货币政策的调整来拉动"三驾马车"，实现经济的稳增长。但是，中国经济发展中存在的问题，更多的是多年累积下来的结构性问题。要解决这类结构性问题，不能只按凯恩斯式的需求管理政策来应对，而要对症下药，采取结构性改革对策。

记者：为什么说当前中国经济面临的最大挑战是结构性矛盾？

李佐军：2008年国际金融危机爆发以后，为了保增长或稳增长，我们采取了一系列主要针对经济周期性波动的宏观调控政策，如积极的财政政策、稳健的货币政策和政府投资政策。这些政策确实起到了保增长或稳增长的效果。

但是，近年来宏观调控政策的边际效应在递减。虽然连续多次采取了稳增长措施，但GDP增速自2010年一季度达到12.1%的高度之后，一直在震荡下行，直至2015年三季度的6.9%，而且尚未扭转下行趋势。这就使得我们不得不重新思考：为什么抚平经济周期性波动的宏观调控政策达不到预期效果？其核心原因恐怕是没有完全找对病根，没有对症下药。中国经济当前的主要问题是结构性问题，而非周期性问题。针对结构性问题，不能用解决周期性波动的宏观政策去应对，而要采取结构性改革去化解。

记者：目前，结构性改革需要从哪些方面去着手推进？

李佐军：中国目前的结构性问题主要包括产业结构、区域结构、要素投入结构、排放结构、经济增长动力结构和收入分配结构等六个方面的问题。这六个方面的结构性问题既相对独立、又相互叠加，需要通过结构性改革去有针对性地解决。

一是产业结构问题。产业结构问题突出表现在低附加值产业、高消耗、高污染、高排放产业的比重偏高，而高附加值产业、绿色低碳产业、具有国际竞争力产业的比重偏低。为此，需要加快推进科技体制改革，促进高技术含量、高附加值产业的发展；需要加快生态文明体制改革，为绿色低碳产业发展提供动力；需要通过金融体制改革、社会保障体制改革等去淘汰落后产能和"三高"行业等。

二是区域结构问题。区域结构问题突出表现在人口的区域分布不合理。目前，我国城镇化率尤其是户籍人口城镇化率偏低，且户籍人口城镇化率大大低于常住人口城镇化率。为此，需要加快户籍制度改革、福利保障制度改革、土地制度改革等，推进农民的市民化进程，提高户籍人口城镇化率。

区域结构的另一个问题是区域发展不平衡、不协调、不公平。例如，有些地方享有很多"特权"政策，有些地方发展严重滞后。为此，需要推进行政管理体制改革、财税制度改革、区划体制改革等，加快建设全国统一市场，解决不同区域发展不平衡问题，使人口和各种生产要素在不同地区自由流动、优化配置。

三是要素投入结构问题。长期以来，我国经济发展过度依赖劳动力、土地、资源等一般性生产要素投入，人才、技术、知识、信息等高级要素投入比重偏低，导致中低端产业偏多、资源能源消耗过多等问题。为此，必须要加快科技体制、教育人才体制等改革，优化要素投入结构，更多地实现创新驱动。

四是排放结构问题。目前，我国排放结构中废水、废气、废渣、二氧化碳等排放比重偏高。这种不合理的排放结构导致了资源环境的压力比较大。为此，必须加快推进生态文明制度改革，特别是推进自然资源资产产权制度、自然资源用途管制制度、资源有偿使用制度、生态补偿制度，以及用能权、用水权、排污权、碳排放权初始分配制度等方面的改革。

五是经济增长动力结构问题。长期以来，我国经济增长过多依赖"三驾马车"来拉动，特别是过度依赖投资来拉动。其实，"三驾马车"只是GDP的三大组成部分，是应对宏观经济波动的需求边短期动力，只是经济增长的结果而非原因，制度变革、结构优化和要素升级（对应着改革、转型、创新）"三大发动机"才是经济发展的根本动力。我们要更多地依靠改革、转型、创新，来提升全要素增长率，培育新的增长点，形成新的增长动力。

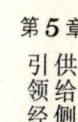

六是收入分配结构问题。当前,我国城乡收入差距、行业收入差距、居民贫富差距都比较大,财富过多地集中在少数地区、少数行业和少数人中。因此,有必要加快推进收入分配制度改革、社会福利制度改革、产权制度改革和财税制度改革等,促进收入分配的相对公平,缩小贫富差距。

记者:中央财经领导小组第十一次会议强调,在适度扩大总需求的同时,着力加强供给侧结构性改革。究竟应该如何认识"供给侧结构性改革"?

李佐军:提出"着力加强供给侧结构性改革",说明中央在宏观调控政策方面发生了某些重要变化。长期以来,我们主要采取需求管理政策,拉动投资、消费、出口这"三驾马车"来推进经济增长。虽然取得了一些经济增长效果,但也带来了一些副作用和后遗症,以至于我们不得不对这些前期政策进行消化。在"三驾马车"拉动力日渐式微的新形势下,从供给侧入手培育经济发展新动力,就成为不二选择。

需要指出的是,中央强调"着力加强供给侧结构性改革",并非要把宏观调控从需求侧全面转向供给侧,而是要"在适度扩大总需求的同时",做好供求平衡。供给和需求是一个硬币的两面,二者缺一不可,而且要对称平衡才能维持经济的平稳健康发展。过去,我们过多强调了需求侧管理,忽略了供给侧结构性改革。今后我们要适当强化供给侧结构性改革,做好二者之间的平衡与协调,而不能从一个极端走向另一个极端。

记者:供给侧结构性改革的着力点应该放在哪里?

李佐军:总的来说,供给侧结构性改革包含五个方面的内容:一是通过改革增加劳动力、资金、土地、资源等生产要素的高效投入;二是通过改革促进技术进步、人力资本提升、知识增长等要素升级;三是通过改革培育企业、创业者、创新型地区或园区、科研院所和高等院校、创新型政府等主体;四是通过改革(如减税、简政放权、放松管制等)激发各主体的积极性和创造性;五是通过改革淘汰落后产业、培育有市场竞争力的新产业和新产品。

供给侧结构性改革,从本质上讲是要处理好政府与市场的关系,要发挥市场在资源配置中的决定性作用,同时更好地发挥政府的作用。过去,我们过多地从需求侧强调政府的宏观调控作用,"有形之手"伸得过长、干预过多。今后,推进供给侧结构性改革,就是要更多地发挥好企业和个人的作用。政府的主要职责是把法律、法规、标准和政策制定好,给企业和市场相对稳定的预期,提高其积极性和创造性。

通过供给侧改革重塑发展动力*

适应经济发展新常态的必然要求

中央经济工作会议强调,推进供给侧结构性改革,是适应和引领经济发展新常态的重大创新,是适应国际金融危机发生后综合国力竞争新形势的主动选择,是适应我国经济发展新常态的必然要求。

供给侧结构性改革,就是要用改革的办法矫正供需结构错配和要素配置扭曲,解决有效供给不适应市场需求变化,使供需在更高水平实现新的平衡;就是要扩大有效供给,提高供给结构适应性和灵活性,改善供给品质,创造新供给、培育新需求;就是要发挥市场配置资源的决定性作用,盘活过剩产能沉淀的劳动力、资本、土地等生产要素,让生产要素从低效率领域转移到高效率领域,从已经过剩的产业转移到有市场需求的产业,进而实现资源优化再配置,提高全要素生产率。

过去一个时期,我们主要是从需求侧拉动经济增长。比如,1998年亚洲金融危机、2008年国际金融危机,都实行了比较大力度的扩大内需政策,这在当时传统产能的市场需求还有空缺的情况下是有效的。但随着

---
* 王一鸣:《通过供给侧改革重塑发展动力》,《人民日报》2015年12月28日。

经济发展进入新常态,消费结构升级并向多样化、高端化、服务化需求转换,传统产能接近或达到上限规模,原有的供给结构已经越来越不适应市场需求结构变化,再简单用扩大投资的办法化解供需矛盾,投资的边际效应就会明显递减,对经济增长的拉动作用将趋于减弱,还会使现有矛盾和问题后延,使潜在风险进一步积累。因此,要在适度扩大总需求的同时,着力加强供给侧结构性改革,去产能、去库存、去杠杆、降成本、补短板,提高供给体系质量和效率,提高投资有效性,加快培育新的发展动能,改造提升传统比较优势,增强经济持续增长动力。

供给侧改革并不意味着需求管理的退出

如果说需求侧政策比较强调通过扩大投资和引导消费拉动经济增长的话,供给侧改革则更强调发挥市场配置资源的决定性作用,激发市场主体的活力,在市场竞争中适应需求多样化、高端化和服务化趋势,把资源更多配置到适应市场需求变化的领域。推进供给侧结构性改革,就要进一步推进简政放权、放管结合、优化服务,激发市场活力和社会创造力;放宽市场准入,鼓励民营企业依法进入更多领域;深化国有企业改革,发展混合所有制经济;降低企业税费,减轻企业负担,为企业松绑;打破地域分割和行业垄断,促进生产要素有序合理流动。

供给与需求共同决定价格,价格信号引导资源配置,这是市场经济的基本规律。需要强调的是,推进供给侧结构性改革并不意味着需求管理和需求政策的退出,两者应相互配合,互为促进。需求管理主要是适度扩大总需求,保持经济运行在合理区间,为供给侧改革营造良好的宏观环境。而供给侧改革则要提高有效供给能力,创造新供给,提高供给质量,扩大消费需求,增强经济内生动力和活力,为中长期经济持续稳定健康发展创造条件。

当前经济面对的主要是供给侧、结构性、体制性矛盾

近年来,我国经济发展的基本面是好的,经济运行保持在合理区间,结构调整取得积极进展。与此同时,经济发展也面临一些突出矛盾和问题,

主要表现在：经济下行压力较大；工业品价格持续回落，工业企业利润下降；财政收入增速放缓，一些地区甚至出现负增长；潜在风险显性化的可能性增大。造成这些问题的原因，有国际金融危机后外部市场需求变化的因素，但最根本的还是内在因素，即有效供给不适应市场需求的变化，特别是结构性产能过剩比较严重。换言之，主要矛盾正在由需求侧转向供给侧。由于经济下行压力加大的原因主要不是周期性的，而是结构性的，面对的主要是供给侧、结构性、体制性矛盾，因而不可能通过短期刺激政策实现经济反弹，而必须通过供给侧结构性改革，重塑经济持续健康发展的动力。

供给侧结构性改革影响深远：一是增强经济内生动力。通过摆脱要素驱动，改变过去一个时期依靠资源和要素大规模、高强度投入驱动经济增长的方式，转向提高要素配置效率和全要素生产率，使经济增长更多依靠内生动力实现更健康、更高效、更可持续的增长。二是推进结构调整。通过增加有效供给，提高供给体系的质量和效率，实现供需在更高水平上的结构平衡。三是增强体制活力，通过化解过剩产能，加大资产重组力度，促进要素有序合理流动，实现资源优化再配置。总之，要通过发挥市场在资源配置中的决定性作用，调动各方面积极性，推动供给侧结构性改革取得实质进展，推动实现更高质量、更有效率、更加公平、更可持续的发展。

供给侧改革的重点是要素市场改革＊

近期供给侧结构性改革成为舆论关注的热点，对此存在不同的理解和争论。中国的经济改革，从来是问题导向的。供给侧改革要改什么，要看中国经济运行和发展面临的要害问题是什么。

中国经济已经进入新常态，正处在由10%左右的高速增长向中高速

＊ 刘世锦：《供给侧改革的重点是要素市场改革》，《中国经济时报》2015年12月2日。

增长的转换过程之中,背后则是结构、动力、体制政策环境的转换,由此也可以称其为"转型再平衡",即由高速增长平台上的供求平衡转向中高速平台上的供求平衡。以往长时期支撑中国经济高速增长的基础设施、房地产等相继出现历史需求峰值,出口的高增长也由于国内要素成本和汇率上升而难以为继。在需求增速回落的同时,供给侧相对应的重化工业也开始调整,但调整幅度远不及需求回落幅度,于是出现了严重的产能过剩,并引发了PPI超过40个月的负增长,今年9月份的PPI同比下降5.9%,导致了中国式的结构性通缩。与增速下行压力相比,更具挑战性的工业企业利润超过一年的负增长。利润负增长非同小可,持续下去将会加大金融财政风险压力。最新数据显示,这种负增长仍在加剧。分析显示,煤炭、钢铁、铁矿石、石油、石化、建材等过剩最为严重的行业在PPI和利润下降中占到70%以上的份额。

中国经济达到中高速增长平衡点,将会有两个"底"。一个是"需求底"。房地产投资增速已经由以往的高增长回落到最新的月度同比负增长,当房地产投资增速由负转正时,将是房地产投资乃至中国经济从需求侧来看的经济增速触底的信号。估计这个"需求底"有较大可能在明年年中左右看到。另一个是"效益底",即工业企业利润增速由负转正,并保持可持续的增长。这个"效益底"的出现,直接取决于减产能的力度和进度。但目前来看,仍有相当大的不确定性。如果"效益底"滞后于"需求底"迟迟不能出现,经济很可能落入低效益、高风险的特殊困难时期。

摆脱这种困局,首当其冲是高度重视并大力度减产能,同时解决其他领域"低效率洼地"问题。这样就涉及到需求侧政策的局限性。供给和需求是现代经济活动互为关联的两个方面。所谓"三驾马车"是对需求侧消费、投资、出口活动的通俗描述。有人以为讲供给侧结构性改革就是否定"三驾马车"。这种看法会导致误解,而且低估了供给侧结构性改革的意义。解决中国经济当下面临的转型期结构性问题,需求侧政策并非不可用,而是不能只靠需求侧政策,也难以将其作为重点。例如,对一个时期以来的通货紧缩现象，主张放松货币的声音很大。向成因看，中国目前的通缩与某些西方国家曾经出现的通缩全然不同，不是由于流动性不足，而是源于增长阶段转换期的结构性严重过剩。对此类通缩，仅是放松货币不大可能有效，这正是近些年连续降准降息、过剩问题有增无减的原因所在。在增长阶段转换的大背景下，需求侧的刺激政策主要是防止短期内增速下滑过快，而不可能通过刺激政策使过剩产能不再过剩。这个"度"过了，所刺激起来的很可能是短期内无现金流和经济效益、长远效益和社会效益也难以确定的低效或无效投资。另一个同样不能忽视的问题是，注意力放在需求侧刺激上，很可能错过减产能、实现转型再平衡的有利时机。

在这种情景下，供给侧改革的必要性、紧迫性显而易见了。供给侧改革也有宏观和微观之分。供给侧改革不排除宏观政策的必要调整，比如采取供给学派所强调的减税等措施，但重点还是在微观层面，通过实质性的改革措施，进一步开放要素市场，打通要素流动通道，优化资源配置，全面提高要素生产率。具体地说，优先和重点的改革领域包括如下几项：

第一，对减产能要采取果断管用办法，在一定时间内取得实质性进展。理想办法是通过市场化的优胜劣汰挤出过剩产能，但在现有体制条件下，尤其对国企占主导地位的重化工业领域，市场机制作用有限。可考虑由国家层面确定减产能总量，按现有产能将减产配额分配到各地，同时允许配额交易，这样优势企业可以不减，还可以去买劣势企业配额。同时在解决"人"和"债"问题出台得力政策，如将部分国有资本转入社保基金，解决职工安置问题；对相关银行坏账允许核销等。同时要推动优势企业主导的市场化的兼并重组。

第二，进一步放宽准入，加快行政性垄断行业改革。放宽准入，既要"放小"，更要"放大"，在行政性垄断问题突出的领域，如石油天然气、电力、电信、铁路、医疗、教育、文化、体育等领域，引入新的投资者，鼓励和加强竞争。有的领域，表面上看投资已经不少了，如果放宽准入，还有降低成本、提供效率的很大空间。我们现在最需要的是，那些能够真正提高效率的投资。

第三，加快城乡之间土地、资金、人员等要素的流动和优化配置。中国城市化还有很大发展潜力，但重点不在现有的大城市，而在大城市之间。要把以往孤岛型城市转变为网络型城市，进一步拓展城市带、城市圈，在大城市之间带动大量小城镇发展，推动互联互通和基本公共服务的均等化，带动人口居住和产业布局的再配置，由此将可引出可观的基础设施和房地产投资机会。农民要进城，城里的人员、资金等也有到小城镇和下乡的意愿，要下决心打破城乡间土地、人员、资金等要素流动、交易、优化配置的诸多不合理体制和政策限制。农民所拥有的资产只有在确权的基础上允许流动、允许交易，价值才能充分显现，利益才能得到真正维护。

第四，加快产业转型升级、精致生产。尽管服务业比重超过制造业，但制造业仍然是国家竞争力的核心所在。服务业中发展潜力最大的生产性服务业，直接服务于制造业转型升级。必须牢固确立制造立国的理念和政策导向，推动制造业由粗放经营转向精致生产，倡导"工匠精神"，把活儿做精做细，提高附加价值比重，向全球价值链的中高端提升。借鉴日本等国的成功经验，全面实行加速折旧政策，此举相当于向企业减税，同时起到促进设备更新、扩大投资需求的多种效应。

第五，尊重创新规律基础上培育创新环境。与模仿为主的发展相比，创新面临的不确定性大大增加。必须通过市场上的大量试错，提高创新成功的概率。政府习惯于居高临下地做产业规划，但创新从本质上说是很难规划的，最重要的着力创造有利于创新的环境，包括保护产权特别是知识产权，稳定企业家、科研人员的预期，排除泡沫经济的扰乱，促进创新要素流动，培育人力资本，改造金融支撑体系等。要把培育创新环境与地方竞争结合起来，推动形成若干个有吸引力、影响力的创新中心。

以上重点领域改革，集中于要素市场，这将是供给侧改革的主战场。过剩产能、低效无效要素要出去，有竞争力的、创新的要素要进来，通过生产要素的进一步解放、流动和优化配置，攻占经济生活中仍然随处可见的低效率洼地，形成全面提高要素生产率的新格局。

在供给侧结构性改革中，企业盈利水平是需要特别关注的核心指标。中国经济转型，一定意义上说就是企业盈利模式的转型。增长速度和效益的关系相当复杂，在特定增长状态下，存在着一个最优结合点。上面的分析表明，存在严重过剩产能的较高增长速度，将会降低企业利润，这就存在着稳增长与稳效益的矛盾。只要企业盈利处在一个正常或改进的状态，增长速度高一点、低一点就不会成为很大问题。也可以说，与企业好的盈利状态相对应的速度就是一个合理的、好的速度。我们曾经提出过"企业可盈利、就业可充分、财政可增收、风险可控制、民生可改善、资源环境可持续"的"六可"目标，其中核心是企业可盈利，这一条好了，其他几条才有保障。供给侧改革是否深入并取得成效，企业盈利水平将是一个关键的度量指标。

对于供给侧改革，从党的十八届三中全会到十八届五中全会已经讲了很多，大的部署都有了，关键是要把文件变成实践，顶层设计和基层试验互动。顶层设计主要是管方向、划底线。改革中到底哪些措施真正有效管用，还是要给出地方、基层和企业更大的空间来试验，通过试错、比较、改进，找出符合实际、确有实效的办法。这也是我国过去30多年改革开放最为重要的一条成功经验，应该说现在依然适用，并可在实践中进一步拓展和提升。

问道供给侧改革（节选）*

优化供给侧环境与机制的主要政策建议

以"实现中华民族的伟大复兴和人民群众的美好生活""强国富民"

---

* 摘自贾康：《问道供给侧改革》，《上海证券报》2015年11月12日。

为根本发展目标,以"改革开放、动力混成、创新包容"为主驱动力,需更注重以中长期的高质量制度供给统领全局的创新模式,取代短期需求调控为主的凯恩斯主义模式,在优化供给侧环境机制中,强调以高效的制度供给和开放的市场空间,激发微观主体创新、创业、创造的潜能,提升全要素劳动生产率,以释放潜力、激发活力托举新常态的经济社会"质量升级式"发展,稳增长、优结构、护生态、惠民生。

为此,关键是需同时引导市场预期和"升级版"的演变过程进入良性循环,争取相对顺利地通过市场"优胜劣汰"压力为主的阵痛期,对接一个尽可能长时间的升级版中高速增长平台。在我国,往往在经济下行压力明显时,也正是改革推进阻力较小之时。应抓住时机,推进改革优化供给侧环境机制,为我国的长远可持续发展夯实基础。

我们的主要建议是:

1. 立即调整人口政策,从控制人口数量转向优化实施人力资本战略

纵观世界史,国家兴衰与人口的变化息息相关。面对我国劳动人口明显下降、老龄化社会加速到来的趋势,必须尽快、果断调整我国人口政策。一是尽快"放开二胎"(中央十八届五中全会宣布的"放开两孩"政策调整出台后,还可以并应当动态推进,后续优化举措)。二是将计划生育重点针对体制内的人口控制,过渡到以整个社会全面优生和提高人口质量为核心的人口战略,并进一步改写为以教育和提升创新能力为核心的人力资本战略。另外,促进人口流动、适当吸引移民也应当成为我国人口政策的重要内容。总之,从各方面情况看,人口政策的调整是人心所向、成本最低、见效最快、利国利民、福及千秋万代的"仁政",应当尽快颁行。

2. 积极审慎推动土地制度改革,逐步建立城乡统一的土地流转制度

土地是被称为"财富之父"的根本资源,土地制度是国家的基础性制度,也是供给管理的极重要内容。土地制度改革事关利益格局的重大调整,需要长远谋划、积极审慎。当前,土地制度改革的焦点主要集中在农村土地方面(涉及集体经营用地、农民承包地和宅基地)。我们建议积极落实

十八届三中全会《决定》中的有关精神,明确农村集体经营性建设用地入市范围和途径;建立健全市场交易规则和服务监管制度,积极总结借鉴重庆等区域以"地票"制度处理远离城市中心区的农民在农地"占补平衡"框架下分享城镇化红利的经验。全面推动农民承包土地使用权的确权、流通、转让、租赁制度,保护农民的合法权益。探索农民住房保障在不同区域户有所居的多种实现形式。应充分重视深圳特区"先行先试"环境下形成的"国有平台,整合分类,权益求平,渐进归一"土地制度改革经验,在逐步建立城乡统一的土地产权框架和流转制度过程中形成兼顾国家、单位、个人的土地增值收益分配机制。土地征收中严格界定公共利益用地范围,规范程序,公开信息;建立对被征地农民的合理、规范、多元的补偿和生活保障、生产引导机制。

3. 全面实施金融改革,积极解除"金融抑制",有效支持实体经济

基于金融是"现代经济的核心"的重要性和防其变为"空心"的防范风险的必要性,要针对我国金融市场的结构失衡、功能不全和"金融抑制",全面推进金融改革。一是进一步深化金融机构特别是国有控股商业银行改革,适当降低国家持股比例,提升社会资本持股比例;二是积极发展证券、保险等非银行金融机构;三是在政策性融资机制创新中构建多层次、广覆盖、可持续的开发性金融、农村金融、绿色金融、科技金融等服务体系;四是依托存款保险制积极发展一大批社区银行、村镇银行,通过降低准入门槛,引入民间资本或将现行的民间放贷机构合法化,增加金融供给主体和金融产品,健全小型、微型企业融资体制,并引导小贷公司按"资本金融资、自负盈亏、自担风险"原则发展,改进小微企业的金融服务;五是依全面放开存贷款利率管制,实现市场化定价的方针,择机在利率市场化的最后"临门一脚"——放开存款利率上取得突破;六是以显著提升直接融资比重为目标,大力发展多层次资本市场,在继续完善主板、中小企业板和创业板市场的基础上,积极探索覆盖全国的股权交易市场(三板),并推动"大资产管理公司"建设;七是提高金融业稳健性标准,积极稳妥地推进银行业实现第三版巴塞尔协议,防范银行表外业务风险,牢牢守住发生系统性风险、区域性风险的底线;八是加强金融业监管,落实金融监管改革措施和稳健标准,完善监管协调机制,界定中央和地方金融监管职责和风险处置责任;九是做好准备适时实行人民币在资本项目下的可兑换,支持人民币国际化。

4. 切实改革,为企业经营创业活动"松绑""减负",激发微观经济活力

结合当前企业的实际情况,应以"负面清单"原则取向,创造"海阔凭鱼跃、天高任鸟飞"的高标准法治化营商环境。一是以自贸区为标杆,进一步简政放权,降低门槛、减少准入控制,同时改革监管方式,优化服务,推动全国统一的行政审批标准化改革,建立覆盖所有法人、自然人的全国性信息信用系统,执行统一的市场监管规则,以此最大程度地减少社会交易成本,为企业创造良好的经营环境。二是适度降低我国社保缴费率,同时加快推进实施基本养老社会保障全国统筹步伐;建立全国统筹的社保体系可结合调入国资经营收益等机制。三是进一步清理收费,降低企业实际综合负担特别是税外负担。

5. 大力实施教育改革和创新驱动战略,培育高水平人才有效建设创新型国家

以改造应试教育和去行政化为重点的教育改革势在必行,以利培养造就一大批创新人才。面对新一轮生产力革命("第三次产业革命")的挑战,我国从中长期来看,需要在高端"买不来的技术"领域靠原始、自主创新艰难前行,在中高端依靠全面开放和"拿来主义""引进、消化吸收再创新"与"集成创新"结合,最终建成"创新型国家",完成从工业时代经济向与"第三次产业革命"接轨的"中国新经济"的转轨。为力求主动,必须积极深化科技体制改革,完善支持自主创新和成果转化的政策体系,引导各类创新主体加大研发投入,调动社会各方面参与和推动自主创新的积极性。要完善以企业为主体、市场为导向、产学研结合的技术创新体系;

加强创新型人才队伍建设，重视培养引进高科技领军人才；培育创新文化，保护创新热情，宽容创新挫折，形成有利于创新的全社会氛围，多元化支持从发展基础科研、实施国家科技重大项目到促进科技成果产业化各个方面的自主创新，提升创新绩效。要充分遵从科研规律，以激励有力、制约到位、分配合理、管理科学的制度规范，调动全体科研人员的积极性与创造力，使科研投入的绩效水平得到提高。

改善供给端离不开综合配套改革

供给端的以上举措，离不开我国行政、财政、国企、收入分配、价格、投资等多方面的综合配套改革。对此，我们亦有以下建议：

——"结合式"深入推进行政审批制度改革、大部制改革和"多规合一"制度建设

深化行政审批制度改革现在已经触及更深层的系统性、体制性问题，需要从"重视数量"转向"提高质量"，以法治化、系统化、标准化、信息化、协同化、阳光化为指针，结合"大部制"改革内在逻辑，职能、机构、编制协调联动，"结合式"将行政审批制度改革向纵深推进。一是大力提高行政法治程度，建立严格的行政审批事项准入制度，防止边减边增、先减后增。二是顺应大部制改革前景，动态优化设计、择时启动行政审批的国家标准化工作。三是积极落实"规划先行"、"多规合一"政府职能优化再造工作，可先形成部际联席工作框架，动态对接未来的大部制机构改革和流程优化，发改、国土、城乡、交通、环保、产业、财政等都必须纳入"多规合一"综合体系。四是建立全国统一的行政审批信息数据库及在线行政审批平台，提高政府管理的信息化水平。五是积极推动行政审批业务流程再造，提高系统性与协同性。六是深化收费制度改革，以破除各类收费的"收、支、用、管"一体化为核心，彻底切断行政审批与收费之间的利益机制。七是对社会中介组织作合理培养引导，促进竞争，提高素质，正确地行使其承接政府转移功能之作用。

——继续深化财税改革,支持政府治理体系与能力现代化

财政的实质是公共资源配置的体系与机制,是国家治理的基础和重要支柱,既与公共权力主体的系统化改革高度关联,也与整体资源配置机制改革息息相关。正因为如此,改革开放以来,我国历次重大改革均以财政体制改革为突破口,且取得了巨大的成功。当前,需要继续借力于十八届三中全会后率先启动的财税改革部署,调适优化政府、市场、社会之间的关系。一是加快建设以"规范、透明、绩效"为特征的现代预算管理制度。以"预算全口径"为原则,将政府的所有收入和支出(包括尚游离于"四本预算"之外的债务、各类公共资源资产、各类公共权力收支等)都纳入管理;以"管理全过程"为原则,全面建立以权责发生制为基础的政府综合财务报告制度;深化推行绩效预算、加强财政审计、推动财政问责制,形成覆盖财政资金管理全程的政府收支管理制度体系;实施中期预算框架,建立跨年度预算平衡机制;加快推进预算公开,提高财政透明度,包括扩大公开范围、细化公开内容,完善预算公开机制,强化对预算的外部监督检查等。二是以减少间接税、增加直接税为切入点,建立现代税收制度。"营改增"改革要力争如期收官。消费税改革应结合"问题导向"抓紧形成和推出实施方案。资源税改革要进一步扩大覆盖面并对接各配套联动改革事项。房地产税要加快立法进度,力争于2017年推出。个人所得税改革应坚决校正单纯改起征点的错误氛围,理顺改革设计,分步走向"综合加分项扣除"模式。三是建立事权和支出责任相适应的中央与地方财政体制。可依托正在进行的权力清单、责任清单改革,由粗到细试编和逐步明确各级政府事权清单,再对接以预算支出科目为量化指标的各级支出责任一揽子清单。结合省直管县打造三层级框架积极推进省以下分税制财政体制。构建由地方税、转移支付等共同组成的地方收入体系,促进地方政府事权和支出责任相适应。以促进基本公共服务均等化为导向,优化重构转移支付制度。

——有序推进国有企业改革,促进国有资产收益和存量的转置

今后,随着国有经济"战略性改组"和"混合所有制"改革的深化,中央政府在国资委管理范围内的一百多家企业收缩至几十家以后,应积极探索通过立法方式,确定各类企业的设立依据、政策目标、国有资产收益的合理转置等相关规则,形成规范法案,并在动态优化中全面形成以国有资产收益和存量形态的合理转置,在法治化制度体系中服务于全社会公共目标:在坚持"资产全民所有,收益全民所用"的基本原则之下,完善国有资本经营预算(资本预算)管理体制,提高利润(资产收益)上缴比例进而对社会保障和其他公共服务的支出加大支持力度,合理纳入全口径预算体系统筹协调。各类公益型资产处置(如文化企业转制过程中国有资产的处置)也应纳入国有资本经营预算体系中来,以此充实社会保障基金、强化基本公共服务均等化的财力支撑,真正体现国有经济的优越性及全局性贡献。

——改善收入分配与再分配相关制度,打造"橄榄形"现代社会结构

科学、合理、公平的收入分配制度是国家长治久安的保障。必须看到我国长期以来存在的收入分配矛盾问题成因复杂,不可能通过实施某种专项、单项的改革达到"毕其功于一役"的目的。但总体来说是两句话:一是初次分配要侧重于讲效率;二是再分配要侧重于讲共富。在初次分配领域,政府要维护产权规范与公平竞争的规则与环境,尊重、培育和健全市场的资源与要素配置机制,合理调节各地最低工资标准和适当引导企业劳方与资方在工薪分配上的集体协商等,促进社会资源的优化配置和社会财富的最大涌流。在再分配领域,一是建立健全我国税收制度的收入调节功能,坚定地逐步提高我国直接税比重,开征房地产税、改革个人所得税,研究开征遗产和赠与税;二是完善我国社会保障制度,力争在"十三五"期间实现基础养老金全国统筹,建立兼顾各类人员的养老保障待遇确定机制和正常调整机制,发展企业年金和职业年金,加快健全覆盖全民的医保

体系,加大保障性住房的供给规模并优化供给机制;三是改革转移支付制度,增强其平衡区域收入差异、人群差异的调节功能,如加大对中西部地区特别是革命老区、民族地区、边疆地区和贫困地区的财力支持,加大教育、就业、扶贫开发等支出,加强对困难群体救助和帮扶,大力发展社会慈善事业等;四是消除部分行业的过度垄断因素,提升相关收入分配制度规则的透明度;五是加强对非工资收入和财产性收入的引导和管理,严厉打击贪赃枉法、权钱交易、行贿受贿、走私贩毒、偷逃税收等相关的黑色收入,同时清理整顿规范种种"灰色收入"——其中合理的、需修正的,都应阳光化,不合理的则应予以取缔;六是积极推进官员财产报告与公示制度的改革试点;七是在管理和技术层面加强"问题导向",有针对性地解决诸如国家特殊津贴专家标准严重不一等遗留多年的问题。分配调节的导向,是逐步形成中等收入阶层成为主体的"橄榄形"现代社会结构。

——以满足公共服务需求、优化结构和调动潜能为大方向,积极理顺基础资源、能源产品比价关系和价格形成机制,积极实施选择性"有效投资"和 PPP 机制创新

针对我国基础资源、能源产品的比价关系和价格形成机制的严重问题,要抓住煤炭资源税从量变为从价改革已形成框架、电力部门改革已有部署的时机和基础,以"从煤到电"这一基础能源链条为重点,攻坚克难实行理顺比价关系和价格形成机制的配套改革,以利内生、长效、全面地促进全产业链节能降耗和释放市场潜力。

在优化供给侧环境机制的同时,必须同时看到,由于我国仍然处于城市化进程的中期,政府投资部分仍然有可以作为的广阔空间。在经济下行中,结合优化结构、提升发展后劲、改善民生等需要,应积极考虑加大选择性"有效投资"(即可以增加有效供给的"聪明投资")的力度。这些基础设施、公共工程项目,都应充分注重以有限的政府财力通过 PPP(政府与社会资本合作)机制发挥"四两拨千斤"的放大效应和乘数效应,拉动民间资本、社会资金合作供给,并提升绩效水平。

总之，我们认为中国经济社会发展的现代化进程已经到达一个非同寻常的关键时期和历史性的考验关口，仅以短中期调控为眼界的需求管理已不能适应客观需要，应当及时、全面引入以"固本培元"为主旨、以制度供给为核心，以改革为统领的新供给管理方略，针对中国经济社会的重大现实问题，"中西医结合"多管齐下，共收疗效。为适应中国新一轮经济发展中打造有效动力机制的总体要求，亟应注重从供给侧入手，针对当前和今后一个时期面临的突出问题和矛盾，从微观主体即创业、创新、创造的市场主体层面，释放经济社会的潜力、活力，托举中国经济的潜在增长率，促进总供需平衡和结构优化、加快增长方式转变，进而为实现中华民族伟大复兴的中国梦扫清和拓宽道路。

第 6 章

农业现代化，实现全面小康的重中之重

农为邦本，本固邦宁。我国自古以来就是一个农业大国，农业是国家经济的命脉。我们党在领导人民进行革命、建设和改革的过程中，始终重视农业、农民和农村的发展。

早在 1954 年 9 月，周恩来总理在《政府工作报告》中就提出建设"现代化农业"的构想，1964 年，《政府工作报告》明确提出"要实现农业现代化、工业现代化和国防现代化"，把农业现代化作为"四化"建设的内容之一。党的十八大更是作出了"坚持走中国特色新型工业化、信息化、城镇化、农业现代化道路""促进工业化、信息化、城镇化、农业现代化同步发展"的战略部署。

党的十八大以来，习近平总书记高度重视"三农"问题，并作出了一系列重要论述。如关于"三农"问题的重要性，习近平指出，中国要强，农业必须强；中国要美，农村必须美；中国要富，农民必须富。关于粮食安全，习近平指出，保障国家粮食安全是一个永恒的课题，任何时候这根弦都不能松；要坚持以我为主、立足国内、确保产能、适度进口、科技支撑的国家粮食安全战略。关于增加农民收入，习近平指出，要加大强农惠农富农政策力度；调动和保护好"两个积极性"，要让农民种粮有利可图、让主产区抓粮有积极性。关于农业发展，习近平同志指出，农业的出路在现代化，农业现代化关键在科技进步。保障国家粮食安全，最终要靠科技。

党的十八届五中全会提出，大力推进农业现代化，加快转变农业发展方式，走产出高效、产品安全、资源节约、环境友好的农业现代化道路。习近平强调,"十三五"时期,必须坚持把解决好"三农"问题作为全党工作重中之重,牢固树立和切实贯彻创新、协调、绿色、开放、共享的发展理念,加大强农惠农富农力度,深入推进农村各项改革,破解"三农"难题、增强创新动力、厚植发展优势,积极推进农业现代化,扎实做好脱贫开发工作,提高社会主义新农村建设水平,让农业农村成为可以大有作为的广阔天地。

农业现代化作为一个国家现代化的基础和支撑,其状况如何,很大程度上决定着整个国家现代化的进程。目前来看,我国的农业现代化仍然是"四化"的"短板",如果不尽早补齐,就会影响到整个现代化建设的进程。当前,我国已进入全面建成小康社会和促进"四化"同步的关键时期,"三农"发展迈上新的台阶。小康不小康,关键看"老乡";实现中国梦,基础在"三农"。"三农"问题仍是关系中国特色社会主义发展全局的根本性问题。唯有加快推进农业现代化,充分发挥工业化的反哺支持作用、城镇化的辐射带动作用和信息化的提升改造作用,努力走出一条生产技术先进、经营规模适度、市场竞争力强、生态环境可持续的中国特色新型农业现代化道路,才能实现"两个一百年"奋斗目标、实现中华民族伟大复兴的中国梦。

第6章 农业现代化,实现全面小康的重中之重

用发展新理念大力推进农业现代化[*]

党的十八届五中全会通过的《中共中央关于制定国民经济和社会发展第十三个五年规划的建议》（以下简称《建议》）对大力推进农业现代化提出明确要求。这是从我国经济社会发展全局出发，着眼实现全面建成小康社会宏伟目标作出的重要部署。习近平总书记多次指出，小康不小康，关键看老乡。全面建成小康社会，最艰巨最繁重的任务在农村；同步推进新型工业化、信息化、城镇化、农业现代化，薄弱环节是农业现代化。没有农业现代化，没有农村繁荣富强，没有农民安居乐业，国家现代化是不完整、不全面、不牢固的。农业是全面建成小康社会、实现现代化的基础，必须坚持把解决好"三农"问题作为全党工作重中之重，加大强农惠农富农政策力度，大力推进农业现代化。

近年来，我国农业现代化水平稳步提高，有力促进了农业稳定发展和农民持续增收，为战胜各种困难和风险、保持社会大局稳定奠定了坚实基础。随着我国经济发展进入新常态，经济增长从高速转向中高速，经济下行压力加大，对农业现代化提出了新的更高要求。不仅需要稳定农业生产、保障农产品供给，为经济社会发展创造良好环境；而且需要挖掘农村居民消费潜力、用好农业农村投资空间，为稳增长增添新的动力。从农业自身看，资源环境约束越来越强，国际竞争日趋激烈，大力推进农业现代化也是农业持续发展的内在要求。

在新的历史条件下推进农业现代化，必须按照《建议》的要求，"牢固树立创新、协调、绿色、开放、共享的发展理念"，破解发展难题，厚植发展优势，"着力构建现代农业产业体系、生产体系、经营体系，提高

---

[*] 汪洋：《用发展新理念大力推进农业现代化》，《人民日报》2015年11月16日。

农业质量效益和竞争力",加快实现我国由农业大国向农业强国的转变。

一、积极创新,完善现代农业发展体制机制

创新是引领发展的第一动力。大力推进农业现代化,必须加大创新力度,努力形成适应现代农业发展、契合市场经济要求的体制机制。

要创新农业经营方式。这是农业现代化的客观需要。《建议》强调,"加快转变农业发展方式,发展多种形式适度规模经营,发挥其在现代农业建设中的引领作用"。规模过小是我国农业现代化的最大制约。扩大农业经营规模,可以将更多现代生产要素、经营模式、发展理念引入农业,推进农业机械和科技成果应用,开拓农产品市场,提高农业组织化、产业化、市场化水平。要积极利用专业合作、股份合作、土地流转、土地入股、土地托管等多种形式,发展农业适度规模经营。着力培育新型经营主体,引导和支持种养大户、家庭农场、农民合作社、农业企业等发展壮大。从我国国情看,家庭经营在相当长的时期都将占据基础性地位,要加快发展经营性服务,搞好公益性服务,完善农业社会化服务体系,这也是发展规模经营的有效方式。

要创新农村产权制度。这是农业现代化的重要保障。农村产权制度涉及面广,最主要的是土地产权。《建议》提出,"稳定农村土地承包关系,完善土地所有权、承包权、经营权分置办法,依法推进土地经营权有序流转,构建培育新型农业经营主体的政策体系","深化农村土地制度改革。完善农村集体产权权能"。这进一步明确了农村产权制度改革的主要任务,对激活农村土地等要素、促进资源优化配置意义重大。要坚持农村土地集体所有,坚持农村基本经营制度不动摇,依法维护农民土地承包经营权。要统筹推进农村土地征收、集体经营性建设用地入市、宅基地制度改革试点,稳妥有序开展农村承包土地的经营权和农民住房财产权抵押贷款试点。积极发展壮大集体经济,探索农村集体经济的有效实现形式。保障农民集体经济组织成员权利,赋予农民对集体资产股份占有、收益、有偿退出及

抵押、担保、继承权，建立农村产权流转交易市场，激发农村发展活力。

要创新科技等现代要素支撑体系。这是农业现代化的内在要求。《建议》提出，健全"现代农业科技创新推广体系"，"发展现代种业"，促进农机装备产业发展壮大，"提高农业机械化水平"，"推进农业标准化和信息化"等。促进农业科技创新，必须深化农业科技体制改革，健全科研和基层农技推广人员激励政策。要着力突破一批共性关键技术，加快解决现代种业提升、主要农作物生产全程机械化、农业信息化等突出问题。农业科技等现代要素的应用，必然要求劳动者的现代化，要重视提高农民综合素质，培养新型职业农民，把农业发展转到主要依靠科技进步和劳动者素质提高的轨道上来。推进农业现代化还离不开金融的支持，要"深化农村金融改革，完善农业保险制度"，通过金融创新，提高信贷、保险等为农服务的能力。

二、协调推动，提高现代农业产业素质

现代化的农业，必然是内部结构合理、与经济社会发展相适应的农业。因此，大力推进农业现代化，必须坚持协调发展。

要促进农业内部协调发展，形成现代化的农业生产结构。在我们这样一个有13亿多人口的发展中大国，保障国家粮食安全始终是农业现代化的首要任务。为此，《建议》强调，"坚持最严格的耕地保护制度，坚守耕地红线，实施藏粮于地、藏粮于技战略，提高粮食产能，确保谷物基本自给、口粮绝对安全。全面划定永久基本农田，大规模推进农田水利、土地整治、中低产田改造和高标准农田建设，加强粮食等大宗农产品主产区建设，探索建立粮食生产功能区和重要农产品生产保护区"。稳住了粮食生产，就稳住了农业的大局，保障了口粮供给，粮食安全就有了基本的保障，就可以拿出更多的资源发展多样化的生产。在强调提高粮食产能的同时，《建议》明确指出，"推动粮经饲统筹、农林牧渔结合"，这为农业结构调整指明了方向。要鼓励农民立足资源禀赋、面向市场需求，调整农作物种植结构、畜牧水产养殖结构，努力满足社会对农产品多方面的需求，

不断提高农民收入。发挥区域比较优势，加快打造具有区域特色的农业主导产品、支柱产业，优化农业区域布局。

要促进农村一二三产业协调发展，形成现代化的农业产业体系。《建议》提出，推动"种养加一体、一二三产业融合发展"，"促进农产品精深加工和农村服务业发展"，"推进产业链和价值链建设，开发农业多种功能，提高农业综合效益"。一二三产业协调发展是农业现代化的新内涵，也是提高农业综合效益、促进农民增收的关键。要注重引入新技术、新业态和新模式，积极推动农产品加工增值，加快发展订单直销、连锁配送、电子商务等现代流通方式，千方百计提高农业附加值，挖掘农业的生态价值、休闲价值、文化价值，发展乡村旅游等现代特色产业，不断拓展农业现代化新领域。

要促进城乡协调发展，形成城乡一体化发展的格局。关键是要在破解城乡二元结构、推进城乡要素平等交换和公共资源均衡配置上取得重大突破。要把工业和农业、城市和乡村作为一个整体统筹谋划，促进城乡在规划布局、要素配置、产业发展、公共服务、生态保护等方面相互融合和共同发展。引导城市资金、技术、信息、人才、管理等现代要素向农业农村流动，形成以工促农、以城带乡、工农互惠、城乡一体的新型工农城乡关系，从根本上增强农业农村发展能力，以适应工业化、城镇化对农业现代化的新要求。

三、绿色发展，促进农业资源保护和可持续利用

坚持绿色发展，保障农产品的质量安全，实现农业的可持续发展，是农业现代化的基本要求。必须牢固树立尊重自然、顺应自然、保护自然的理念，加快建设资源节约型、环境友好型农业，促进形成资源利用高效、生态系统稳定、产地环境良好、产品质量安全的现代农业发展格局。

《建议》明确提出，"坚持城乡环境治理并重，加大农业面源污染防治力度"，"扩大退耕还林还草，加强草原保护"，"开展退耕还湿、退养还滩"等，都是为了让透支的资源环境逐步休养生息，促进农业可持续发展。要加强土地、水、森林等资源的保护和合理利用，把山水林田湖作

为一个生态系统统筹起来进行保护和修复。鼓励开展轮作和间作套作等，探索实行耕地轮作休耕制度试点，促进种地养地相结合。大力推广测土配方施肥、农药精准科学施用、农业节水灌溉，推动农作物秸秆、畜禽粪便、农膜等农业废弃物资源化利用。加快农业环境突出问题治理，实施好重金属污染耕地修复、地下水严重超采区综合治理试点和新一轮退耕还林还草工程。要下决心通过多方面努力，把超过资源环境承载能力的农业生产退出来，把过量使用的投入品、过多的污染物减下来。

要全面提高农产品质量安全水平。大力推进规模化、标准化、绿色化、品牌化生产，加强产地环境保护，实行严格的农业投入品生产使用和监管制度，实现生产源头可控制。建立全程可追溯、互联共享的农产品质量和食品安全信息平台，健全从农田到餐桌的农产品质量安全全过程监管体系。加快完善农产品质量和食品安全法律法规，落实生产经营者主体责任，严惩各类食品安全违法犯罪行为，保障人民群众"舌尖上的安全"。

四、深化开放，统筹利用国际国内农业市场和资源

《建议》强调，"坚持开放发展，着力实现合作共赢"。推进农业现代化，必须有战略思维和全球眼光，重视学习国外先进技术和经验，统筹用好国际国内两个市场、两种资源。

我国是全球第一大农产品进口国、第二大农产品贸易国，农业发展已经深度融入国际市场，要积极推进农业贸易健康发展。在确保粮食等重要农产品供给安全的情况下，努力扩大特色优势农产品出口，适度进口国内紧缺农产品。扩大农产品出口，是发挥我国资源优势，提高农业效益，增加农民收入的重要手段。适度进口国内紧缺农产品，有利于调剂国内市场、保障供给，更好地满足人民群众多层次需要，还有利于缓解资源环境压力，为我国农业休养生息创造条件。要科学制定农产品进出口规划，把握好时机和节奏，调控好农产品进出口品种和规模，实现满足国内需求、保护国内产业和农民利益的有机统一。

推进农业现代化，必须加强国际农业交流与合作。要积极引进、消化和吸收国外先进技术，注重引进国外的优良种质资源、先进设备等，加大引进高层次科研人才力度，充分运用世界现代科技成果，增强农业科技创新能力。加强农业利用外资工作，积极开展国际农业投资合作，学习借鉴国际先进管理经验。不断拓展农业国际合作领域、创新合作方式，充分利用我国农业技术、经验、设备等优势，推进农业走出去，参与国际农业开发，特别是要加强与"一带一路"沿线国家的农业合作，提高合作利用国际农业资源能力。

五、共享成果，真正让农民在农业现代化建设中受益

共享是中国特色社会主义的本质要求，也是农民积极投身现代化建设的强大动力。既要引导农民积极参与现代农业建设，也要作出合理的制度安排、形成有效的机制，让农民更多分享现代化建设成果。

《建议》提出，"持续增加农业投入，完善农业补贴政策。改革农产品价格形成机制"，"完善农民收入增长支持政策体系"等，目的是为了让农业现代化的成果真正惠及农民。《建议》强调"坚持工业反哺农业、城市支持农村，健全城乡发展一体化体制机制"，也是为了让农民分享工业化、城镇化发展成果。要不断完善农业支持保护政策，保障农民利益。要健全龙头企业与农民利益连接机制，探索农民通过土地入股等形式参与规模化、产业化经营，分享产业链条上的增值收益。建立兼顾国家、集体、个人的土地增值收益分配机制，逐步形成城乡统一的建设用地市场，让农民公平分享土地等资源资产增值收益。完善城乡劳动者平等就业制度，深化户籍制度改革，促进有能力在城镇稳定就业和生活的农业转移人口举家进城落户，并与城镇居民有同等权利和义务。促进城乡公共资源均衡配置，健全农村基础设施投入长效机制，把社会事业发展重点放在农村和接纳农业转移人口较多的城镇，推动城镇公共服务向农村延伸。提高社会主义新农村建设水平，开展农村人居环境整治行动。总之，要通过推进"四化"

同步,让农民与城镇居民一道,在共建共享发展中有更多获得感,朝着共同富裕的方向不断迈进。

《建议》提出,"实施脱贫攻坚工程",到2020年,稳定实现农村贫困人口不愁吃、不愁穿,义务教育、基本医疗和住房安全有保障,我国现行标准下农村贫困人口实现脱贫,贫困县全部摘帽。这也是让农民共享发展成果的重要体现。要进一步强化责任,加大工作力度,深入实施精准扶贫、精准脱贫,因人因地施策,提高扶贫实效,坚决打赢脱贫攻坚战。

用新的发展理念推进农业现代化,必须充分发挥我国政治优势、制度优势。各级党委和政府要坚持把"三农"工作放在重中之重的位置,切实加强组织领导,加大投入力度,强化责任落实,健全工作机制。加强农村基层党组织建设,打造本领过硬的农村干部队伍。尊重农民意愿,依法保障农民合法权益,发挥农民主体作用,发挥农村集体经济的优越性。要加强农垦在农业现代化中的引领作用,用好供销合作社这个服务农民生产生活的生力军和综合平台,调动各类市场主体参与现代农业建设、服务农村发展的积极性。中国农村情况千差万别,推进农业现代化要因地制宜、从实际出发,大胆探索、积极实践,形成全国多路径、多形式、多层次推进农业现代化的新格局,"走产出高效、产品安全、资源节约、环境友好的农业现代化道路"。

守住农业安全底线 *

2015年的中央1号文件全面分析我国农业农村发展面临的形势和任务,对解决在经济增速放缓背景下继续强化农业基础地位、促进农民持续

---

* 万宝瑞:《守住农业安全底线——学习贯彻2015年中央1号文件精神》,《人民日报》2015年2月26日。

增收的重大课题，应对在资源环境硬约束下保障农产品有效供给和质量安全、提升农业可持续发展能力的重大挑战，作出了全面部署。当前，我国经济发展进入新常态，农业农村经济发展的国内外环境发生重大变化，农业产业安全、粮食安全和农产品质量安全问题凸显，成为制约我国农业发展的基本问题。贯彻落实中央1号文件精神，解决和应对好我国农业发展面临的课题与挑战，必须守住农业安全底线。

农业产业安全面临新挑战

建设现代农业，加快转变农业发展方式，一个重要目的是提高农业效益。但近年来我国主要农产品生产成本持续攀升，国内粮棉油糖价格高于国际市场，对提高农业效益、维护农业产业安全带来新挑战。

大宗农产品国内外价差不断扩大。随着劳动力、土地、环境保护等成本不断提高，我国农业成本快速上升。2006—2012年，我国水稻、小麦、玉米、棉花、油菜籽、甘蔗价格年均涨幅均低于同期成本涨幅，到2013年我国大宗农产品国内价格已全面高于国际价格。2014年前5个月，大米、小麦、玉米、大豆、棉花、食糖国内外价差分别为每吨318元、451元、924元、1484元、7078元、2766元。

关税的防火墙作用受到削弱。近年来，主要农产品进口税后价低于国内最低保护价和临时收储价，关税的防火墙作用受到削弱。这导致边收储边进口，政策成本过高。2013—2014年度我国临时收储玉米6919万吨，临储棉花629万吨，每吨棉花库存1年的利息和维护成本在2000元左右。临储菜籽油高达600万吨，若按当前市场价格销售，价差损失超过150亿元。食糖临储库存累计500万吨左右，隐亏估计超过200亿元。

进口对国内农业产业影响加深。受价差驱动，我国主要农产品进口激增。"大豆之殇"是我国农业产业安全问题的典型表现。我国大豆种植户均面积小，难有规模效益，生产成本比美国高30%以上。由于大豆市场高度开放，国内大豆种植比较效益低，导致大豆种植面积不断减少。食糖进口价格过低，导致国内价格持续下跌，造成糖企全面亏损、蔗农收入下降。国内外价差不断扩大，是造成洋货入市、国货入库的根本原因。

粮食产业持续健康发展受到威胁。虽然当前我国粮食进口量并不大，但由于进口受国内外价差驱动，国内粮食产业发展受到威胁。2013年，越南籼米价格低廉，国内企业进口动力强劲，造成南方籼稻库存积压、销售困难。玉米国内供给和库存充裕，但仍然保持一定数量的净进口。在国内粮食连年增产、库容紧张的情况下，进口激增进一步加剧了国内"卖粮难"局面。

粮食安全面临新挑战

中央1号文件把"不断增强粮食生产能力"作为第一条，凸显了确保粮食安全、守住"谷物基本自给、口粮绝对安全"底线的重要性。尽管我国粮食产量十一连增、产能达6亿多吨且库存充足，但随着工业化、城镇化进程加快以及农业开放度提高，我国粮食安全面临新挑战。

增产潜力减弱，保持产能难度加大。2003—2014年的粮食十一连增实际是波动型的微增。11年间，不同年份增产幅度差异较大，最高增幅是2004年的9%，最低是2009年的0.4%，且近4年有逐年减小趋势，在高基数上继续增产难度越来越大。我国粮食发展纲要要求到2020年粮食产能达5.5亿吨以上，尽管2013年粮食产量已超过该目标，但受耕地面积逐年减少、自然灾害和资源环境制约，在农业科技没有重大突破的情况下，保持现有粮食产能难度加大。

生产成本快速上升，粮食价格提升空间减小。据测算，从1995年到2011年，我国3种谷物和大豆每亩产出量分别增长29.1%和32.8%，但按可比价格计算，同期每亩总成本分别增长110.2%和91.8%，收益率都明显下降。直接生产成本上升是推动农业生产总成本上升的主要力量，包括化肥、农药、农膜、机械作业、劳动力等，这些投入占总成本的80%以上，而且近几年仍在上升。粮食价格缺乏高关税保护，难以相应上涨，这就使粮食生产缺乏必要的利益激励。

进口快速增长,粮食安全战略受到挑战。自2009年我国谷物由净出口转为净进口以来,进口量一路激增。尽管目前我国三大谷物进口量保持在关税配额之内,但按目前生产成本和价格增长趋势推算,今后5—7年三大谷物以配额外关税税率进口将成为现实。我国对于征收配额外关税后的进口是完全放开的,这将给"以我为主"和"适度进口"的国家粮食安全战略带来挑战。

种粮比较效益低,流转土地"非粮化"较为普遍。2011年,种植苹果、蔬菜、花生的每亩净利润分别为4612元、2558元、723元,而种植3种主粮的平均收益只有251元。新型农业经营主体接手流转土地后"非粮化"现象较为突出。截至2012年底,全国流转后用于种植粮食作物的土地面积为1.56亿亩,占总流转面积的56%。截至2013年底,有些种粮大省土地流转后"非粮"比例增加了20%—30%。

农产品质量安全面临新挑战

调查显示,目前城市居民感到最不放心、最不安全的社会问题是食品药品安全。因此,中央1号文件专门部署"提升农产品质量和食品安全水平",具有很强的现实针对性。

引发农产品质量安全问题的因素多。一是农业生产环境影响。据专家估算,我国粮食生产每年因重金属污染造成直接经济损失超过200亿元,环境污染严重地区的农产品质量安全难以保障。二是农业生产技术影响。我国农业生产技术比较落后,非科学使用农药、化肥、除草剂等现象屡见不鲜。三是经营方式及市场影响。我国有2.5亿农户和约50万个农产品加工企业,组织化程度较低,分散经营的模式很难实行标准化生产,在利益驱动下农产品质量控制往往被忽视。

农产品质量安全监管难度大。从农田到餐桌的整个食物链条中,种、养、收以及初加工等环节是决定农产品质量安全的基础。相对于食品安全,农产品质量安全更加难以控制。一方面,化肥、饲料、农药、兽药等各类投入品使用的技术千差万别,生产经营者众多,农产品种类繁多,难以全面监管。另一方面,农产品中微生物、重金属、兽药和农药残留等有害物指标,以目前的检测技术,再考虑成本等因素,难以全面检测。

确保我国农业安全的对策

农业安全问题直接关系人民生活和国家安全,必须按照中央1号文件提出的"稳粮增收、提质增效、创新驱动"总要求,从战略高度积极应对。

完善农业产业安全战略。在涉农国际贸易谈判中坚持粮棉油糖关税税率不减让、关税配额不扩大、农业"黄箱"支持空间不削减。加强产业损害预警,积极利用"两反一保"措施,使贸易救济常态化。研究建立农业产业损害补偿机制,加强对国内产业的贸易补偿,对因进口农产品竞争而受到损害的农业产业和农民提供补偿性援助。

实施差别化的粮食安全战略。根据"谷物基本自给、口粮绝对安全"的要求,区分口粮、工业用粮和饲料粮的不同需求特点,明确国内必须保有的基本面积和基本产量,确定农业支持优先重点。合理确定粮食进口预警阈值,运用有效手段把握进口时机和节奏,确保进口规模适度适当。

强化农业支持战略。一是完善财政支农长效机制。探索"普惠制"与"特惠制"相结合的财政支农政策,使真正从事农业生产的经营主体得到更多补贴。逐步扩大"绿箱"支持政策,调整改进"黄箱"支持政策。二是明确金融部门支农责任。明确金融机构在支持农业和服务粮食安全方面的责任。加大国家对涉农贷款的补贴支持力度。三是明确大型涉农企业粮食安全方面的保障责任。对经营大宗农产品且达到一定市场份额的大型企业,实行强制性信息报告制度和库存储备制度,规定规模以上粮油经销企业必须建立相应规模的粮食安全储备库存,明确其在粮食安全方面的法定保障责任。

推进农业"走出去"和市场多元化战略。完善农业"走出去"政策支持体系,加强组织和监管。一是抓住重点环节,突出重点领域,主攻周边国家,发挥企业主体作用。二是建立多元稳定可靠的进口渠道,充分利用双边协定和多边协定,把握好农产品进口规模和节奏,稳定进口来源。三是把农业"走出去"与市场多元化战略有机结合起来,提升"走出去"对象国的生产能力,为建立多元稳定可靠的进口渠道夯实基础。四是积极参与全球粮食市场交易,争取掌握粮食价格国际话语权。

实施农产品质量安全提升战略。一是加强政府对农产品质量安全的监管。明确农业部门在初级农产品质量安全标准、检测、监督、认证以及市场准入等方面的主导地位。完善法律法规,加强执法队伍建设,强化农业部门对违法违规农产品的处罚管理。二是加快农业标准化步伐。加大农产品标准化生产示范区、无公害农产品示范基地、养殖小区、示范农场、出口产品及原料基地建设力度,发挥其示范带动作用。加强农民教育培训,提高农业管理者和农产品生产者素质。三是加快农产品质量安全追溯体系建设。建立全程可追溯、互联共享的农产品质量和食品安全信息平台,加快农产品质量安全溯源技术的应用,实行优质农产品标签制。

加快转变农业发展方式 *

《中共中央关于制定国民经济和社会发展第十三个五年规划的建议》(以下简称《建议》)明确提出,加快转变农业发展方式,提高农业质量效益和竞争力,农业现代化取得明显进展。这是党中央着眼社会主义现代化建设全局、应对农业发展新挑战作出的重大战略部署。我们要深刻领会、全面贯彻,把加快转变农业发展方式摆上重要位置,大力推进现代农业建设,实现新型工业化、信息化、城镇化和农业现代化同步发展。

我国到了必须加快转变农业发展方式的阶段

农业是全面建成小康社会、实现现代化的基础,是稳民心、安天下的战略产业。"十二五"时期,我国现代农业建设加快推进。农业综合生产能力有新提升,粮食生产5年跨上两个千亿斤台阶,2014年粮食总产量

---

* 韩长赋:《加快转变农业发展方式》,《人民日报》2015年11月25日。

达到 12142 亿斤，连续两年稳定在 12000 亿斤以上。同时，棉油糖、果菜茶、肉蛋奶、水产品等稳定发展。现代农业建设有新突破，2014 年农业科技进步贡献率超过 56%，主要农作物特别是粮食作物良种基本实现全覆盖，耕种收综合机械化水平超过 61%，农田有效灌溉面积占比超过 52%。农业经营体系构建有新进展，土地流转有序推进，农业适度规模经营稳步发展，新型农业经营主体逐步壮大。截至 2014 年底，全国家庭农场超过 87 万家，农民合作社达到 128 万家，农村土地流转面积占家庭承包耕地的比重超过 30%。农民收入水平有新提高，增速连续 5 年高于国内生产总值和城镇居民收入增速，城乡居民收入比由"十一五"末的 3.33∶1 下降到 2014 年的 2.92∶1。在经济下行压力加大的背景下，农业好形势成为经济社会持续健康发展的"定海神针"。

"十三五"时期是全面建成小康社会的决胜阶段。应当看到，我国农业现代化仍然比较滞后，面临诸多挑战，表现为"三个日益突出"：一是农业资源环境制约日益突出。耕地数量减少、质量下降以及地下水超采、农业面源污染加重等问题凸显，资源要素的弦越绷越紧，农业生态环境亮起"红灯"。特别是温饱问题解决后，公众对生态环境和农产品质量的要求越来越高。二是农业生产结构失衡问题日益突出。农业区域布局与资源禀赋不尽匹配，北粮南运与南水北调并存；粮经饲结构不合理，部分农产品库存增加与进口增加并存；种养业结合不紧、循环不畅，地力下降与养殖业粪污未能有效利用并存；生产、加工、流通、消费存在脱节问题，农业全产业链还未形成。三是农业发展质量效益不高问题日益突出。农业生产成本处在"上升通道"，国际大宗农产品价格已不同程度低于国内，在成本"地板"和价格"天花板"的双重挤压下，农业比较效益持续下降。农业兼业化、农民老龄化趋势明显，"谁来种地""如何种地"问题突出。

总体看，我国正处于传统农业向现代农业转变的关键时期。要按照《建议》要求，坚持把加快转变农业发展方式作为"十三五"时期推进农业现代化的主要任务和基本路径，加快构建现代农业产业体系、生产体系、经营体系,促进粮食综合生产能力、农产品质量安全水平、农业资源利用率、农民收入再上新台阶,推动农业发展由数量增长为主转到数量质量效益并重上来,由主要依靠物质要素投入转到依靠科技创新和提高劳动者素质上来,由主要依靠拼资源拼消耗转到可持续发展上来,走产出高效、产品安全、资源节约、环境友好的农业现代化道路。

加快转变农业发展方式的重点任务

《建议》对加快转变农业发展方式作出了全面部署。我们要从我国国情农情出发,找准工作着力点,抓紧抓实抓出成效。

更加注重提高粮食产能,挖掘粮食增产新潜力。随着人口总量增加、城镇人口比重上升、居民消费水平提高和农产品工业用途拓展,我国农产品需求呈现刚性增长态势。据专家预测,到2020年我国粮食需求大约为14000亿斤,还有2000亿斤左右的缺口。习近平同志强调,中国人的饭碗任何时候都要牢牢端在自己手上,我们的饭碗应该主要装中国粮。要把稳步提升粮食产能作为加快转变农业发展方式的首要任务。粮食产量可根据市场需求调节,但粮食产能必须确保巩固提升。坚持最严格的耕地保护制度,坚守耕地红线,全面划定永久基本农田,探索实行耕地轮作休耕制度试点,实施藏粮于地、藏粮于技战略,确保"谷物基本自给、口粮绝对安全"。目前,我国中低产田约占2/3,大部分还是靠天吃饭。要大规模推进土地整治、中低产田改造和高标准农田建设,到2020年建成8亿亩高标准农田。

更加注重优化农业结构,培育现代农业产业体系。现代农业必须以市场需求为导向,实现区域化布局、专业化生产,促进粮经饲统筹、农牧渔结合、种养加一体、一二三产业深度融合发展。探索建立粮食生产功能区和重要农产品生产保护区,加强粮食等大宗农产品主产区建设,推动主产区建设核心产区,加大对农产品主产区和重点生态功能区的均衡性转移支付力度。充分发挥各地比较优势,发展适应性农业,宜粮则粮、宜经则经、宜草则草、宜牧则牧、宜渔则渔,提高农业发展与资源环境的匹配度。开

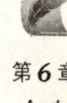

发农业多种功能，推进农业产业链和价值链建设，提高农业综合效益，让农民更多分享二、三产业的增值收益。

更加注重农产品质量安全，确保"舌尖上的安全"。质量安全是现代农业的重要标志。近年来，我国农产品质量安全水平稳步提升、总体向好，目前主要农产品监测合格率均保持在96%以上，但在一些地方和领域问题隐患仍较突出。要坚持"产出来""管出来"两手抓、两手硬。"产出来"，主要是推进农业标准化，建设一大批农业标准化生产基地，打造一大批农产品知名品牌，从源头上保障农产品质量安全。"管出来"，主要是健全从农田到餐桌的农产品质量安全全过程监管体系，开展质量安全追溯试点，加大综合执法和专项整治力度，抓好农产品质量安全县创建活动。

更加注重科技创新，提升农业综合生产能力。加快转变农业发展方式，根本要靠创新驱动。要加快建立现代农业科技创新体系，推进成果转化和技术推广。大力发展现代种业，做大做强育繁推一体化种子企业，积极推进国家级育种制种基地建设，通过改革调动科研人员创新积极性。加快农业机械化步伐，开展深松整地作业，重点突破水稻机插、油菜机播机收、棉花及甘蔗机收等瓶颈，推进主要作物生产全程机械化。推进农业信息化，开展"互联网+"现代农业行动，实施信息进村入户工程，加快农业物联网示范应用。培育新型职业农民，打造高素质现代农业生产经营者队伍。

更加注重农业生态环境保护与治理，实现农业可持续发展。资源节约、环境友好是现代农业的基本要求。要大力发展节水农业，推进工程节水、品种节水、农艺节水、管理节水、治污节水，提高农业用水效率。到2020年，力争在农业用水总量不增加的条件下，有效灌溉面积扩大到10亿亩。加大农业面源污染防治力度，推动农药、化肥、农膜减量使用，统筹农村饮水安全、改水改厕、污水垃圾处理，推进种养业废弃物资源化利用、无害化处理，力争到2020年化肥、农药使用量实现零增长，畜禽粪便、农作物秸秆、农膜基本实现资源化利用。

更加注重经营方式创新，促进农业增效农民增收。稳定农村土地承包关系，推进土地经营权有序流转，发展多种形式适度规模经营，发挥其在现代农业发展中的引领作用。新型农业经营主体是发展现代农业的生力军和引领力量。要构建培育新型农业经营主体的政策体系，大力发展农业社会化服务，积极推广合作式、托管式、订单式等服务形式。"新型经营主体+社会化服务+适度规模经营"是发展现代农业的重要路径。

更加注重统筹两个市场、两种资源，提高农业竞争力。根据国内需要适当增加农产品进口，加强农产品进出口调控，把握好农产品进口规模、节奏，积极支持优势农产品出口，实现国内外资源有效配置、国内外市场统筹利用。推进农业对外开放，加强农业对外合作，抓住"一带一路"建设的重大战略机遇，加快培育具有国际竞争力的农业企业集团。

确保转变农业发展方式扎实推进

转变农业发展方式，必须坚持正确的原则。一是坚持市场导向，强化市场信息引导，运用市场的办法指导和组织农业生产。二是坚持从实际出发，根据各地资源禀赋、产业基础和市场条件，因地制宜，因势利导。三是坚持农民主体地位，尊重农民意愿和经营自主权，充分发挥其积极性主动性创造性。四是坚持改革创新，破除制约农业农村发展的体制机制障碍，激发内生动力。

转变农业发展方式，离不开政策支持。要加快建立健全农业支持保护体系，为转变农业发展方式提供有力支撑。

持续增加农业投入。这是世界各国特别是发达国家的通行做法。坚持"三农"投入只增不减，加快建立投入稳定增长机制。优化财政支农支出结构，重点支持农业基础设施建设、农业结构调整、农业可持续发展、农业科技进步、农业经营方式创新等。

完善农业补贴政策。充分发挥补贴政策的引导作用，保持农业政策连续性稳定性，逐步扩大"绿箱"政策实施规模和范围，调整改进"黄箱"政策，加快建立与农业转方式相适应的补贴政策体系。推动新增补贴向新型经营主体、主产区倾斜，建立鼓励绿色发展的补贴制度，开展粮改饲和种养结合模式试点，健全粮食主产区利益补偿、耕地保护补偿、生态补偿制度，提高农业补贴政策效能。

改革农产品价格形成机制。注重发挥市场形成价格作用，继续实行稻谷、小麦最低收购价政策，完善玉米等重要农产品临时收储政策，搞好大豆和棉花目标价格试点，积极开展农产品价格保险试点。加强农产品流通设施和市场建设以及市场信息监测综合平台建设，改革和完善粮食等重要农产品储备制度。

改善农村金融服务。深化农村金融改革创新，推动金融资源向"三农"倾斜。探索利用财政资金撬动金融支农的有效方式，抓紧建立农业信贷担保体系。稳妥开展农民合作社内部资金互助试点、农村承包土地经营权和农民住房财产权抵押贷款试点以及大型农机具融资租赁试点，改善对新型农业经营主体的金融服务。

强化农业保险支持。鼓励商业性保险机构创新保险产品，加大中央、省级财政对主要粮食作物保险的保费补贴力度，将主要粮食作物制种保险纳入中央财政保费目录，加快研究出台对地方特色优势农产品保险的中央财政以奖代补政策。积极探索扩大养殖业保险。

坚定不移推进农业可持续发展 *

我国已经到了加快推进农业可持续发展的历史阶段

记者：韩部长您好。我国粮食生产实现"十一连增"后的农业可持续发展问题，大家都很关心。您怎么看待当前农业生产面临的发展阶段？

韩长赋：新世纪以来，我国现代农业建设加快推进，农业农村经济发

---

* 李玉梅、范伟：《坚定不移推进农业可持续发展——农业部党组书记、部长韩长赋答本报记者问》，《学习时报》2015年9月14日。

展进入最好的历史时期,现在已经到了加快推进农业可持续发展的历史阶段。之所以这样讲,主要基于两点。

农业连年增产增收、农业生产力水平迈上新台阶,我们有条件、有能力推进农业可持续发展。粮食生产实现"十一连增",打破了持续多年的"两丰一平一歉"周期循环,2014年粮食总产达到12142亿斤,连续两年稳定在12000亿斤以上,其他重要农产品也是丰产丰收、供应充足、价格稳定。与此同时,农业基础设施、科技装备、抗灾能力和农民素质都有较大进步,2014年农业科技进步贡献率达到56%,主要农作物特别是粮食作物良种基本实现全覆盖,耕种收综合机械化水平达到61%,农田有效灌溉面积占比达到52%。我国农业发展已从过去主要依靠增加资源要素投入转向主要依靠科技进步,农业生产方式已由千百年来以人力畜力为主转为以机械作业为主,这是了不起的历史成就。现在,我国农业农村经济发展站在新的历史起点上,为加快推进农业可持续发展提供了物质基础、战略空间和重要机遇。

农业发展面临的挑战和矛盾积累聚集,倒逼农业必须转变发展方式、走可持续发展道路。我国人多地少水缺,人均耕地面积和淡水资源分别仅占世界平均水平的1/3、1/4,中国用世界10%的耕地和6%左右的淡水资源,养活了世界20%的人口。当然,中国农业在取得巨大成就的同时,也付出了很大的代价。一方面,农业资源长期透支、过度开发,复种指数高、四海无闲田,资源利用的弦绷得越来越紧;另一方面,农业面源污染加重,农业生态系统退化,生态环境的承载能力越来越接近极限。农业发展面临资源条件和生态环境"两个紧箍咒",加快转变发展方式,实现可持续发展,迫在眉睫、刻不容缓。

记者: 在您看来,农业实现可持续发展,关键是要达到什么样的目标?

韩长赋: 习近平总书记在去年底中央经济工作会议上强调,要坚定不移转变农业发展方式,走产出高效、产品安全、资源节约、环境友好的现代农业发展道路。李克强总理在中央农村工作会议上指出,要推动建设资源节约、环境友好的现代农业。最近,经国务院同意,农业部、国家发改委等8部门联合印发了《全国农业可持续发展规划(2015—2030年)》,这是今后一个时期指导农业可持续发展的纲领性文件。推进农业可持续发展是一个系统工程,目标是要实现"三个可持续"。

国家粮食安全可持续。这是农业可持续发展的首要目标,也是现代农业建设的首要任务。习近平总书记强调,解决好吃饭问题始终是治国理政的头等大事;只要粮食不出大问题,中国的事就稳得住。实现粮食安全可持续,就要稳步提升农业综合生产能力、抗风险能力,粮食产能巩固在1.2万亿斤水平,生产不大起大落,供求关系基本平衡,尤其是要确保"谷物基本自给、口粮绝对安全",大米白面主要靠自己,13亿中国人的饭碗牢牢端在自己手上,保持粮食生产稳定可持续、保障粮食供给可持续。

农民增收可持续。这是农业农村经济工作的中心任务,也是农村全面小康的根本任务。习近平总书记强调,小康不小康,关键看老乡。全面建成小康社会,基础在农业,难点在农村,关键在农民,特别是贫困地区的农民。当前,"种地养牲口"仍是农民就业增收的一个基本渠道,现在的问题是农业效益不高、种地不挣钱。这就要求我们大力发展高产、优质、高效、生态、安全农业,不断提高农业生产经营效益,让农业成为有奔头的产业;加快建立农民持续增收长效机制,确保到2020年农民人均收入比2010年翻一番,"十三五"期间增幅继续高于国内生产总值和城镇居民收入增幅,让广大农民同步进入全面小康。

资源环境可持续。这是现代农业发展的方向,也是当前要着力解决的突出问题。要使绷得过紧的资源压力得到缓解,要使被污染的农业生态环境得到改善,根本出路要靠推进农业可持续发展,就是要通过转变农业发展方式,加快发展资源节约型、环境友好型、生态保育型农业,坚持"利用"与"保护治理"并重,促进资源利用高效,产地环境良好,生态系统稳定,给子孙后代留下良田沃土、绿水青山。

当前耕地保护突出的问题是数量减少、质量下降

记者：耕地保护一直是社会比较关注的问题，也是影响和制约农业可持续发展的一个关键问题。可否请您介绍一下这方面的情况？

韩长赋：当前，我国耕地保护突出的问题是数量减少、质量下降。从数量上看。1996—2011 年全国耕地净减少 1.25 亿亩，大都是城市周边的近地、好地。实行占补平衡后，耕地绝对数量下降势头得到一定遏制，但占近地补远地、占好地补劣地、占水地补旱地的问题比较突出，补充耕地与被占耕地的质量一般差 2—3 个等级。第二次全国土地普查耕地面积为 20.3 亿亩。看似多出 2 亿亩，其实是调查方法手段的不同和过去隐匿计税面积的释放，这些地一直都在耕种，并不是凭空多出来的。而且据国土部门评估，其中还有 1.5 亿亩是不太稳定的耕地或劣质地，将来还要逐步退出来。因此，我们绝不能动摇耕地红线。从质量上看。去年底，农业部发布了全国耕地质量等级公报，质量较好的耕地占总面积的 27.3%。目前全国中低产田约占 2/3，大量还是靠天吃饭。耕地退化问题也比较突出，东北地区黑土退化趋势值得重视。

习近平总书记强调，保护耕地要像保护文物那样来做，甚至要像保护大熊猫那样来做。因为人多地少是我国的基本国情。保耕地数量，关键是要抓紧划定永久基本农田，严格控制建设用地规模，在耕地占补平衡中做到补充数量和质量"两个到位"。提升耕地质量，要软件和硬件两手抓。硬件上，加大高标准农田建设力度，国家规划建设 8 亿亩；软件上，推动实施耕地质量保护与提升行动，实现"藏粮于地""藏粮于技"。

打好农业面源污染治理攻坚战

记者：近些年来，农业面源污染问题也日益引起人们的重视。应该怎么看待和解决这方面的问题？

韩长赋：农业面源污染有三大"贡献者"。

一是化肥。主要问题是使用量偏大、利用率偏低。2013 年我国化肥

使用总量为5912万吨，占世界总量的35%。为什么我国只占世界10%的耕地，却使用了世界35%的化肥？主要有三方面原因：一是我国人多地少，土壤肥力低，要保证吃饭，只能搞精耕细作，多用化肥，提高单产。二是我国土地复种指数高，同等耕地面积下，播种面积大，化肥用量就大。三是化肥不仅用在农业生产上，还广泛用于工业、林业、城市园林等。2014年经济园艺作物用肥2500多万吨，粮食作物用肥2000多万吨，城市园林绿化、林业和工业等用肥1300多万吨。当然，我国施肥方式落后，撒施、表施等方式比较普遍，当季化肥利用率只有33%。

对于化肥问题，我们要一分为二地看，坚持"两点论"和"重点论"的统一。一方面，不能滥施化肥、低效施肥，但也不能完全不用化肥。俗话说，"庄稼一枝花，全靠肥当家"，化肥是粮食的粮食。如果真把化肥使用量大幅降下来，其他方面措施上不去的话，粮食产量会大幅减少。实际上，农业发达国家也在大量使用化肥。因此，要确保"谷物基本自给、口粮绝对安全"，化肥还得用，但要科学施用。另一方面，当前的主要矛盾是化肥用得多、用得粗放。要把过量的化肥减下来，关键是推广科学施肥，提高用肥的精准性和利用率，鼓励农民使用绿肥、农家肥来培肥地力。近年来，通过大力推进测土配方施肥，化肥用量年增速由2009年的3.1%下降到2013年的1.2%；同时利用率也在提高，2012年氮、磷、钾肥利用率分别比2005年提高了5个、12个和10个百分点。

二是农药。主要问题也是用量偏大、使用不规范，利用率偏低。近年来，我国农药使用量稳定在32万吨（有效成分）左右，占世界总用量的1/7。农药过量和不规范使用影响了农产品质量安全，也造成了一定的环境污染，增加了农业生产成本。

农药使用总量高，与我国土地复种指数高，且大量种植用药多的蔬菜、林果以及设施农业总量大有关。近年来我国先后禁用了甲胺磷等33种高毒农药，但受杀虫效果不佳、农民生产习惯等因素影响，低毒生物农药推广难，农药超范围、超剂量使用问题仍然大量存在。解决这些问题，要严控高毒农药、科学使用农药，推进统防统治和绿色防控。

三是农业废弃物。主要问题是畜禽粪便、秸秆、农膜处理率低，成为污染物。畜禽粪便：近年来，我国畜禽养殖总量不断上升，全国每年产生30亿吨畜禽粪便，有效处理率不到50%。秸秆：全国秸秆可收集利用量为8亿多吨，综合利用率仅为3/4。没被利用的秸秆，大多就地焚烧，给环境带来污染。农膜：我国水土资源不匹配，很多地方特别是西北地区常年干旱少雨，需要用地膜保墒节水，再加上设施农业发展快，我国农膜使用总量高达200多万吨，但回收率不足2/3。解决这些问题的思路，就是要实现畜禽粪便、农作物秸秆、农膜的资源化利用。比如，畜禽粪便可用于发展沼气、生产有机肥等，农作物秸秆可粉碎还田或者用作饲料、燃料等，农膜则要建立农膜回收利用机制。

习近平总书记强调，要打好农业面源污染治理攻坚战。落实中央部署，农业部今年制定了《关于打好农业面源污染防治攻坚战的实施意见》，提出力争到2020年农业面源污染加剧的趋势得到有效遏制，努力实现"一控两减三基本"："一控"，就是控制农业用水总量；"两减"，就是把化肥、农药的施用总量逐步减下来；"三基本"，就是实现畜禽粪便、农作物秸秆、农膜基本资源化利用。当然，治理农业面源污染不仅是农业自身的问题，更是公共问题、社会问题，需要制定配套的经济和社会政策。比如，测土配方施肥，开方虽然不要钱，但抓药有成本，仅靠农民自身难以消化这个成本。世界上用来出口的粮食，没有多少是用农家肥种出的，否则成本太高，难以进入国际市场。所以，需要社会共同分担成本，国家应继续加大财政支持力度，社会公众也应适当分担。

有一种说法，认为农业是造成环境污染的"最大污染源"。这么说是不够准确的。其一，农业面源污染"排放量"不等于实际"污染量"。以化肥为例，我国农田化肥中35%的氮在当季被作物吸收，剩余大部分被农田沟渠、缓冲带、湿地或下级农田陆续消纳利用，最终只有约7%进入水体，真正造成环境污染的量很有限。其二，农业面源污染很多是可逆的。

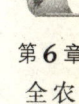

第6章　农业现代化，实现全面小康的重中之重

工业污染基本是不可逆的，只能靠稀释、填埋，农业面源污染大部分可以通过农艺措施来吸收和消化，比如种芦苇可以净化富营养化水源。所以，对于农业面源污染问题，必须高度重视，下大决心解决，但也不能脱离实情、过度渲染。

加快转变农业发展方式，推进农业可持续发展

记者： 农业是安天下、稳民心的战略产业，当前经济发展进入新常态，如何进一步推进农业可持续发展？

韩长赋： 推进农业可持续发展，根本出路在于加快转变农业发展方式，实现"三个转变"，即由数量增长为主转到数量质量效益并重上来，由主要依靠物质要素投入转到依靠技术创新和提高劳动者素质上来，由主要依靠拼资源拼消耗转到可持续发展上来，走中国特色新型农业现代化道路。当前和今后一个时期，重点做到五个"更加注重"。

一是更加注重创新农业经营方式，加快培育新型农业经营主体，构建现代农业经营体系。当前，各类新型农业经营主体大量涌现，截至2014年底，全国已有专业大户和家庭农场341万户，合作社129万个，龙头企业超过12万家。这些新型经营主体给传统农业注入了生机和活力，成为推进农业现代化的生力军、重要载体和引领力量。"新型农业经营主体+农业社会化服务"，将是建设现代农业的理想格局。目前我们正在研究制定扶持新型农业经营主体发展的政策体系，支持发展粮食适度规模经营，解决规模种粮主体贷款难问题。此外，还有一些政策也将陆续推出。

二是更加注重优化调整农业产业结构，促进粮经饲统筹、农牧渔结合、种养加一体、一二三产融合，构建现代农业产业体系。推进农业可持续发展，要立足各地资源禀赋，充分发挥比较优势，因地制宜，宜粮则粮、宜经则经、宜草则草、宜牧则牧、宜渔则渔，提高农业生产与资源环境匹配度。这就需要优化调整农业产业结构，发展适应性农业，而不是对抗性农业。我国传统农耕文明创造的梯田系统、稻田养鱼、间作轮作、庭院经济

等成功范例,应传承和发扬。新时期优化调整农业产业结构,总的考虑是:在区域布局优化上,把全国划分为优化发展区、适度发展区和保护发展区,处理好保护与发展的关系。在种植结构调整上,积极开展粮改饲试点,重点推进玉米种植结构调整。在产业结构调整上,加快发展农产品储藏、保鲜、加工、流通、营销等,发展生态休闲农业,促进一二三产融合互动,同时把大力发展牛羊等草食畜牧业作为重点。

三是更加注重农产品质量安全,推进标准化绿色化生产,构建现代农业生产体系。近年来,我国农产品质量安全水平稳步提升、总体向好,目前主要农产品监测合格率均保持在96%以上,与2001年相比提高30多个百分点。但也要看到,在一些地方和领域问题隐患仍较突出。我们不能有丝毫松懈,对于农产品质量安全问题,虽然不能做到零发生,但一定要零容忍,即使有1%的问题,也要付出100%的努力。为此,我们要坚持"产出来"与"管出来"两手抓、两手硬,一方面大力推进规模化、标准化、绿色化、品牌化生产,实现生产源头可控制,另一方面推进专项整治、社会共治,建立监管体系和可追溯体系,实现"从田头到餐桌"全程可追溯。

四是更加注重农业科技创新,加快培育新型职业农民,提升农业综合生产能力。转变农业发展方式,关键要给农业插上科技的翅膀,发挥科技的乘数效应。重点做好四件事:一要做大做强民族种业,扶持培育一大批育繁推一体化的种子企业;二要大力推进农业机械化,到2020年主要农作物耕种收综合机械化水平达到68%以上;三要大力推进农业信息化,积极发展农业电商、"互联网+"等新型业态,促进信息化与农业现代化融合发展;四要大力培育新型职业农民,如果有1亿左右的新型职业农民,我国现代农业发展将发生根本改变。

五是更加注重统筹利用两个市场两种资源,既支持国内保供给、保生态,又保护国内产业发展和农民利益。加入WTO以来,我国农业对外开放程度很高。加快转变农业发展方式,推进农业可持续发展,要在全球化背景下谋划我国农业发展战略。我国是农产品生产大国,也是消费大国,

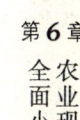

在"以我为主、立足国内"的前提下,适度进口一些国内紧缺、不具备比较优势的农产品是必要的。我们不反对进口,关键是搞好进出口调控,兼顾农业产业发展和农民就业增收。同时,支持有比较优势的农产品出口,鼓励农业"走出去",参与国际竞争与合作。

为农业现代化打通金融血脉 *

党的十八届五中全会指出:促进新型工业化、信息化、城镇化、农业现代化同步发展。这当中,农业现代化的任务最艰巨,必须创造有利条件,形成强大合力。长期以来,农村金融发展相对缓慢,功能发育不完备,导致农村长期处于资金"失血"或"贫血"状态,这是制约农业现代化的一个关键因素。当前,只有全方位加快农村金融发展,消除金融抑制,增强农村金融"输血"和"造血"功能,才能从根本上破解农业发展的资金瓶颈,为农业现代化提供强有力的金融支撑。

强化金融服务"三农"意识。金融在某些时候会显现出"嫌贫爱富"的特性。这就需要积极引导农村金融发展方向,带动农村金融机构转变服务理念,促使其放低"身段",将服务下沉到广大农村地区,让农村金融发展深深植根于农业发展之中,实现农业现代化和农村金融发展的双赢。从政策层面分析,应通过货币政策和财政政策的优化组合,不断加大农村资金投入力度和农业补贴力度。发挥政策性银行信贷支持和启动作用,引导农业信贷资金流向,加大对偏远地区和薄弱环节的信贷支持力度,加快农村基础设施建设。设置合理的金融杠杆比例,鼓励有条件的金融机构开展农业领域风险投资活动。实施差异化监管原则,协调好农村金融机构创

---

* 张鹏:《全方位加快农村金融发展 为农业现代化打通金融血脉》,《人民日报》2015年11月6日。

新发展与风险管理之间的关系,在建立多层次风险预警机制的基础上,有效控制、化解农业现代化进程中的各类金融风险。

推进农村金融机构改革。改革开放为我国经济发展注入源源不断的活力和动力。农村各类金融机构的持续改革,是提高农村金融效率的动力源泉。但也应看到,面对农村经济社会发展新形势,农村金融机构仍然存在诸多不适应问题,抑制了农村金融和农业发展。当前,必须以建立现代农村金融制度为目标,全面深化农村金融机构改革。首先,强化农村信用社的主力军地位。以建立现代产权制度、法人治理结构和资本补充机制为框架深化农村信用社改革,实现农村信用社服务"三农"的改革目标,充分发挥农村信用社支持农业现代化的金融主力军作用。其次,继续增强政策性银行、国有大中型银行服务农业现代化建设的骨干作用。通过机构调整、业务范围调整和融资模式创新,降低农村融资贷款成本,拓宽农业现代化建设的融资渠道。第三,积极引入民间资本,大力发展中小金融机构,形成良性竞争的农村金融市场。鼓励和引导农村乡镇银行、消费金融公司和小额信贷公司有序、规范化发展,进一步扩大农村金融服务覆盖面。最后,以培育新型农村合作金融组织为突破口,坚持封闭性原则,探索农业生产和金融服务有机结合的互助合作组织发展新路径。

完善多层次农村金融体系。农业发展的地域性差异和农村生产力的多层次性,形成了多层次的金融需求。这就要求建立与之相适应的多层次金融体系,形成金融市场、资本市场以及银行机构、新型金融组织和其他金融机构优势互补、错位发展的协调合作关系。从农业生产角度看,一方面,农业现代化、产业化和科学发展都离不开各种资源要素的数量积累和配置效率提高。因此,只有建立覆盖全面、功能齐全、渠道畅通的农村金融体系,才能充分发挥各类资源要素的最大效用。另一方面,实现农业产业链有效延伸和结构升级,需要发挥不同金融机构在价值发现方面的比较优势。只有根据不同产业链关键节点的实际资金需求,选择合适的金融机构,才能达到事半功倍的效果。

鼓励农村金融市场创新。在维护农民合法权益的前提下，鼓励金融产品创新，提升农村金融服务水平，进一步促进农村产权制度、经营方式和组织机构创新发展。首先，农村金融的一个重要功能在于通过价值发现提高农村各类资源要素的资本化程度。农村金融产品创新能够拓宽农村经营主体抵押担保的范围和方式，进一步促进农村要素市场发育。其次，农村承包土地经营权和农民住房财产权等的抵押租赁和流转转让等制度改革，也需要借助农村金融产品创新，形成科学定价机制，实现土地产权的合理定价。第三，新型农业经营方式创新，离不开农村金融机构和市场提供合理的激励机制。新型农业经营主体在发展规模和水平上存在差异，对金融需求也不尽相同。只有推进金融产品创新，才能不断满足其差异化金融需求，实现金融产品在利率、期限、额度、管理流程和风险控制等方面的优化组合，形成多样化、多层次的金融产品结构，全面支持农业生产经营。

加强金融基础设施建设。首先，加强农村金融支付体系建设，拓展农村金融发展的深度和广度。主要是通过农村基础金融服务供给网络建设，提高农民金融参与水平；通过扩大支付系统覆盖面，丰富结算和支付产品体系，提高农村金融渗透率。农村金融支付体系建设除了可以解决农业现代化的资金问题，还有利于提高农业经营主体的生产积极性。其次，通过农村信用体系建设，有效降低农村金融交易成本。我国农业生产经营主体的分散化、小微化及其导致的农村金融市场信息不对称，严重制约着农村金融发展和农业经营主体融资能力提高。而农村信用体系的作用就在于评估并提高经营主体的信用水平，通过降低信息不对称程度和交易成本，提高融资便利性。建设农村信用体系，在缓解因缺乏担保物而导致的农业经营主体融资难问题的同时，还有利于农村资源要素的合理流动与优化配置。

第7章
新型城镇化，建设经济强国的必由之路

城镇化是一个老生常谈的问题，与之伴随而来的，便是"城市化"、"城镇化"和"新型城镇化"三者的概念辨析。

通常来讲，城市化有两层含义，一是人口从乡村向城市集中的过程，二是第一产业人口向第二、三产业人口转换的过程。而城镇化是一个颇具中国特色的概念，它可以笼统地表述为，人口从农村向城镇集中，在城镇发展第二、三产业并吸纳农业人口的过程。可见，两者的本质都强调经济社会的活动中心从农村转出。只不过前者强调转向城市，后者强调转向城镇，在地理上的侧重点不同。

中国特色新型城镇化道路，则是完全具有中国特色、符合中国国情的城镇化方案。《国家新型城镇化规划》将其定义为"以人为本、四化同步、优化布局、生态文明、文化传承"。这样的城镇化道路的提出，具有深刻的历史背景和现实意义。

纵观新中国成立以来中国的城镇化进程，可以大体分为两个阶段：第一阶段是从1949年新中国成立到1978年党的十一届三中全会以前，中国的城镇化进程相当缓慢。这一时期，政府是城市化动力机制的主体，城市化对非农劳动力的吸纳能力很低，城市化的区域发展受高度集中的计划体制的制约。第二阶段是1978年以后城镇化快速推进时期。这一时期的城镇化是在国民经济高速增长条件下迅速发展的，城乡之间的壁垒逐渐松动并被打破，特别是乡镇企业的发展，使得中国的城市化呈现出以小城镇迅速扩张、人口就地城市化为主的特点。据统计，从1978年到2013年，我国城镇常住人口从1.7

亿人增加到7.3亿人,城镇化率从17.9%提升到53.7%,年均提高1.02个百分点;城市数量从193个增加到658个,建制镇数量从2173个增加到20113个。

城镇化的飞速发展,带动了国民经济的高速增长,同时也引发了一系列的矛盾和问题。诸如,大量农业转移人口难以融入城市社会,市民化进程滞后;"土地城镇化"快于人口城镇化,建设用地粗放低效;城镇空间分布和规模结构不合理,与资源环境承载能力不匹配;城市管理服务水平不高,"城市病"问题日益突出;自然历史文化遗产保护不力,城乡建设缺乏特色;体制机制不健全,阻碍了城镇化健康发展;等等。这些问题已经成为制约我国城镇化进程的重要因素。

2013年12月,中央城镇化工作会议召开,提出了"以人为本,推进以人为核心的城镇化",明确了推进城镇化的指导思想、主要目标、基本原则和重点任务。2014年3月,《国家新型城镇化规划(2014—2020年)》正式印发,为走中国特色新型城镇化道路指明了方向。

2015年10月29日,《中共中央关于制定国民经济和社会发展第十三个五年规划的建议》通过。《建议》提出,推进以人为核心的新型城镇化。提高城市规划、建设、管理水平。深化户籍制度改革,促进有能力在城镇稳定就业和生活的农业转移人口举家进城落户,并与城镇居民有同等权利和义务。实施居住证制度,努力实现基本公共服务常住人口全覆盖。健全财政转移支付同农业转移人口市民化挂钩机制,建立城镇建设用地增加规模同吸纳农业转移人口落户数量挂钩机制。维护进城落户农民土地承包权、宅基地使用权、集体收益分配权,支持引导其依法自愿有偿转让上述权益。深化住房制度改革。加大城镇棚户区和城乡危房改造力度。

城镇化既是人类社会发展的客观趋势,也是国家现代化的重要标志。在经济社会发展进入新常态,全面深化改革进入关键期的历史背景下,按照建设中国特色社会主义五位一体总体布局,积极稳妥扎实有序推进城镇化,对全面建成小康社会、加快社会主义现代化建设进程、实现中华民族伟大复兴中国梦,具有重大现实意义和深远历史意义。

坚持走中国特色新型城镇化道路 *

推进以人为核心的城镇化，走中国特色新型城镇化道路，是全面建成小康社会、加快推进社会主义现代化的必由之路。当前，我国城镇化发展已进入提升发展质量的新阶段，既面临巨大机遇，也面临诸多挑战。

走新型城镇化道路是必然选择

改革开放以来，我国城镇化经历了几个发展阶段，总体上保持了快速发展态势，城镇化率稳步提高。上世纪 80 年代初期，以农村改革为主动力，城镇化开始恢复发展，1978 年至 1984 年城镇化率从 17.92% 上升到 23.01%，平均每年提高 0.85 个百分点。上世纪 80 年代中后期至 90 年代初期，以城市改革为主动力，城镇化实现平稳发展，1984 年至 1992 年城镇化率由 23.01% 提升到 27.46%，年均提高 0.56 个百分点。上世纪 90 年代初期至本世纪初期，以市场化改革为主动力，城镇化步入快速发展阶段，1992 年至 2003 年城镇化率从 27.46% 提高到 40.35%，年均提高 1.19 个百分点。本世纪以来，以实施城镇化战略为主动力，城镇化进入加速发展，2003 年至 2013 年城镇化率由 40.35% 提高到 53.73%，年均提高 1.34 个百分点。

总体上看，过去 30 多年，我国城镇化呈现以数量规模扩张为主的基本特征，这种城镇化发展模式，也带来了诸多问题和挑战，突出表现在以下几方面。

第一，大量农业转移人口难以融入城市社会，市民化进程严重滞后。被纳入城镇人口统计的 2.6 亿农民工及其家属，未能在教育、就业、医疗、

---

* 王一鸣：《坚持走中国特色新型城镇化道路》，《经济日报》2015 年 1 月 29 日。

养老、保障性住房等方面，平等享受城镇居民的基本公共服务，处于"半市民化"状态。城镇内部出现的新二元结构，制约了城镇化对扩大内需和结构升级的推动作用，也带来社会风险和隐患。

第二，大量占用土地，与资源环境的矛盾日趋突出。城镇化进程中，占用大量土地进行开发建设，城镇用地规模扩张过快导致耕地减少过多，城镇空间扩张快于城镇人口增长，加剧了城镇化与土地资源紧缺矛盾。一些城市出现严重的环境污染问题，生态环境压力不断增大。

第三，城镇空间分布和规模结构不合理，"大城市病"开始显现。东部一些城市人口资源矛盾加剧，中西部城镇化潜力尚未得到充分发挥。优质资源过度向特大城市和大城市配置，导致人口过度集聚，出现交通拥堵、房价高企等"大城市病"，而中小城市和小城镇却因缺乏资金、技术和人才等生产要素，产业和人口集聚能力受到限制，难以得到充分发展。

第四，城镇建设贪大求洋，缺乏文化传承和地域特色。城镇建设千篇一律，不考虑文化传承和地域特色，出现了"千城一面"的现象。

总之，随着我国城镇化发展环境和条件的变化，过去一个时期以数量规模扩张为主要特征的城镇化道路越来越难以持续，加快向以人的城镇化为核心、以质量提升为主要特征的新型城镇化道路转型势在必行。

我国城镇化面临的机遇与挑战

当前，我国城镇化正处在新的历史方位。一方面，城镇化仍处于较快发展阶段。据国际经验，城市化率在30%至70%区间处于快速发展阶段，2013年我国城镇化率为53.73%，仍在快速发展区间。另一方面，主要依靠廉价农业劳动力转移、大量消耗土地资源、城市建设规模扩张等传统方式推动城镇化已难以为继。这些都迫切要求我们走新型城镇化道路。

在我们这样一个拥有13亿人口的发展中大国，走新型城镇化道路，在人类发展史上没有先例。推进新型城镇化，既面临重大机遇，也面临诸多挑战。从机遇看，我国经济发展水平和综合经济实力大幅提升，经济结构调整积极推进，有利于城镇化从外延扩张转向品质提升；基本公共服务制度不断健全，实现常住人口全覆盖，有利于推进农业转移人口市民化；大力推进生态文明建设，融入经济社会发展全过程，有利于城镇绿色低碳循环发展；城镇基础设施投资规模扩大，交通运输网络不断完善，有利于城镇化优化布局；全面深化改革，特别是近些年统筹城乡综合配套改革试点，有利于破除城镇化发展的体制障碍。

从挑战看，一是解决进城农业转移人口真正享受城市居民各项保障，实现基本公共服务常住人口全覆盖，需要支付巨大的成本并建立成本分摊机制；二是优化城镇布局和城市规模结构，增强中西部城市特别是中小城镇对人口的吸引力，需要矫正城镇资源配置方式，对深化城镇管理体制改革提出了更高要求；三是加强资源节约和环境保护，促进城镇绿色低碳循环发展，仍面临诸多制约和障碍；四是在推进城镇化进程中延续城市文脉，传承城市历史，要求大幅度提升城镇建设和管理水平。

新型城镇化的内涵和战略取向

走中国特色新型城镇化道路，核心是以人为本，推进以人为核心的城镇化，关键是提升城镇化发展质量，需要明确内涵和战略取向。

第一，新型城镇化的核心是人的城镇化。以人为核心的城镇化是推进新型城镇化的关键，主要任务是解决已经转移到城镇就业的农业转移人口落户问题，提高农民工融入城镇的素质和能力。把符合落户条件的农业转移人口转为城镇居民，要创造居民稳定就业的条件，逐步实现基本公共服务常住人口全覆盖，有序推进户籍制度改革，真正让农民进得来、留得住，有认同感和归属感，从而真正实现人口城镇化。

第二，新型城镇化要坚持生态文明。绿色低碳循环发展是新型城镇化的基本特征。要坚守耕地数量和质量红线，严控增量，盘活存量，优化结构，提升效率，切实提高城镇建设用地集约化程度。积极发展绿色低碳产业，提高能源利用效率。划定生态红线，保护绿色空间，形成生产、生活、生态空间的合理结构。

第三，新型城镇化要优化布局。推进新型城镇化，既要优化宏观布局，也要加强城市内部空间治理。要根据资源环境承载能力构建科学合理的城镇化宏观布局，把城市群作为主体形态，促进大中小城市和小城镇合理分工、功能互补、协同发展。

第四，新型城镇化要传承文化。历史文脉，是城镇生命力所在。要根据城镇发展的人文历史和资源禀赋，保留和利用不同历史文化积淀、民族风情特色，打造各具文化魅力的个性化城市。

第五，新型城镇化要创新体制机制。发挥市场配置资源的决定性作用，提高资源配置效率。更好发挥政府作用，加强城镇化宏观管理，发挥政府在编制发展规划、建设基础设施、提供公共服务等方面作用。深化城镇管理体制改革，推进政府职能转变，逐步释放中小城市和小城镇发展活力，增强中小城市和小城镇吸纳农业转移人口的功能。

新型城镇化重在改革 *

纵观世界各国，中国的城镇化起步较晚，却是关系中国当前和长远、涉及发展与民生的重大战略。改革开放以来，中国经历了令人注目的快速城镇化过程，城镇化水平年均提高 1.02 个百分点，城镇人口和城镇数量大幅度增加，为国民经济持续快速发展、城乡居民生活水平全面提升做出了重要贡献；对世界经济也产生了积极的影响。与此同时，快速城镇化中积累起来的矛盾和问题也日益凸显。大量农业转移人口未能真正融入到城市社会，城市建设用地和空间利用粗放低效，一些特大城市的"城市病"

---

* 徐绍史：《新型城镇化重在改革》，《城市开发》2014 年第 5 期。本文根据作者在 2014 年中国城镇化高层国际论坛上的演讲整理而成。

日趋严重，总体上来看中国的城镇化迫切需要转型发展。

新型城镇化要因地制宜

当前中国正处于全面建成小康社会的关键阶段，也正处于加快推进社会主义现代化的重要历史时期，实现两个百年的奋斗目标和中华民族伟大复兴的中国梦，既需要不断发掘新的增长动力，保持经济持续健康发展，更需要实现经济结构的战略性调整和经济、政治、文化、社会、生态文明五位一体的协调推进。

城镇化是现代化的必由之路，不仅是中国扩大内需的最大潜力所在，而且在与工业化、信息化和农业现代化同步发展当中发挥着不可替代的融合作用，是实现中国经济社会结构成功转型和统筹推进五位一体建设的重要支点，可谓"牵一发而动全身"。

回顾世界和中国城镇化的发展历程，可以深刻地认识到城镇化是一个国家经济社会发展的自然历史过程，受自然地理条件、资源环境承载能力和经济社会发展水平的制约和影响，各国城镇化道路和模式的选择，都必须遵循规律、因地制宜、因势利导、稳妥推进，使之成为一个顺势而为、水到渠成的发展过程。简单模仿或照搬别国经验，或者脱离实际、超越发展水平和自然禀赋，人为地盲目快速推进，都会付出极大的代价。

正是在这样的大背景下，国家制定、发布了《国家新型城镇化规划（2014—2020）》，明确了从现在起到2020年中国城镇化发展的指导思想、主要目标和战略任务。

协同发展

从中国社会主义初级阶段的实际出发，紧紧围绕全面提高城镇化质量，加快转变城镇化发展方式，走以人为本、四化同步、优化布局、生态文明、传承文化的中国特色新型城镇化道路，努力实现城镇化水平和质量稳步提高、城镇化格局更加优化、城市发展模式科学合理、城市生活和谐宜人、城镇化体制机制不断完善的发展目标。

一是有序推进农业转移人口市民化。要以农业转移人口为重点，兼顾其他城镇常住人口，统筹推进户籍制度改革和基本公共服务均等化，促进有能力在城镇稳定就业和生活的常住人口有序实现市民化。要放宽户籍限制，允许不同规模的城市实施差别化的落户政策，到2020年努力实现1亿左右农业转移人口和其他常住人口在城镇落户。对未能落户的城镇常住人口，通过实施居住证制度，建立健全与居住年限等条件相挂钩的基本公共服务提供机制，努力实现城镇基本公共服务覆盖全部城镇常住人口。

二是优化城镇化布局和形态。要以城市群为主体形态，加快构建科学合理的城镇化战略格局，促进城镇化宏观布局与资源环境承载力相协调，大中小城市和小城镇协调发展，要进一步优化提升东部地区现有城市群，同时，在中西部条件较好的地区培育发展新的城市群。通过现代交通基础设施和信息网络的链接和城市群协调机制的完善，加快推进城市群一体化发展。要充分发挥中心城市的辐射带动作用，强化中小城市和小城镇的产业功能、服务功能和居住功能，把条件较好的县城、重点镇和重要边境口岸逐步发展成为中小城市。

三是提高城市可持续发展能力，要增强城市经济、基础设施、公共服务和资源环境对人口的承载能力，建设和谐宜居、富有特色、充满活力的现代城市。要加快产业转型升级，营造良好创业环境，增强城市经济活力和竞争力，强化城市产业支撑，要优化城市空间结构和管理布局，完善基础设施建设和公共服务设施。提高城市规划建设管理水平，推进创新城市、绿色城市、智慧城市和人文城市建设，不断完善城市治理结构，创新城市管理方式，提升城市社会治理水平。

四是推动城乡发展一体化。要通过工业化和城镇化的良性互动，进一步加大工业反哺农业、城市支持农村的力度，实行多予少取放活方针，着力在城乡规划、基础设施、公共服务等方面缩小城乡差距。加快消除城乡二元体制障碍，完善城乡发展一体化体制机制。严格城乡建设用地标准，在城镇化过程中牢牢守住18亿亩耕地红线，加快推进农业现代化，确保国家粮食安全,把农村建设成为广大农民幸福生活的美好家园。

重点推进五方面改革

2013年11月,中国共产党召开了十八届三中全会,进一步指出改革开放是决定当代中国命运的关键抉择,并对新的历史起点上全面深化改革做出了总体部署,明确提出了完善和发展中国特色社会主义制度,推进国家治理体系和治理能力现代化的改革总目标。走中国特色新型城镇化道路涉及人、地、钱、房、生态等多方面的体制创新,是贯彻落实全面深化改革总体部署的重要内容。按照十八届三中全会的精神,在推进新型城镇化的进程中,进一步处理好政府和市场的关系,切实让市场在资源配置中起决定性作用和更好发挥政府作用。既要履行政府在创造制度环境、制定规划政策、建设基础设施、提供公共服务等方面的职能,又要遵循市场规律,运用市场机制,充分发挥市场的力量和作用,推进体制机制创新。当前和今后一个时期重点推进以下五个方面的改革。

第一,推进人口管理制度改革。在加快改革户籍制度的同时,全面推行流动人口居住证制度,建立健全与居住年限等条件相挂钩的基本公共服务提供机制,健全人口信息管理制度,建设覆盖全国、安全可靠的国家人口综合信息库和信息交换平台,为完善人口服务和管理提供支撑。

第二,深化土地管理制度改革。完善现有城镇建设征用土地制度,严格执行城市用地分类与规划建设用地标准,提高土地集约化利用水平。探索实行城镇建设用地增加与吸纳农业转移人口落户数量挂钩,与城镇低效用地再开发挂钩的激励约束机制。同时进一步改革完善农村建设用地和进城落户农民宅基地流转制度。

第三,创新城镇化资金保障机制。通过财税体制改革,建立财政转移支付同农业转移人口市民化挂钩机制,使城市政府的财力与公共服务事权相匹配。加快建立规范透明的城市建设投融资机制,建立健全地方债券发行管理制度,不断创新融资工具,通过多种渠道吸引社会资本参与城市建设。

第四,健全城镇住房制度。加快构建以政府为主提供基本保障,以市场为主满足多层次需求的住房供应体系。更好满足城镇居民不同层次的住房需求,继续加大保障房建设力度,建立财政保障性住房稳定投入机制,完善租赁补贴制度,努力构建房地产市场调控长效机制。

第五,强化生态环境保护制度。完善推动城镇化绿色循环低碳发展的体制机制,形成节约资源和保护环境的城市空间格局、产业结构,生产方式和生活方式。建立健全生态文明考核评价机制,国土空间开发保护制度、资源有偿使用和生态补偿制度、资源环境产权交易制度,实行最严格的环境监管制度。

城市作为现代文明的载体,其治理能力和水平是一个国家治理能力现代化的重要体现和标志。目前,中国的城市治理能力与中国城镇化推进的速度相比,还有很大的差距,已经成为制约我国经济社会发展的突出问题。在推进新型城镇化的过程中,必须把城市治理提上重要的议事日程,切实克服以往一些地方存在的重发展轻管理、重硬件建设轻软件服务的倾向,要进一步强化规划引导、进一步增强城镇规划的法律权威性和约束力,"一张蓝图绘到底",持之以恒地加以落实。要积极借鉴世界各国城市建设和管理中的先进理念,积极运用先进的管理手段,不断提高城市的微观管理和服务水平,切实增强城市的内在品质,真正实现城市让生活更美好的愿望。

作为一个拥有13亿人口的发展中大国,中国的城镇化不仅关乎中国自身的发展,而且也必将对人类文明和世界可持续发展产生重要影响。"他山之石,可以攻玉",在推进中国特色新型城镇化的过程中,不仅要倾听来自各方面的建议,还要借鉴各国的有益经验。同时,也欢迎更多国家、城市、企业和机构参与中国的城镇化进程,开展不同层次、不同形式的合作与交流,共同分享发展机遇,共同为世界城市文明的发展做出积极的贡献。

以转型改革破题新型城镇化*

我国规模城镇化的突出缺陷,是城镇化率明显大于人口城镇化率。2013年,我国的名义城镇化率为53.7%,人口城镇化率仅为35%,低于2011年世界50%的人口城镇化的平均水平。在这种情况下,实现人的城镇化,首先要使人口城镇化率达到一定水平。没有较高的人口城镇化率,何谈人的城镇化。

未来5—10年,加快推进规模城镇化向人口城镇化转型,即以人口城镇化为主要载体、以政策和体制创新为重点,有效释放城镇化的内需潜力,争取到2020年基本形成人口城镇化的新格局,即人口城镇化率不低于50%。如果到2020年人口城镇化率仍然低于2011年世界的平均水平,那就是不成功的城镇化,也很难实现全面建成小康社会的发展目标。

从人口城镇化到人的城镇化的转型

要实现到2020年人口城镇化率达到50%,最终实现人的城镇化的发展目标,有两个问题很重要:一是从城乡二元的基本公共服务制度到城乡一元的基本公共服务制度安排,实现城乡基本公共服务对接;二是从按行政级别配置公共资源到以人口规模为基准配置公共资源,加快大中小城市公共资源配置均等化进程。

建立城乡统一的基本公共服务体制。十八大报告提出,到2020年总体实现城乡基本公共服务均等化。从现实情况看,由于公共服务制度安排不同,城市和农村的公共服务水平和实际收入差距进一步拉大。根据中国社科院发布的2014年《社会蓝皮书》,2012年,城镇职工人均养老金水

---

* 迟福林:《以转型改革破题新型城镇化》,《学习时报》2015年4月8日。本文内容摘自《国家命运:中国未来经济转型与改革发展》,中央编译出版社2015年2月版,摘选时有改动。

平已达 2.09 万元，新农保为 859.15 元，两者相差 24 倍之多。2013 年城乡居民收入差距是 3.03:1，比过去有所缩小，但是如果把公共服务的因素算进去，可能实际收入差距在 4.5—5 倍左右。为此，推进城乡基本公共服务均等化首先要实现制度上的统一，在此基础上，实现底线水平上大致相当。这样，人的城镇化才有基本条件。

推进公共资源配置均等化。从我国现实情况看，公共资源配置不均成为中小城市和小城镇发展严重滞后的突出因素。当前的公共资源配置是按行政级别而非按照人口规模配置，公共财政投入倾向于行政级别高的城市，中小城市财政投入少。

如何推进公共资源在大中小城市均衡配置，使得中小城镇能够有能力、有条件吸引一部分农民工就业居住。我提五点建议：一是根据人口规模配置公共资源；二是改革财税体制，把大中小城镇公共资源配置均等化作为中央地方财税体制改革的重点之一；三是推进行政区划体制改革；四是推进公共资源配置的市场化改革，发挥社会资本在中小城镇公共资源配置中的重要作用；五是重点改善中小城镇的公共基础设施。

让农民带着土地财产权进城

以转型与改革破题新型城镇化，毫无疑问是和农村土地连在一起的。农村土地问题不破题，要实现人口城镇化是很困难的。

农民土地使用权是物权，还是债权？近年来，城镇化中暴露出来的农村土地问题，与法律尚未赋予农地使用权完整的物权性质直接相关。例如：农村征地强拆、补偿标准过低等问题，深层次的原因在于农地实际上为债权而非物权，农民难以成为征地中的谈判主体；由于农地和宅基地的物权性质不完整，农民难以通过承包地和宅基地流转，带着资本进城。建议尽快修改相关法律法规，赋予农村土地使用权以物权性质，使农民真正从法律上享有支配土地使用权的权利。

能不能尽快从法律上赋予农民长期而有保障的土地财产权？十八届三中全会《中共中央关于全面深化改革若干重大问题的决定》提出"赋予农

民更多财产权利"。土地权益是农民最大的财产权,赋予农民更多财产权重在保障农民的土地权益,从法律上把农民土地使用权纳入财产保护范畴。

市场应不应该在农村土地资源配置中起决定性作用?这是近段时期争论相当激烈的一个问题。我认为,农村土地资源配置虽然具有一定的特殊性,但中央提出建立城乡统一的土地市场,目的就是让市场在农村土地资源配置中发挥决定性作用。农村存在的各种土地乱象,主要是土地规划和土地用途没有管住、管好。农村土地制度改革很复杂,也很敏感,但不能以此为由不去主动推动,而应积极组织试点。为此建议,在严格规划管制和用途管制的前提下,发挥市场在农村土地资源配置中的决定性作用。

农村土地市场化改革的基本目标是不是实现城市用地和农村集体经营性建设用地市场的统一?为什么城市居民房子有产权证,可以买卖、抵押,而农民祖祖辈辈留下的房子却没有房产证,也不能上市交易。同是公有制,城市的土地是国有,农村的土地是集体所有,但二者所具有的法律内涵却相差很大,核心仍是城乡二元分割。按照十八届三中全会《决定》提出的"建立城乡统一的建设用地市场"的要求,应当尽快出台具体的实施方案,以严格规划和用途管制为前提,建立公开、公正、公平的统一交易平台和交易规则,实现"同地同权、同地同价、同地同市场",打破目前地方政府独家垄断供地的格局,活跃土地二级市场,促进土地抵押、租赁、出让市场的发展和完善。

关键是不是相信农民。在农村土地资源配置的市场化改革中,关键是相信农民。只要把土地使用权作为物权交给农民,农民就会有自觉的行动,会有中长期的行动,而不会轻易放弃土地。

最后,综合概括为三句话:一是以规模扩张为主要特点的城镇化道路难以为继,要以公平可持续发展为基本目标来推进新型城镇化。二是人口城镇化是发展转型的最大红利。未来5—10年,以人口城镇化为支撑,推进转型与改革,充分释放国内巨大的需求潜力,推动经济结构转型升级,形成我国转型发展的突出优势和主要动力,并由此支撑7%左右的中速增

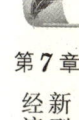

长。三是推进人口城镇化的转型与改革,关键在打破城乡二元制度结构,建立城乡一体化的体制机制。

健康城镇化须守底线 *

习近平总书记强调,我国要在"红线"和"底线"的基础上推进城镇化。红线是清楚的——18亿亩耕地。但是,底线是什么,需要作深入的分析。

在我看来,城镇化健康发展的"底线"由具有两类特征的决策所决定:

第一类"底线",如果在城镇化过程中犯决策错误,此类错误所造成的结果是后人难以纠正的。因为城镇化过程中的人类聚居点和基础设施的建设都是钢筋混凝土的浇筑,一旦犯下刚性的错误,后人就很难纠正。

第二类"底线",如果这类错误犯了以后,会严重妨碍可持续发展,或者会带来社会、经济甚至政局的动荡。也就是说,由一个错误,引发一连串的错误。

只要做到以上这两类特征的"底线错误"不犯,城镇化的健康发展就基本可以保证,在不触碰"红线"和"底线"的基础上实现健康的城镇化。如果用这两类特征来衡量城镇化远期发展的底线,归纳起来大致有以下几项需给予关注。

城市和城镇要协调发展

中央领导都非常担忧我国的特大型城市会否过分地膨胀,因为特大型城市的过分膨胀是一个全球通病。城市规模越大,商品生产的效益就越高。它们创造的就业岗位越多、公共服务的品种越多,人们也就越趋向于到这样的城市里来生活工作。所以,超大城市能够自动吸收人口的另一面,就是引发规模膨胀的恶性循环。这样的问题在世界城市化历史上早就多次发生过。

---

* 仇保兴:《健康城镇化须守底线》,《今日浙江》2014年第8期。

第二次世界大战以后，欧洲国家的注意力从战争转向经济发展。当时，城市规划学领域有一位著名人物，即芬兰的规划学家沙里宁（Eliel Saarinen），就敏感地意识到了这个问题。他认为，所有的世界级大城市都必须走一条"有机疏散"（Organic Decentralization）的道路。

"有机疏散论"是当时城市规划学领域的一部扛鼎之作。在二战还没结束时，时任英国首相丘吉尔就提出，英国当时只有3600万人口，却集中了500万的精英跟德国法西斯作战；战争一结束，这500万人就要结婚、生孩子、找工作，到哪里去好？如果这些人全部涌到伦敦来，伦敦就会"爆炸"。受沙里宁思路的启发，丘吉尔请了一批规划学家推出"新城计划"，在英国伦敦之外布局了30多个卫星城市。具体实施方式就是在政府组建新城开发公司后，通过向国家财政借款，一次性地把农地征过来做新城规划和基础设施投资，然后再把土地卖出去、把钱收回来后实现滚动发展。此后，英国的"新城计划"发展成"新城运动"，影响了整整一代人。有了关于"大伦敦"的新城规划以后，"大巴黎"的新城规划也紧随其后。这些规划无一不遵循沙里宁的"有机疏散论"。

在我国，这一类大城市的疏散早该开始。但是我们不仅认识得较晚，而且对新城的成长机制始终心存疑虑。其实，英国在这个问题的探索上也经历过许多痛苦，在具体实践上也经历了第一代、第二代和第三代新城。

第一代新城：就像北京的回龙观，30万人口的新城区里很少有就业岗位。大部分人早上涌到老城里来，晚上又涌回新城，造成巨大的钟摆式城市交通。实践证明，这类新城是失败的。

第二代新城：丘吉尔时代的规划学家们就敏感地认识到，应该发展第二代新城，人口规模应该在20万人以上、就业岗位50%就地解决。这样，这种新城能够至少减少50%的城际交通。

第三代新城：继第二代新城实践后，又迅速推出第三代新城，人口规模30万左右，就业岗位基本上能够在新城内自己创造，实现职住平衡。这既保证了新城的经济活力，又大大减少了对老城市的交通压力。

如是，英国规划学家才逐步探索出了新城科学规划和建设的正确路径。在探索新城建设的过程中间，他们逐步得出了一个结论：新城开发成功的关键，是其人居环境应该比老城还要更高、公共服务质量更好、人与自然更和谐，这样就可以形成对老城的人口反磁力。只有形成这种反磁力，有机疏散才有可能实现。

回过头来看我国，哪一个新城足以承担老城重要功能的分流？这些新城建设，正是因为没有吸取先行国家的经验，在规划建设标准时把起点定得太低了，反而造成人口从新城不断地涌进主城来。

从更广的角度来看，我国小城镇的基础设施投资、人居环境改善，一直未受各级政府财政的青睐。这些地方人居环境的相对退化，造成了近20年来我国小城镇的人口占城镇总人口比重减少了10%，这是一个危险的"数字鸿沟"。我国小城镇人居环境与先行城镇化国家的小城镇人居环境之间的差距正越来越大。

这么大的差别是如何造成的呢？原因一：政府的注意力和公共财力没有投向小城镇，而几乎所有的支农补贴和扶植政策都是绕过小城镇直奔田头的；原因二：小城镇本身缺土地出让金、没有城市维护费、税收体系不能支撑公共项目投资、缺乏人才。这"四缺"甚至"四无"，是造成我国小城镇跟先行城镇化国家的小城镇之间存在巨大差别的主要原因。

在编制当前这一轮城镇化中长期规划的过程中，各方几乎同时都认识到小城镇是我国健康城镇化的一个命脉。如果没有小城镇的健康发展，健康的城镇化是无法保证的。拉美、非洲等国城市化的历史教训已证实：没有小城镇作为"拦水坝"，人口的洪流就会大量地涌入大城市；没有小城镇提供的就地城镇化，农民进入城市就易引发"贫民窟病"；没有小城镇对区域生产力合理布局的贡献，内地与沿海地区的发展差距会越来越大。这些大城市与小城镇之间的发展如果不够健康、协调，将来即便形成城市群，在经济上也会是低效率的。我们不能再犯这样的错误。

正因为这样，今后城镇化进程中的相当一部分财政投资应当投向小城镇。概括而言,小城镇必须要在以下四个方面先做到:要有一套从事城镇规划的管理机构;有一套必要的基础设施,如供水、污水和垃圾处理等;有一套地方化的绿色建筑建设和规范管理体系;有一套基本的公共服务设施,比如学校、医院、没有假货的超市,等等。这"四个一套"是对小城镇人居环境最基本的要求。小城镇确实要多元化发展,但如果没有了小城镇的健康发展,我国的城镇化会步入险境。

城市和农村要互补发展

有些经济学家简单地认为,只要把农村的人口搬到城市里来,就完成了城镇化,生产效率会自动提高、社会分工会自动推进、科技水平会自动发展。这其实是有问题的。任何一个国家的农业现代化,必须是健康城镇化和生态安全的底板。

这一底板还会呈现出另外一种作用:随着城镇化率超过50%,传统农村会越来越"值钱",乡土文化、一村一品、农业景观、田园风光会变成稀缺资源,由此就会萌发农村旅游热潮,从而带动农村超越工业化阶段,走向一条绿色、可持续发展的现代农业发展道路。

有哪些事或错误的决策,可能会触犯"城市和农村要互补"这条底线呢?

错觉一:过高的城镇化率预期。

当前,各省城镇化规划所设定的城镇化率目标可以不断地随时间攀升到60%、70%、80%……按照这个路子走,其实是有问题的。

世界上的国家大致可分为两类。一类是人口以外来移民为主,且土地辽阔、地势平坦,比如美国、澳大利亚等。这类国家的城镇化率可以达到85%以上甚至90%。另外一类,比如法国、意大利、德国和日本,曾积累了丰厚的传统农耕文明。他们的城镇化率峰值一般只能达到65%左右。这些国家的人口大都以原住民为主,且地形大多崎岖不平、人多地少。由于这些国家很多市民的祖先来自农村,一般容易发生"逆城市化"现象。

其实,这类"回归田园"的现象在浙江已经发生。在该省,住在城市里的人口是60%,农村里是40%;住在农村的那40%人口中,60%的人是不务农的，只是居住在农村，其中只有40%是真正务农的人口。由此可见，住在农村的人，未必就是务农的。现在大量城市中的老年居民拿了养老金后到农村租一个房子，住在那里养老，呼吸新鲜空气，种点菜、养养家禽……随着农村生活条件的改善，此类现象将日益普遍。

错觉二：迷信私有化的土地政策。

现在有不少学者主张，农民应该把自己的承包地、宅基地和农房卖掉，然后带着所获得的资本到城市中去。这样的先例实际上在拉美、非洲早就出现过，农民因为土地私有化，把土地和房产卖了之后举家迁入城市。

但是，根据联合国人居署的统计，如果这样做，由于大量土地出售而导致的土地价格低廉，会形成资本对土地的廉价掠夺，而农民因此获得的并不多甚至可能非常少。有的刚够支付去城市的路费，却再也回不去了。在强大的资本面前，农民的权益遭受漠视已成定局。

健康的城镇化，应当建立在城乡居民双向自由流动的基础之上。从经济稳定的角度来看，这种城乡互通的人口流动，也是应对全球金融危机最好的办法。2008年的危机曾导致我国沿海城市数千万农民工失业，后因其还可以回乡种地，因危机而生的副作用就弱化了不少。而如果让农民"裸身"进城，有去无回，国家整体经济结构很可能就此失去弹性。

错觉三：将城乡一体化变成城乡"一样化"。

当前，大量的村庄被拆，村庄的数量急剧减少，许多基层干部梦想一步就把农村变成城市、希望因为并村而多出来的土地指标可以在城市中变卖。但是，如今不少所谓"农村里的'城市社区'"都空在那里。这也是一种资源浪费。其所造成的结果不是城乡互补发展，而是"城乡一样化"。"城乡一样化"不仅可能导致宝贵的乡土旅游资源的丧失，也不利于现代化农业的建立。

错觉四：把农业现代化看成单纯的扩大土地规模。

世界上有两种现代化农业规模经济模式：一是土地规模型的农业现代化，追求每一户种几百亩甚至几千亩。这类模式在以移民为主的国家占主导地位。二是在人多地少的原住民国，一般采取以适度规模的社会服务来实现农业现代化。在该模式下，农户种的土地可能只有几十亩甚至更小的规模，但是产前、产中、产后的服务都可以分包出去，由专业企业来提供低成本服务。因此，尽管每户农户拥有的土地不多，却还是可以形成经济效率。这种规模服务型的现代化农业在法国、意大利、日本等国很普遍。

我国绝大多数省比较适宜采用第二种模式。而河南、东三省等地是适用于土地规模型的农业现代化发展路子的。在我国，这两种模式可以并行不悖。其中，自然村落和小城镇无疑可以是建立规模服务型现代农业模式的基地。

城镇空间务必保持紧凑

要想确保我国 18 亿亩耕地的红线不被突破，有一个法宝，那就是城市空间密度要紧凑，达到每平方公里 1 万人。这样的土地利用密度在全世界属于比较高的。如果我们所有的城市，包括新的卫星城建设，都符合这个空间人口密度要求，同时再考虑新增建设用地最好是非耕地或者少用耕地，我们在耕地保护、紧凑发展等方面的目标就实现了。

为什么要在城镇化中期提出城镇空间的密度问题？城镇化跟机动化高度重合的大国例子，一个是美国，另一个就是中国。人们在欧盟旅游时会经常看到，出了城市一步，就是美丽的田园风光，而在美国，却是过了城市还是城市，连绵不断的低密度城市。一般而论，美国的城市破产有两类：一类就是像底特律那样的产业枯竭型；一类是由于城市蔓延，造成基础设施和公用设施的建设费用成倍提高，久而久之导致城市破产。

美国、欧盟在文化上同种同源，但城市化的形态为什么会不一样呢？因为欧盟是城镇化时期在先、汽车进入家庭在后，城市基本保持了紧凑的空间格局。而在美国，是城镇化和机动化同步发生，即出现"车轮上的城市化"，如火如荼的高速公路投资和郊区购房优惠信贷计划则加剧了城市的蔓延。而对我国来说，城镇化和机动化若同步发生将是非常危险的。我们决不能走美国式的所谓"车轮上的城市化"道路。

如果要保持紧凑式的城镇空间密度，需要注意以下几个方面：

第一，在城市规划中尽可能不出现各种功能单一的"区"，而要走向具有复合功能的新城。对于这些新城的数量、坐落和规划，也要严格把关。

第二，防止无序的农村建设用地审批。不少地方农村建设用地管理极为粗放，有些人还提出农村的建设用地要与国有土地同权、同价。如果那样的话，原来规划中用以为农业生产配套服务的建设用地很可能就会被资本扭曲。

第三，工矿用地粗放问题。前几年，各级政府热衷于各类开发区的扩建，造成工矿用地成倍增长，已成为滥占耕地、粗放用地的主要推手之一。

第四，小产权房问题。小产权房其实就是占用农地盖房。换句话说，就是农民不种粮食而改"种房子"以争取收入。小产权房的诱惑力很大，尤其是在地价高的一些城市。这种小产权房建设根本不按照城市规划，建筑质量也无法保证。如果城市就在一重又一重的小产权房建设浪潮中一步步向前蔓延，那就很可能成为一种失控的摊大饼运动，城市低密度蔓延就会产生、加剧。

第五，因高速公路过度建设而导致的大量私家车出行。有人算过一笔账，如果中国走美国式的城市蔓延发展道路，把所有耕地都拿来作停车场、交通道路都不够，由此被耗用的汽油将是3个地球的石油供应量。而这样的错误一旦形成，后人是没法纠正的。美国现在的城市蔓延问题就是奥巴马纠正不了的。他要推动"绿色革命"，号召美国人回到城里住，但应者寥寥。

不能再出现空城

世界上有两种空城：

一种是因产业转移而没落的空城，即原来曾经辉煌过，现在人走楼空，像煤炭城市、资源枯竭城市等，美国底特律就是这样的典型城市之一。

另一种是新建的空城。中国式新的空城是世界建城史上没有过的，是空前的空城模式，是我国特有的一种资源非常浪费的现象。

比如，鄂尔多斯市城镇人口一共46万人，但是盖好的房屋可以住

120万人，如何去找另外的80万人口呢？在其他地方，而且在气候非常恶劣的、离大城市非常遥远的地方，许多新城也拔地而起，如何去找那么多人来住将会是个无解的方程。为什么会造成这种中国特有的新的空城的现象？主要有以下几方面因素。

第一，我国特有的干部异地任用体制。从唐朝以来，中央政府就规定地方县令以上的官职，必须离开自己家乡300里才能担任，这样做有利于政治上的稳定和减少因亲朋好友的包围而滋生腐败，但是这样也难免会带来官员的短期行为，前人举债后人还。世界上没有完美无缺的制度，这些微小的制度缺陷如不注意设防，也会衍生出很多大问题。

第二，我国的城市和国外城市政治和财政制度性质不一样，不能破产。西方城市的政府实质上可看作是一个股份公司，是可以破产的，但是我国的城市无论出于经济上还是政治上考虑都不能破产，一破产就会有严重的连锁反应。正因为我国的城市在理论上不能破产，大部分都是主政者举债由后任及市民归还，形成了以无限举债冲动来进行城市改造、新城建设的模式。

第三，误判城镇化的终点。沿用城镇化早期的经验，以为只要有新城和楼房建起来就会有人来住，没有想到城镇化达到65%以后城镇化过程可能就终结了。出于城镇化后期的今天，一些地方还在大举建设新城，盲目沿用过去成功经验，那就有可能变成毒药一般的错误。

城市史告诉人们，只要新城建设不出现空城现象，就会形成有效的资产，就可以持续拿来抵押负债经营，财政就会稳定。

建设部和财政部合作建设的国家级绿色生态示范区，中央财政有补贴，在遴选的标准中第一条就把有可能出现新城的可能性降到"零"作为必备前提。只要出现一个可能的新城，整个项目马上会被终止，因为不可能拿中央财政的钱来弥补空城的错误。

保护文化遗产和自然遗产

我国的历史文化名城、历史街区，历史文化名镇、名村以及国家风景名胜区都是大地上的精华，要么是大自然留下的瑰宝，要么是5000年灿烂文明史的结晶，如果毁坏了就没有了，保护得好就可源源不断增值，这个道理大家都很清楚，理论上没有人反对。但如遭遇短期利益，不少决策者也会糊涂，这就需要增强中央部委的监督检查措施来克服。

除此之外，城镇化中后期还要十分关注房地产市场的调控，充分利用保障房建设和信贷税收的调控，实现住房投资去杠杆化、去投资品化和去泡沫化。充分利用有限的城镇化剩余期，"以时间换价格空间"，将房地产泡沫扼杀在萌芽状态，确保国民经济和金融体系的安全。

通过上述几个方面的分析，可以看到，健康和谐的城镇化是由市场这只无形的手和政府有形的手相互合理作用的结果。现在最怕政府这只手乱动。如果在大的决策上出现错误或者触动了上面所讲的几条底线，那将来的后果是很难纠正的。

以人为本的城镇化决策是长久之计。这里所说的"以人为本"，不仅是要满足现代人的需要，还要关心下一代的生活发展空间和资源需要。若是自顾自地"寅吃卯粮"，我们这个社会的发展将难以持续。

总之，如果把城镇化看成火车头的话，城乡规划就是轨道，这个轨道要修得比较精密、比较合理，方向要正确，这样的城镇化就能健康发展，才不至于发生上面这几类底线式严重错误。

守住底线，健康城镇化是可能实现的。

以试点创新推动新型城镇化发展 *

2013年年底，中央召开了中央城镇化工作会议，2014年3月又公布了《国家新型城镇化规划》，我们参与了文件起草工作，深知很多改革的内容，都来自于发展改革试点的实践经验。这些年，虽然试点政策不多，

＊ 李铁：《以试点创新推动新型城镇化发展》，《经济参考报》2014年5月16日。

但是在试点过程中发生的事情，所存在的种种体制性的矛盾，或者在城市发展进程中出现的一些偏差，都已经作为经验和教训总结出来，成为政策制定的背景。主要体现在以下一些方面。

通过试点寻找户籍、土地改革出路

第一，户籍制度改革。1996年户籍制度改革就开始了，从最初的56个试点到700多个试点，试点所进行户籍制度改革的探索和遇到的问题，曾经给了我们很大的启示。这次中央坚定不移地推进以人为本的城镇化进程，户改是重要的一项内容。

我相信，户改问题政策的提出，会通过各地因地制宜的实施发生实质性的变化。中西部地区城镇化怎么解决？返乡创业的农民工怎么办？已经在城镇打工的或者包括城镇中低收入人群的危房改造问题怎么处理？三个一亿人问题，以及整个2.5亿农民工的问题怎么办？等等，都可以通过试点找出答案。

第二，土地制度改革。对于土地制度改革，各地试点也进行了实践和探索。比如，我们提出的城乡建设用地增减挂钩，对很多地方的实践起到了实质性的作用。天津华明镇增减挂钩经验的推广，影响到全国政策的实施。再比如，北京允许农村集体经济组织建设公租房问题，一些试点允许农民自行改造城中村，对于未来农村宅基地的管理，农村集体建设用地的制度性变化有直接的影响。还有各地农村土地的确权，农村集体兴办产业园区节约土地利用资源等。国家新型城镇化规划中提出，要通过试点来推动土地制度改革，都是很重要的方面。

行政管理体制改革要有新突破

我国有很多特大镇，这些特大镇改革往哪里走，中央已经做了宏观战略部署，这里有几个问题值得高度重视。

首先，加快推动设市的改革。1997年以后设立县级市的工作就停了，最近又有所放松。国家城镇化规划颁布以后，设市政策有了相应的调整，这个调整意味着达到一定人口规模的镇就可以直接设市。设市涉及到行政管理问题，机构和人员编制等问题，在这方面，浙江做出了很好的探索。浙江小城市改革试点在推进行政管理体制改革过程中起到的作用，在中国城镇化改革历史上留下浓重的一笔，我们将其总结为"小马拉大车"。

过去认为特大镇进行改革是不是要解决相应的机构和编制问题？我们认为情况未必是这样，这种"小政府大社会"应是未来县以下行政机构改革的重要方向。这么少的人员管理这么庞大的规模，这么多的经济总量、企业、外来人口，不但没有给国家增加负担，而且上交了大量的财政，提高了管理效率，虽然存在一些问题，但是其中的重要经验值得认真总结。如果这种制度性的问题得到破解，将来一些特大镇设市的障碍将逐渐化解。

其次，投融资管理体制改革。很多发达小城镇、中小城市的投融资体制改革已经走到前面，一些原来政府负责的基础设施已经逐渐市场化了。大城市在这些领域的改革却严重滞后，特别是地级市、省会城市，地方债务问题非常突出，导致经济发展不得不靠房地产来推动。

如果我们及时调整政策，把那些有收益的基础设施直接转化为民营和外资来管理，政府是不是就不会承担那么多的债务，不会有那么多的负担，地方城市也不会趋向于"摊大饼"的发展模式呢？虽然没有准确的数字，但是在走过很多中小城市、小城镇，和一些地级城市后，我们发现，"摊大饼"的现象在小城市比中等城市少得多。这说明行政能力越强，对于土地财政越依赖，它的资源获取过程中就更多地依靠等级化的权力，而这必然导致发展受到严重约束。所以，怎么纠正城市发展的模式，调整政府的利益机制，来支持市场化改革，更多的还是要吸取小城镇在这些方面的曲折经验。

涉及到城镇化的改革，在试点中还有很多经验值得学习。比如说河北白沟，经过几十年的努力，在低成本的情况下完成了十几万人口聚集。浙江龙岗发展三十几年，形成了各种要素的积累，形成了整个城市发展的活力。这些改革试点大多数属于中小型城市，现在改革面临问题最多的是特大型城市、超大城市、大城市，不仅仅是资源浪费的扩张，户籍制度改革、土地制度改革在这里进行非常艰难，行政体制改革也遇到层层阻力。

现在改革到了深水区，会遇到越来越多的问题。比如说，虽然制订了户籍制度改革的总方向，但是据我们了解，没有哪一个大城市愿意放开户口让农民进城，特别是放开外来农民工的户口。土地改革面临种种压力，如果真正允许农村土地以平等的价格参与城市的发展，地方财政可能会面临严峻危机。如果地方财政面临财务危机，未来债务怎么解决？债务一旦崩盘带来什么后果？如果不解决，房地产无限蔓延也会导致一些地方财政崩盘。土地管理制度改革中，农村宅基地是不是财产权，是否能交换，是否能抵押，集体建设用地和宅基地是否能正常流动，对于农村的发展和农民的财产性收入也会产生深刻影响。

未来如何在中央政策框架下更好地发挥中小城市的作用，给他们和大城市更多平等的发展权限？城市应有平等的竞争机会，只有这样才能使城市在同样的竞争条件下，更有效地配置资源，发挥这些城市的活力，更多地获取中央的政策支持，在未来承接人口转移、农民进城，推进城镇化空间合理配置上发挥更重要作用。

挖掘服务业蕴藏的巨大潜力

第一，产业结构如何调整。很多城市在推进城镇化的时候，把工业作为唯一的发展途径。不过也要看到，现在各个城市在竞争过程中招商引资越来越困难。招商引资必须降低土地成本，还要解决拆迁和基础设施配套问题，政府的压力越来越大，不得不开发房地产弥补招商工业企业带来的损失。另一方面看，工业企业一家独大，带来环境问题、污染问题也是十分突出。传统工业发展必定带来资源浪费、污染问题、碳排放问题。不调整工业结构，地方财政发展、农民就业问题怎么解决？这都是很现实的问题。

从国际上看，服务业发展在城镇化后期占据主导地位。可是我国一些东部地区，城镇化率已达到60%、70%，工业还占主导。服务业蕴藏着巨大的发展潜力，它作为无烟产业在城市管理过程中没有得到重视。很多城市为了自己的形象缺少一些包容性，对于传统的最能够容纳服务业就业的机会采取了严重的排斥。如果我们想走可持续的发展路径，必须要坚定不移地调整产业结构，而调整产业结构的前提是城市要降低发展成本，要给服务业增加更多的空间。很多城市的管理者并没有充分认识到这个问题，他们只是希望更多地改变城市的面貌，但是忘记了城市是为了让人生活更方便。

第二，什么是低碳、生态、绿色城市？很多地方提出低碳、绿色、生态城市的发展路径，但他们没搞清什么是低碳，什么是生态，什么是绿色，最重要的生态、绿色还是提高资源的配置效率，只有增加人口密度才能真正减少碳排放。要调整当前的发展观，增加服务业的比重，使得城市资源效率大幅度提高，减少粗放型发展。

对于智慧城市的概念，很多人认为政府大量投入解决计算机信息化管理就行。事实上，现有的政府人力资源远远不能适应这种技术的需要，真正智慧取决于政府的管理能不能和社会的服务进行广泛的衔接，能不能用 IT 等各种智能方式改变决策过程，使我们更多地利用高技术、利用市场化的机制增加对市民的公共服务。如果把整个城市发展方向矫正到和社会市场化需求结合时，可能我们的智慧城市更具有推广价值，也会有很多的经验总结。

让智慧城市建设成为城镇化新亮点 *

智慧城市建设运用物联网、云计算、大数据、移动互联网等新一代信息技术，促进城市规划、建设、管理和服务的智慧化，是新一代信息技术创新应用与城市转型发展深度融合的产物。就具体内涵而言，智慧城市是

---

* 单志广：《让智慧城市建设成为城镇化新亮点》，《人民日报》2015 年 5 月 31 日。

以推进实体基础设施和信息基础设施相融合、构建城市智能基础设施为基础；以物联网、云计算、大数据、移动互联网等新一代信息技术在城市经济社会发展各领域的充分运用、深度融合为主线；以最大限度地开发、整合、共享和利用各类城市信息资源为核心；以为居民、企业和社会提供及时、互动、高效、智能的信息服务为手段；以促进城市规划管理信息化、基础设施智能化、公共服务便捷化、产业发展现代化、社会治理精细化为宗旨。当前，我国经济发展进入新常态，建设智慧城市既是主动适应经济新常态，提升城市承载能力、促进经济提质增效、提高市民生活品质的现实需要，也是积极引领经济新常态，走中国特色新型城镇化道路，协同推进新型工业化、信息化、城镇化、农业现代化和绿色化的战略抉择。

建设智慧城市有利于提高城市综合承载能力、推进新型城镇化。我国建设智慧城市，根本上是要服务于以人的城镇化为核心的新型城镇化进程，服务于促进解决"三个一亿人"的综合承载问题，即到 2020 年，要解决约 1 亿进城常住的农业转移人口落户城镇，约 1 亿人口的城镇棚户区和城中村改造，约 1 亿人口在中西部地区的城镇化。建设智慧城市，构建城市统一的地理空间框架和时空信息平台，有利于优化城市空间结构和管理格局，统筹推进城市规划、国土利用、城市管网、园林绿化、环境保护等的数字化和精准化，在能源、交通、环境、通信、防灾、给排水和公共安全等方面有效提升城市运行管理的智能化和精细化水平。以此为基础，可以增强城市经济、基础设施、公共服务和资源环境对人口的承载能力，实现城市生产空间集约高效、生活空间宜居舒适、生态空间山清水秀，提高城市可持续发展能力。这对于解决"三个一亿人"的综合承载问题、推进新型城镇化具有重要意义。

建设智慧城市有利于促进城市产业经济提质增效、打造经济增长新引擎。当前，我国城市的产业发展模式正在从以加工制造业为主体向以现代服务产业、新兴产业、智能产业为主体转型。建设智慧城市，将加速物联网、移动互联网等新一代信息技术在城市经济发展各领域的深度应用，大幅促

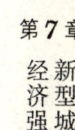

进城市信息资源的网络化共享、集约化整合、协作化开发和高效化利用。这无疑有利于优化社会生产组织协作模式和区域生产力布局，促进城市生产组织方式集约和创新，打造新的产业增长点，增强城市经济活力和竞争力，促进城市经济提质增效和优化升级。据世界银行测算，一个100万以上人口的城市推进智慧城市建设，通过采用全范围的智慧管理，在投入不变的情况下，城市发展的收益将增加2.5至3倍。目前，智慧城市已成为大数据发展的主要载体，成为"互联网+城市"的主要形态。随着大数据和"互联网+"的推进，我国智慧城市将迎来新一轮快速发展机遇，并辐射整个产业链，形成巨大产业规模。另外，围绕国家"一带一路"、京津冀协同发展、长江经济带三大战略和城市群总体规划布局，加强智慧城市群、智慧城市带的统筹规划和衔接配合，有利于提升我国智慧城市产业核心竞争力和"走出去"的能力。

建设智慧城市有利于创新社会治理和公共服务、保障和改善民生。当前，我国城市治理正从粗放型、经验型、公众参与少的城市治理机制向信息化、智能化、多元共治的城市治理机制转型。建设智慧城市，运用大数据等技术，加大数据开放和信息共享力度，有利于创新社会治理模式，改变传统社会治理中的"差不多"现象和"拍脑门"决策，推动形成"用数据说话、用数据决策、用数据管理、用数据创新"的城市管理新方式。这将有效提升城市管理的普适性、可及性和针对性，实现精细化、精准化管理。同时，建设智慧城市将推进社会事业领域的资源整合和信息共享，围绕增强公平性、适应流动性、保证可持续性，在城市管理、创业就业、社会保障、医疗卫生、文化教育、公共安全、交通出行、社区服务等关乎人民群众切身利益的重要领域提供广覆盖、多层次、差异化、高质量的公共服务，促进城乡基本公共服务的普惠化和均等化，不断满足城市居民的物质和精神文化生活需求，提升人民群众的幸福感受。

第 8 章

中国制造 2025，从工业大国走向工业强国

制造业是国民经济的支柱产业，是工业化和现代化的主导力量，是国家安全和人民幸福的物质保障，是衡量一个国家或地区综合经济实力和国际竞争力的重要标志。近十年来，我国制造业持续快速发展，总体规模大幅提升，综合实力不断增强，不仅对国内经济和社会发展做出了重要贡献，而且成为支撑世界经济的重要力量。2013 年，我国制造业产出占世界比重达到 20.8%，连续 4 年保持世界第一大国地位。2014 年，我国工业增加值达到 22.8 万亿元，占 GDP 的比重达到 35.85%。

然而，伴随着"中国制造"享誉世界，我国的制造业发展也面临着一系列不可忽视的问题，如：制造业大而不强，自主创新能力弱，关键核心技术与高端装备对外依存度高，以企业为主体的制造业创新体系不完善；产品档次不高，缺乏世界知名品牌；资源能源利用效率低，环境污染问题较为突出；产业结构不合理，高端装备制造业和生产性服务业发展滞后；信息化水平不高，与工业化融合深度不够；产业国际化程度不高，企业全球化经营能力不足。与此同时，新一代信息技术与制造业深度融合，正在引发影响深远的产业变革，形成新的生产方式、产业形态、商业模式和经济增长点。全球产业竞争格局正在发生重大调整，我国在新一轮发展中面临巨大挑战。

有鉴于此，李克强总理在 2015 年《政府工作报告》中，首次明确提出了"中国制造 2025"战略。2015 年 5 月 8 日，国务院正式印发我国实施制造强国战略第一个十年的行动纲领——《中国制造 2025》，明确了中国制造业发展的战略方针和目标、战略任务和重点、战略支撑和保障等重大问题。这标志着"中

国制造 2025"战略正式进入全面落实新阶段。

2015年10月26日至29日,党的十八届五中全会在北京举行。全会通过的《中共中央关于制定国民经济和社会发展第十三个五年规划的建议》明确指出,加快建设制造强国,实施《中国制造二〇二五》。引导制造业朝着分工细化、协作紧密方向发展,促进信息技术向市场、设计、生产等环节渗透,推动生产方式向柔性、智能、精细转变。

建设制造强国,是主动应对新一轮科技革命和产业变革的重大战略选择,是面对经济发展新常态实现提质增效的客观要求,是实现"两个一百年"奋斗目标和中华民族伟大复兴中国梦的战略支撑。加快建设制造强国,实施《中国制造二〇二五》,是党中央站在增强我国综合国力、提高国际竞争力、保障国家安全和民族复兴的战略高度作出的重大战略决策。

中国制造 2025：迈向制造强国之路 *

工业化是现代化的核心，制造业做大做强是中国完成工业化进程的必由之路。19 世纪中叶以来，中华民族无数仁人志士满怀实业兴国梦想，探寻工业强国之路。新中国成立 60 多年，中国制造起步于一穷二白，筚路蓝缕、从小到大，建立了门类齐全的现代工业体系，规模跃居世界第一，支撑我国实现了从贫穷落后的农业国到现代化工业国、再到具有全球影响力的经济大国的转变。在新的历史时期，以习近平同志为总书记的中央领导集体以全球视野和战略眼光，立足治国理政全局，提出实施制造强国战略。作为未来 10 年引领制造强国建设的行动指南和未来 30 年实现制造强国梦想的纲领性文件，《中国制造 2025》全面开启了中国制造由大变强之路。

瞄准实现"两个一百年"奋斗目标 增强发展制造业的战略定力

党的十八大以来，以习近平同志为总书记的党中央敏锐把握我国经济社会发展的阶段特征和历史变化，生动描绘了全面建成小康社会、实现中华民族伟大复兴中国梦的宏伟蓝图，发出了向实现"两个一百年"奋斗目标进军的时代号召，具有强大的战略统领和目标牵引作用。实现中华民族的奋斗目标，需要保持经济持续发展和社会不断进步。只有发展起来坚实的物质基础，才能让梦想成为现实。

近现代以来，制造业始终是一国经济发展并走向强盛的基础。美、德、日等发达国家的强国之路，均基于规模雄厚、结构优化、创新能力强、发展质量好、产业链国际主导地位突出的强大制造业。许多发展中国家和地

---

* 苗圩：《中国制造 2025：迈向制造强国之路》，《人民日报》2015 年 5 月 26 日。

区摆脱贫穷与落后，实现对发达国家和地区的追赶甚至超越，也是通过推动工业化、发展制造业来实现的。2008年国际金融危机再次证明，没有坚实的制造业支撑，必将导致经济体的不断虚化和弱化。鉴此，发达国家纷纷实施"再工业化"战略，吸引和鼓励高端制造回流本土；新兴经济体不甘落后，希望借助更有利的比较优势，编织制造大国梦想。作为一个拥有十几亿人口的发展中大国，实现"两个一百年"奋斗目标，必须在"双向挤压"的挑战中杀出一条血路，化挑战为机遇，强筋固本、夯实根基。

我国正处于工业化中期向后期过渡的关键阶段。到2020年基本实现工业化、加快建设现代制造强国，已成为我国全面建成小康社会和实现"中国梦"的重要内容。制造业过去是，现在是，而且未来仍将是保证强大经济的支柱和基础，发展制造业的决心不能有丝毫动摇。可以说，中国工业化进程能否顺利推进、势头能否长期保持、在全球竞争中能否脱颖而出，是中国现代化发展进程中的关键一招。习近平总书记强调，"实体经济是国家的本钱，要发展制造业尤其是先进制造业"。我们必须牢牢把握制造业这一立国之本的战略地位，深入实施制造强国战略，落实好《中国制造2025》发展愿景，力争在新中国成立100周年时，建成世界一流制造强国，为实现中华民族伟大复兴提供强有力的战略支撑。

紧扣加快转变发展方式和建立现代产业体系 强化由大变强的方针指引

经过改革开放30多年的高速增长，我国经济已进入以增速换挡、结构转型和动力转换为特征的"新常态"。如何既能保持中高速增长，又能推动产业迈向中高端水平，关键还是要切实转变经济发展方式、推动产业结构的战略性调整。制造业是转方式、调结构的主战场。主动适应和引领经济发展新常态，形成新的增长动力，重点在制造业，难点在制造业，出路也在制造业。《中国制造2025》着眼解决我国制造业面临的突出矛盾和问题，加快建立现代产业体系，提出的指引未来10年乃至30年制造业发展的 20 字基本方针，必须一以贯之地执行。

——坚持创新驱动。创新是制造业发展的主引擎。我国制造业创新能力不强、关键核心技术受制于人、以企业为主体的创新体系不完善、产业共性技术的研发和产业化主体缺失等问题突出。建设制造强国，必须把提高自主创新能力作为中心环节，加快建设国家制造业创新体系，打造有利于创新的制度环境，促使我国成为全球创新的引领者。

——坚持质量为先。高质量是制造业强大的重要标志。近年来中国制造的产品质量和技术水平不断提升，但产品档次不高、缺乏世界知名品牌、领军企业发展不足等问题依然突出。建设制造强国，必须把质量品牌作为生命线，强化企业主体责任，完善政策法规体系、技术标准体系、质量监管体系、先进质量文化，加强质量技术攻关和自主品牌培育，叫响"中国质量"，打造"中国品牌"。

——坚持绿色发展。绿色经济既是大势所趋，也是破解资源、能源和环境约束的关键所在。无论是基于对全球资源的巨大依赖和提升未来制造核心竞争力的考虑，还是顺应人民群众对青山碧水的盼望和要求，推进绿色制造都到了紧迫关口。建设制造强国，必须加快制造业绿色改造升级，全面推行工业节能减排和清洁生产，构建高效、清洁、低碳、循环的绿色制造体系，走生态文明的发展道路。

——坚持结构优化。调整结构、优化布局贯穿于中国制造业发展的全过程。虽然我国逐步形成了完整的产业体系，但结构不合理、产能过剩严重、区域发展同质化等问题仍未得到根本解决。建设制造强国，必须把加快构建高端引领、面向未来的现代产业新体系作为中心任务，推动传统产业向中高端跃升，大力发展高端制造和生产性服务业，促进大中小微企业协调发展，持续优化产业布局，走提质增效的发展道路。

——坚持人才为本。人才队伍是制造强国的根本保障。针对领军人才、高层次技术人才紧缺，缺少一批优秀的企业家、高水平经营管理人才和高素质的专业技能人才等问题，应把人才作为建设制造强国的根本，建立健全科学合理的选人、用人、育人机制，加快建设一支素质优良、结构合理的制造业人才队伍，变"人口红利"为"人才红利"，走人才引领的发展道路。

聚焦应对新一轮科技革命和产业变革 把准产业升级的路径方向

当前，信息技术、新能源、新材料、生物技术等重要领域和前沿方向的革命性突破和交叉融合，正在引发新一轮产业变革，将对全球制造业产生颠覆性的影响，并逐渐改变着全球制造业的发展格局。特别是新一代信息技术与制造业的深度融合，将促进制造模式、生产组织方式和产业形态的深刻变革。以德国工业4.0、美国工业互联网、新工业法国为代表，主要发达国家围绕建立制造竞争优势，加快在信息基础设施、核心技术产业、数据战略资产、以智能制造为核心的网络经济体系等方面进行战略部署，谋求在技术、产业方面继续领先优势，占据高端制造领域全球价值链的有利位置。这无疑将对我国产业结构的升级带来挑战，但也给我国的制造业发展带来重要机遇。

经过长期追赶的沉淀和积累，当今我国在相当一些领域与世界前沿科技的差距都处于历史最小时期，已经有能力并行跟进这一轮科技革命和产业变革，加速实现制造业转型升级和创新发展。《中国制造2025》始终贯穿一个主题，就是加快新一代信息通信技术与制造业的深度融合。与发达国家在工业3.0基础上迈向4.0不同，我国制造业还有相当一部分停留在3.0甚至2.0，只有部分领先行业可比肩4.0。实施《中国制造2025》，必须处理好2.0普及、3.0补课和4.0赶超的关系，强化工业基础能力，提高综合集成水平，以推广智能制造为切入点，培育新型生产方式，推动制造业数字化网络化智能化。

继续做好信息化和工业化深度融合这篇大文章。加快传统产业改造提升，推进行业生产设备的智能化改造，促进移动互联网、云计算、大数据、物联网等信息新技术在企业研发、制造、管理、服务等全流程和全产业链的综合集成应用，提高精准制造、敏捷制造能力，让老树开出新花，做精做强传统产业。加快发展智能制造，推动智能核心装置的深度应用和产业化，构建自主可控、开放有序、富有竞争力的智能制造生态系统，积极打造数字化车间、智能化工厂，提升制造装备和产品智能化水平，让新芽长成大树，做大做强高端产业。大力发展新型信息消费，培育基于工业互联网的新产品新业态新模式，打造充满活力的创业创新生态系统，激发大众创业、万众创新。坚持自主研发和开放合作并举，加快建立现代信息技术产业体系，推进下一代国家信息基础设施建设和通信业转型发展，健全网络和信息安全综合保障体系，为推动两化深度融合、建设网络强国提供基础支撑。

应对经济下行压力和实现"十三五"良好开局 加快重大决策部署落地生根

当前，受"三期叠加"影响，我国经济下行压力持续加大，深层次矛盾凸显，行业之间、地区之间分化明显，部分工业企业生产经营困难，经济运行面临的形势更趋复杂、更加严峻。经济行稳致远，必先夯实根基。实施《中国制造 2025》，打好短期政策与长期战略"组合拳"，不仅有利于巩固制造业这个优势和支柱，增强中国制造"长跑"耐力，而且将激发释放市场活力，培育催生更多新的经济增长点和增长极，为"十三五"良好开局奠定良好基础。

针对当前经济下行压力加大的态势，围绕国家制造业创新中心建设、智能制造、工业强基、绿色发展、高端装备创新等 5 项重大工程，抓紧启动一批需求迫切、前期基础条件好、既利当前又促长远的重点项目，加快形成有效投资，创造新的消费热点，促进产品和技术升级，支持重大装备"走出去"和优势产能国际合作，推动实现"调速不减势、量增质更优"。

面向未来全球竞争的需要，按照"四个全面"战略布局，把实施制造强国战略融入国家整体发展战略之中，与创新驱动发展战略、人才强国战略、对外开放战略、军民融合发展战略、建设网络强国以及"一带一路"等区域发展战略紧密扣合、协同发展。聚焦研发、市场、企业、人才四大产业基础，打造支撑产业中高端迈进的完整政策体系，为企业减负、为制造松绑、为创造护航，营造鼓励脚踏实地、实业致富的社会氛围。

落实好《中国制造2025》，必须发挥好我们的制度优势。要加快建立推进制造强国建设的工作机制，在国家制造强国建设领导小组的统筹协调下，充分发挥战略咨询委员会的决策支撑作用，调动各方力量，瞄准重点领域，狠抓关键环节，实化政策支持，扎实稳步地推进各方面工作。

我们正站在历史与未来的交汇点上，制造强国建设的伟大征程正在清晰地铺展开来。坚持走中国特色新型工业化道路，把战略定力、方针指引、路径方向、政策支撑统一于制造强国"三步走"战略的伟大实践，中国制造由大变强目标一定能够实现。

从三次工业革命看中国制造强国的历史抉择 *

2015年《政府工作报告》提出：要实施"中国制造2025"，坚持创新驱动、智能转型、强化基础、绿色发展，加快从制造大国转向制造强国。这是中国政府在信息技术与制造业深度融合，全球制造业呈数字化、网络化、智能化方向发展的大背景下所做出的重大历史抉择，在中国制造业发展史上具有里程碑式的意义。

三次工业革命的启示

迄今为止，人类社会发生了三次由科学技术引领的工业革命，每一次工业革命，都极大地解放了生产力，使人类福利水平得到飞跃，人类社会

---

* 李金华：《从三次工业革命看中国制造强国的历史抉择》，《光明日报》2015年4月22日。

发生翻天覆地的变化。源起于英国，发生在18世纪60年代至19世纪40年代的第一次工业革命，以蒸汽机的发明和广泛应用为标志，它以机器取代了人力，以大规模的工厂化劳动取代了个体工场的手工劳动，史无前例地解放了人类的生产力，从根本上颠覆了传统的生产方式，同时也改变了社会的生产关系。凭借这次工业革命，英国成为世界上最强大的国家，一些开始工业化的国家在世界范围内抢占原材料市场，倾销其工业品，走上资本主义强国的道路。

19世纪70年代至20世纪初，以电流磁效应、电磁感应以及直流发电机的发明为先导，欧洲爆发了第二次工业革命。伴随着科学技术一系列的重大突破，电灯、电车、电钻、电焊机等电气产品如雨后春笋般问世，汽车、适用于火车和船舶等重型运输工具的柴油机、内燃机车、远洋轮船、飞机以及新兴通讯手段和化学工业等也迅速发展起来，在很大程度上解决了人们的出行和通讯不便的问题，人类由"蒸汽时代"进入"电气时代"，这次工业革命几乎在西方几个发达国家同时进行，其规模更大，范围更广，发展更迅速，极大提升了人类福祉。

20世纪50年代中期至今，人类社会发生了第三次工业革命，这次革命的重要标志是电子计算机的面世、生物工程的发明、空间技术的应用等，涉及新材料、新能源、信息技术、生物技术、海洋技术等诸多领域。与前两次工业革命不同，这次革命的许多重大成果并没有直接作用于人们的日常生活，而是将人类社会带向以往触不可及的更高境界，不仅极大地推动了人类社会、经济、政治、文化领域的变革，也深刻改变了人类的生活方式和思维方式，使人类社会由人受物支配的必然王国向人支配物的自由王国逐步转变。

三次工业革命在源起的时间、地域、标志性事件均有差别，但有一个特征则是共同的，即都是通过生产工具、生产方式的颠覆性变革实现人类劳动的解放，进而从根本上改变人类社会的方方面面，推动人类社会的巨大变革，使人类社会向更高层次迈进。而生产工具、生产方式的变革，本质上也就是制造技术、制造产品的拓荒性、革命性进步。三次工业革命显示，谁在科技、制造革命中占领了先机，谁就跻身于世界强国之列。两百多年来，凭借工业革命崛起的欧美等发达国家，一直就没有停歇于制造业的发展。如2009年4月英国推出了《建设英国未来》，2009年12月美国推出了《重整美国制造业》等。更突出的是，在制造业基础材料、生产工艺和核心技术等方面一直处于世界前端的老牌制造强国德国，于2013年推出了《保障德国制造业的未来：关于实施"工业4.0"战略的建议》（德国工业4.0），旨在利用信息通讯技术和网络物理系统等手段，将制造业向智能化转型，达到制造业全过程的智能化，实现所谓的第四次工业革命。

制造技术的突破、制造领域的革命，是通向世界强国的必由之路，是三次工业革命给当代中国经济社会发展最重要、最根本的启示。

制造强国的历史抉择

自工业革命以来，特别是近半个世纪，发达国家一直高度重视先进制造业的发展，通过所谓的"再工业化"不断占领制造产业发展制高点，主导世界产业发展大势。不断持续的这种状况，给中国国际竞争力的提升形成巨大压力，给中国经济发展构成严峻挑战。中国要成为产业革命的赢家，要成为先进发达的世界强国、世界大国，重要的前提是要成为世界制造强国。

"中国制造2025"是中国政府应对德国工业4.0和发达国家"再工业化"浪潮的顶层设计和行动路线图，是建设制造强国的行动纲领。"中国制造2025"计划，以信息化与工业化深度融合为主线，重点发展新一代信息技术、高档数控机床和机器人、航空航天装备、海洋工程装备及高技术船舶、先进轨道交通装备、节能与新能源汽车、电力装备、新材料、生物医药及高性能医疗器械、农业机械装备等十大领域，推出中国的创造、中国的质量和中国的品牌，这也是一个世界制造强国的重要标志。

实现"中国制造2025"的目标，中国应该拥有自己的核心技术和质量体系。经过10年左右的努力，在战略性、前沿性制造领域，中国应该掌握整机或关键部件的核心技术，拥有自主知识产权，处于这些产品价值链的高端和产业链的核心环节，同时，建立起世界领先的生产技术参数体系，构筑国际公认的制造品质量标准体系，在高端制造和主流制造品方面，建立起"中国质量"信誉，打造"中国制造"标签，引领制造领域重要行业的发展方向。

实现"中国制造2025"的目标，中国应拥有享誉全球的著名企业和著名品牌。一个行业是否处于全球领先地位，最重要的标志就是是否拥有了全球著名的企业和著名品牌。中国在重点突破的制造领域应培育出处于全球顶级地位的著名企业或著名品牌，某些行业的主导产品应占有较大的国际市场份额，拥有全球行业制造品的定价权、质量认证权、国际话语权，重要行业要成为全球发展的旗帜或标杆。

实现"中国制造2025"的目标，中国应拥有强国重器和创造性产品。强国重器或大国重器，是代表世界顶级制造技术的制造产品，体现当代世界最前沿的制造技术，其在一段时期或较长一段时期内，不能为一般国家模仿制造，是独一无二或少有国家才能制造的创造性产品，通常体现为高端重型装备制造品、制造技术最前沿最复杂制造品、拥有核心技术和独立自主知识产权的最先进制造品。要成为名副其实的制造强国，中国在某些制造领域应当拥有独一无二的绝门技术，具备独领风骚的制造能力。

制造强国建设的战略布局 *

经过多年发展，我国工业规模跃居世界前列，在500余种主要工业产品中，我国有220多种产量位居世界第一，在国际标准行业分类的22个行业中，我国的产值均居第一或第二，我国已成为名副其实的工业大国，

---

* 安筱鹏：《制造强国建设的战略布局》，《学习时报》2015年6月22日。

但产业核心竞争力不强,总体竞争实力在全球处于第三梯队。

树立制造业是战略基石的理念

金融危机后各国发展理念和发展战略的调整,无不显示出实体经济的重要性,发达国家致力于长期保持产业竞争优势的力度在加强,国际产业竞争加剧的趋势在强化。实现"两个一百年"目标要牢牢把握发展实体经济这一坚实基础,坚定不移地把工业作为实体经济的主体,突出工业强国在实现"两个一百年"战略目标的地位。提升基础产业发展能力,建立工业共性技术的国家研究开发体系,实施重大工程,着力突破基础材料、基础零部件、基础工艺、基础制造装备瓶颈约束,大力发展3D打印、智能制造等新兴技术和产业,抢占新一轮经济科技竞争制高点。完善工业发展的金融支持环境,完善和规范金融行业服务实体经济的体制机制,创造一个实体经济与虚拟经济相互促进、协调发展的政策和环境。

面对新一轮产业革命带来的机遇和挑战,发达国家纷纷结合自己的国情提出一系列新战略。在新的时代背景下,中国有条件、有基础、有能力走出一条具有中国特色的两化深度融合之路。全球互联网经济正呈现出中美"双子星座"的发展格局,全球互联网企业市值最大的30家企业中,中国有8家、美国有18家。中国在移动终端、通信设备、电子商务、即时通信、搜索引擎等领域正走到世界的前列,并催生出了一系列新技术、新产品、新业态、新模式,形成了大众创业、万众创新的新潮流,激发了全社会活力。在全球产业竞争的格局中,中国信息经济领域赶超的进程、动因、路径、模式独特,这些变革极有可能孕育着一种中国"新经济"的雏形,是我们应该密切关注和紧紧把握的重要机遇。

打造国家产业治理新型能力,是应对当前新一轮产业变革的当务之急。如同工业经济瓦解了传统农业经济的管理体系和运营模式一样,信息化与工业化的融合发展也将会形成一个新的经济运营模式,以及与之相适应的国家产业治理能力,这一能力将内嵌在国家竞争体系,发挥着越来越大的作用。其核心是培育两个基本能力：一是适应性制度的创新能力。跨越发展的背后是技术经济的赶超，也是制度优势的赶超。这需要整个社会形成一种对新技术冲击经济社会影响的快速感知、精准评估、高效决策、实时调整并不断验证优化的新机制。二是复杂经济的管理驾驭能力。两化融合对行业管理提出了新要求，能够妥善处理鼓励创新和加强监管的关系，能够建立一个允许新经济模式不断孕育、发展和扩散的良好环境，建立一种有效管理复杂经济形态的新组织，这也是国家产业治理新型能力的重要组成部分。

智能制造作为主攻方向

把握新一轮产业变革的历史机遇，客观认识中国的优势和挑战，做好制造业强国、两化深度融合的顶层设计，把智能制造业作为应对新一轮产业变革的主攻方向。当前重点是围绕制造业产品、装备、生产、管理和服务智能化发展趋势，依托科技重大专项、技术改造资金以及试点示范，加快智能工厂等新生产组织方式普及。一是研究制定重点行业智能制造单元、智能生产线、智能工厂核心技术和装备自主发展路线图，坚持需求牵引、系统推进的思路，提高重大成套设备及生产线系统集成水平。二是推进重点行业智能制造应用示范，鼓励有条件的企业分类开展智能车间、智能工厂试点。结合行业特点，发展大规模个性化定制、云制造、智能物流管理。三是以构建自主可控的工业操作系统及开放平台、开发工具、通用芯片、系统解决方案为重点，加快构建自主可控的智能制造生态系统。

整合产业资源，把高端装备制造业自主发展能力建设作为突破口。在实践中把握好政府与市场的关系，进一步完善政策环境、健全服务体系、强化产业支撑、建立创新机制，激发企业内生动力。一是增强智能装备国际竞争力。充分发挥大国大市场优势，构建需求链、产业链、供应链、创新链、资金的快速响应与传导机制，加快航空航天、工业机器人、增材制造（3D打印）、工程机械等先进制造技术在生产过程中的应用。二是全面提升制造业产品智能化水平。完善信息技术与制造技术的协同创新机制,发展智能汽车、服务机器人、消费电子、智慧家庭、可穿戴设备等产品,带动制造业产品高端化发展。三是组织实施工业强基工程。针对关键基础材料、核心基础零部件、先进基础工艺、产业技术基础("四基"),支持产业链上下游开展协同创新和联合攻关,系统解决研发、设计、材料、工艺、检测和产业化等关键问题。

创新体制机制,把培育新产品、新业态、新模式作为制造强国建设的重要任务。实施"互联网+"行动计划,以培育新产品、新业态、新模式为主线,增强产业发展活力。一是打造富有活力的创新创业生态,以互联网推进创业创新要素平台化、聚集化和生态化,培育低门槛、广覆盖、有活力的大众创业、万众创新的生产系统。二是支持工业云服务平台建设,推进研发设计、数据管理、工程服务等制造资源的开放共享,推进制造需求和社会化制造资源的无缝对接。三是围绕互联网和制造业融合创新,鼓励发展基于互联网的个性化定制、网络众包、云制造等新型制造模式,引导在线监控诊断、全生命周期管理、总集成总承包、电子商务、供应链金融等服务型制造新业务发展。

夯实产业基础,把构建自主的信息技术产业体系作为建设智能制造的重要支撑。没有自主的信息技术产业体系,就没有智能制造发展的主导权,在中国制造强国建设的道路上,要把构建国际先进、自主可控、安全可靠的信息技术产业体系作为重要任务。一是依托科技重大专项,突破核心电子器件,以及高端芯片、关键工艺、装备、材料的核心技术和产业化瓶颈,加快汽车、医疗、机床、电力、航空等行业应用电子发展。二是大力发展工业软件,重点突破国产研发设计工具、制造执行系统(MES)、可编程控制器(PLC)、产品全生命周期管理(PLM)、工业控制系统、大型管理软件等关键软件。三是加快宽带网络演进升级,推动下一代互联网与移动互联网、物联网、云计算融合发展,促进数据中心、服务器、感知设施与宽带网络的优化匹配和协同发展。四是把握推广下一代互联网(IPv6)

的有利时机，做好行业、企业、设备、产品的IPv6地址配置研究规划，为企业之间、智能设备之间、智能产品之间的信息交互传输奠定基础。

提升保障能力，完善国家制造业创新和信息安全体系。基于泛在互联智能制造生态对标准、信息安全提出更加紧迫的需求，应做到以下几点：一是围绕制造业创新发展的重大共性需求，采取政府与社会资本合作、产学研用产业创新战略联盟等新机制、新模式，建设一批面向区域或全国的制造业创新中心，构建以企业为主体的产学研用协同创新网络。二是研究制定智能制造综合标准化路线图，制定工业互联网应用技术标准和规范，以及工业软件、工业电子等相关产品标准。三是加强能源、电力、核设施、航空航天、先进制造、油气管网等重要领域工业控制系统，以及物联网应用和关键装备的信息安全检查、监管和测评。

构筑中国制造走出去的新优势 *

当今时代，全球新一轮科技革命和产业变革与我国经济发展方式转变形成历史性交汇，国内外经济环境和需求结构深刻调整，国际产业分工体系加速重塑，全球制造业版图正在重构之中。加快构建中国制造走出去新优势，是落实"一带一路"、"中国制造2025"等战略规划和新一轮高水平对外开放决策部署的重要举措，对于我国经济保持中高速增长和迈向中高端水平"双目标"具有现实意义。

一、中国制造走出去站在新的历史起点上

改革开放以来，我国融入世界经济的步伐不断加快，特别是依靠大量劳动力、完善的产业配套、良好的基础设施等优势，迅速崛起成为世界第

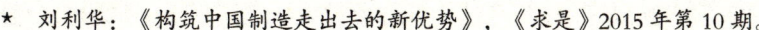

* 刘利华：《构筑中国制造走出去的新优势》，《求是》2015年第10期。

一制造业大国，全球综合竞争力和影响力不断提升。尽管当前中国制造走出去面临着制约因素和现实挑战，但国内外整体环境正在趋稳向好。

多年积淀，为中国制造走出去奠定坚实基础。从规模看，我国制造业规模和产品出口已跃居世界首位，2014年货物出口规模进一步扩大，出口额达14.4万亿元。联合国工业发展组织数据显示，中国工业竞争力指数2012年升至全球第五位。从结构看，出口产品结构进一步优化，机电产品占56%，高新技术产品占29%。服务贸易从小到大，成为对外贸易的重要组成部分。产业资本走出去步伐加快，2014年境外非金融类直接投资接近1200亿美元，与利用外资并驾齐驱。从影响力看，优势产业国际竞争力显著增强，高速轨道交通装备、通信装备、电力装备和工程机械等领域已形成一批具有国际竞争力的企业群体，并在国际市场上崭露头角。

经济新常态，对中国制造走出去提出迫切要求。我国经济发展进入新常态，投资和出口增速明显放缓，模仿型排浪式消费阶段基本结束，要保持经济中高速增长，推动产业迈向中高端水平，重点在制造业，难点在制造业，出路也在制造业。当前，国内产能过剩依然突出，并有从钢铁、水泥、电解铝等行业向光伏、碳纤维等行业蔓延态势，迫切需要加强国际产能合作，加快我国具有比较优势的产业走出去，为制造业转型升级争取时间和空间。同时，推动实施"中国制造2025"战略规划，也要求制造企业积极利用全球资源和市场，通过在境外开展并购和股权投资、建立研发中心或者营销服务体系等方式走出去，提高国际化经营能力，努力扩大国际经贸规则制定的话语权，提升在全球产业链和价值链中的地位，这是从制造大国迈向制造强国的必由之路。

新一轮高水平对外开放，为中国制造走出去开辟广阔空间。适应我国在世界经济舞台上的角色变化，构建开放型经济新体制和全方位对外开放新格局已是既定目标。以世贸组织为核心的多边贸易体系和以自贸区为代表的区域贸易机制，是助力我国制造业走出去的重要平台。继续推动中美、中欧投资协定谈判，大力推进与东亚、东南亚国家之间的自由贸易区建设，深度参与国际贸易规则的制修订，为我国制造企业走出去营造更为宽松的国际环境。"一带一路"战略的实施和亚洲基础设施投资银行的建设，为我国制造企业参与沿线国家基础设施建设和产能合作开辟了新的市场空间。自由贸易试验区从上海向天津、广东和福建拓展，也将大幅提升我国沿海开放水平，为中国制造走出去探索更加有利的体制机制条件。

二、加快中国制造走出去的步伐

新时期推进中国制造走出去，必须贯彻落实中央关于构建全方位对外开放新格局的总体部署，加快从低附加值产品出口向高附加值产品及配套零部件出口转变，从出口产品向输出"产品+服务"转变，从注重能源矿产领域投资向制造与能源资源并重转变，从企业单打独斗向战略协同转变，从企业"扎堆"竞争向拓展多元化市场转变，努力形成产品出口、对外投资和产能合作"三位一体"协同走出去的新格局。

着力打造走出去的综合竞争优势。围绕全球制造业分工版图调整和国内产业转型升级，切实改变以往主要依靠低成本竞争优势走出去的局面，加快构建中国制造综合竞争新优势。通过优化制造业结构，使中国制造成为科技含量高、产品质量好、产业配套全、性价比优的新标签，加快从单一竞争优势向多元竞争优势转变。全面提升中国制造在科研、生产、营销、服务等全产业链的竞争能力，逐渐扭转主要依靠加工制造环节融入全球产业分工体系的局面，加快从产品竞争优势向全产业链竞争优势转变。跳出就产业抓产业的思维定式，着力优化人才培养、基础研究、公共设施、政府服务等产业生态环境，加快从产业竞争优势向产业生态系统竞争优势转变。

更加注重"产品+服务"走出去。围绕国内经济结构战略性调整，不断优化出口结构，提高与出口产品相关的技术指导、维修保养、性能升级等增值服务比重，由大量出口工业制成品向输出高附加值"产品+服务"转变。大力发展众创空间、互联网金融、跨境电子商务等新业态，推动中国制造从低附加值的加工制造环节向高附加值的产品设计、仓储物流、融资服务等"微笑曲线"两端延伸,增强中国制造走出去的核心竞争力和抗风险能力。加快物联网、云计算、大数据等在制造企业研发设计、生产制造、经营管理、销售服务等全流程的集成应用,发展基于互联网的个性化定制、云制造等新型制造模式,促进从产品贸易向服务贸易的转变。加快建设标准统一、开放共享的海外售后服务体系,确保为全球客户提供便捷、完善的就近服务,提升"中国制造+中国服务"的国际竞争力。

大力推动产业资本走出去。围绕化解产能过剩矛盾,抓住实施"一带一路"的战略机遇,加大向沿线国家投资力度,带动我国技术和产品出口,并推动国内优势产能加速转移。依托全球市场,提高资源全球化配置能力,更好满足中亚、东南亚、南美、非洲等正在形成的排浪式消费,实现由"国内生产、全球销售"向"全球生产、就地销售"转变。积极发挥我国传统制造业优势,支持纺织服装、家用电器、装备制造等优势产业走出去,促进冶金、建材等产业对外投资,减少我国对外贸易摩擦并拓展国际市场。发挥我国在经济特区发展、开发区建设和产业园区管理方面的经验,将"中哈产能合作"等打造成国际样板,为我国产能转移创造更加有利的条件,加快中国产业资本走出去步伐。

努力提升走出去的内在品质。围绕落实创新驱动发展战略,大力实施"中国制造 2025",练好内功,抢抓新一轮产业发展制高点,实现中国制造走出去量增质更优。加强走出去产业的创新能力、标准体系、知识产权建设,推动中国制造走出去向中国创造走出去转变。积极拓展高新技术产业的国际市场,加快推动我国轨道交通、电力、通信、工程机械等具有国际比较优势的装备产业走向世界,实现中国制造走出去从低附加值产业向高附加值产业转变。大力发展虚拟设计、智能制造、智慧服务等新业态新模式,增强传统行业在研发、设计、服务等产业链高端环节的竞争能力,推动中国制造走出去从产业链低附加值环节向高附加值环节转变。

加快培育走出去的软实力。围绕实施新一轮高水平对外开放战略布局,在走出去过程中加快塑造中国制造的软实力。加快发展和形成一批具有国际竞争力的大公司和企业集团，成为引领走出去的"领头羊"。推广先进质量管理技术，完善质量监管体系，制定和实施与国际先进水平接轨的质量、安全、卫生、环保及能耗标准，树立中国质量新标杆。加强自主品牌培育，引导企业增强以质量为核心的品牌意识，扩大承载中国符号、中国元素的工业品市场，提升中国品牌的附加值和国际知名度，打造中国制造走出去新名片。建设中国制造走出去的全生命周期绿色产业体系，加强走出去企业社会责任建设，引导企业在东道国积极履行社会就业、环境保护、安全生产、消费者权益等方面的社会责任，大幅提升中国制造走出去的国际美誉度。

三、营造中国制造走出去的良好环境

中国制造走出去已进入升级转段的关键时期，要实现更大范围、更广领域和更高层次走出去，必须进一步优化体制环境，使制造业能够"轻装"走出去、敢于走出去、乐于走出去。

全面深化改革，支持走出去。进一步发挥市场在资源配置中的决定性作用和更好发挥政府作用，破除制约市场主体活力和要素优化配置的障碍，完善价格形成机制和市场退出机制，营造公平开放透明的市场环境。深化行政审批制度改革，进一步减少审批事项，简化审核流程，改进新技术新产品新商业模式的管理方式，制定市场准入负面清单，落实对外投资"备案为主、核准为辅"的管理模式。深化外商投资管理体制改革，进一步放开一般制造业，促进引资、引技、引智相结合。全面深化外汇管理、海关监管、检验检疫管理改革，提高贸易投资便利化水平。

完善服务体系，保障走出去。推动金融与贸易投资深度合作，引导鼓励金融机构走出去，为制造企业开拓国际市场、开展国际并购等提供有效的融资支持。创新出口信用保险产品，大力发展海外投资险，鼓励政策性金融机构扩大出口信用保险规模。发挥政府、行业协会和第三方机构的协作效应，健全法律、信息咨询、领事保护等服务，降低海外投资风险。积

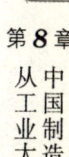

极参加和缔结贸易、投资保护协定,为企业走出去提供长期稳定的营商环境。加强投资、贸易政策与产业政策之间的协调,完善贸易摩擦预警和协同反应机制,改进境外投资评估与监管,保障和规范企业走出去。

深化国际合作,助力走出去。贯彻落实"一带一路"重大战略部署,通过政府推动、企业主导,创新商业模式,积极开展国际产能合作,推进与周边国家基础设施互联互通,对接相关国家的建设和发展需求。推进边境经济合作区、跨境经济合作区建设,在有条件的国家和地区共建工业园区和经贸合作区,推动产业有序"走出去"和集聚式发展。积极参与全球经济治理,发挥政府以及行业协会作用,主动参与国际经贸规则的制定,推动建立和维护均衡、共赢、关注发展的多边贸易机制,为我国企业开拓国际市场提供有力保障。

"互联网+":制造强国的新引擎 *

李克强总理在今年《政府工作报告》中提出,要实施"中国制造2025",坚持创新驱动、智能转型、强化基础、绿色发展,加快从制造大国转向制造强国。我国是制造业大国,也是互联网大国,互联网与制造业融合空间广阔,潜力巨大。实施"互联网+"行动计划,推进互联网和制造业融合深度发展,是建设制造强国的关键之举。

"互联网+"引发制造业发展方式深刻变革

"互联网+"推动生产制造模式变革,智能制造成为新型生产方式。互联网在制造业领域应用日益广泛深入,推动生产制造向着数字化、网络化、智能化方向发展。工业信息系统通过互联网实现互联互通和综合集成,

---

* 罗文:《"互联网+":制造强国的新引擎》,《学习时报》2015 年 4 月 13 日。

促进机器运行、车间配送、企业生产、市场需求之间的实时信息交互，原材料供应、零部件生产、产品集成组装等全生产过程变得更加精准协同。工业云平台成为新型生产设施，为研发设计、加工制造、经营管理等生产经营活动提供资源支撑和服务保障，工业生产要素实现优化整合和高效配置。3D打印重塑产品生产组装方式，虚拟设计、精准制造、数据制造的能力大幅提升。工业大数据应用将贯穿设计、制造、营销、服务全过程，成为生产辅助决策的支撑，更成为企业生产的重要生产要素。

"互联网+"推动产业组织创新，网络化和扁平化成为企业组织结构的新特征。通过利用互联网，工业企业生产分工更加专业和深入，协同制造成为重要的生产组织方式，只有运营总部而没有生产车间的网络企业或虚拟企业开始出现。例如，小米公司总部只有研发设计人员，其生产、物流、销售等业务全部外包给合作企业，并通过互联网与合作伙伴进行业务联系，运营着庞大企业网络。网络众包平台改变了企业的发包模式，发包和承包企业呈现网络虚拟化，承包企业得到了精准遴选，分包项目管理更加精准。电子商务的发展使得企业营销渠道搬到了网上，丰富了产品销售渠道，拓展了销售市场、降低了营销成本。供应链集成创新应用，使每个企业都演化成信息物理系统的一个端点，不同企业的原材料供应、机器运行、产品生产都由网络化系统统一调度和分派，产业链上下游协作日益网络化实时化。

"互联网+"推动产业结构升级，制造业服务化成为产业发展新趋势。制造业服务化发展有三种主要形态：一是工业企业利用互联网开展远程运维、远程监控等信息服务，实现制造服务化转型。如，装备制造企业利用互联网开展装备的远程运维业务，不仅提高了产品附加值，而且实现了从制造产品为主向提供工程承包和远程运维服务的转变。二是工业企业在推广应用互联网的过程中，衍生出信息系统咨询设计、开发集成、运维服务等一系列专业性信息服务企业。三是工业互联网在应用中产生各类平台型服务业，专门为工业企业提供研发设计、生产制造、经营管理、市场销售等互联网信息平台服务，衍生出众筹、众包、众设、行业电子商务等新型信息服务企业。

"互联网+"推动产业创新方式变革，协同创新成为产业技术创新的新模式。互联网突破了地域、组织、技术的界限，整合了政府、企业、协会、院所等优势资源，形成跨领域、网络化的协同创新平台。越来越多的跨国公司通过互联网，将分布在全球各地的研发中心连接在一起，有效提升了跨国研发效率，形成创新资源配置国际化、响应市场需求快速化、整体运行高效化的全球研发创新网络。由德国工程院、弗劳恩霍夫协会、西门子公司等组成的创新网络，整合了基础研究、应用研究、技术开发等多种资源，成为德国实施工业4.0战略的中坚力量。美国推出国家制造业创新网络计划，准备在十年内建成45个面向不同领域的扁平化和自治型的联合创新研究所，目的就是通过建设协同创新网络，确保其在先进制造领域的领先地位。

我国制造强国建设面临新机遇新挑战

"互联网+"为改造提升传统产业提供了巨大空间。互联网时代，企业不再是简单地听取用户需求、解决用户的问题，更重要的是与用户随时互动，并让其参与到需求收集、产品设计、研发测试、生产制造、营销服务等环节。"云""网""端"越来越成为制造企业发展的新基础设施，用户、原料、设备和产品之间可以通过互联网实现实时交互和有效交流，极大地促进了产品、装备、管理、服务和产品智能化水平的提升。如，"互联网+能源"使分布式发电和大规模并网技术实现突破，推动新能源技术步入大规模实用阶段；"互联网+材料"使生物材料、纳米材料等领域不断取得突破，材料智能化趋势日益明显。"互联网+"模式已成为信息经济条件下企业增强竞争力、提升附加值的有力手段。

"互联网+"为发现培育新的增长点带来了难得机遇。随着外贸增长趋缓、内需拉动乏力、人口红利减弱、资源环境压力增大，我国制造业发展动力亟需由主要依赖传统增长领域转向新的增长点。随着互联网与各行各业融合的不断深化，电子商务、众包众创、线上到线下（O2O）等新业态新模式层出不穷，大数据、云计算、物联网、移动互联网、数字医疗、远程教育、位置服务等新产业迅猛发展，成为区域经济发展的新亮点。如，上海发展"四新"经济、浙江发展信息经济、福建发展互联网经济，重点都是抢占互联网时代孕育的新的增长点。我国拥有全球最大的消费市场、世界一流的互联网企业，在新一轮发展中面临难得的历史机遇。

"互联网+"为促进消费升级和激励万众创新创造了良好条件。信息技术特别是互联网的创新应用推动了智能终端、电子商务、在线服务、远程培训等领域消费需求的快速增长。目前，我国拥有6.5亿网民，是美国的两倍；3.6亿网购用户，超过英德意法四国人口总和。如此巨量的市场规模，是任何国家都无法比拟的。如能充分利用好这一优势，培育出几十家甚至上百家阿里巴巴这样的互联网企业，将会极大地提升"中国制造"在全球的竞争地位。根据麦肯锡的研究，每100元网络交易额中，有39%的消费是完全新增出来的。按照这一比例计算，淘宝网2014年2.3万亿元的交易额，激发的新消费贡献将近9000亿元。与此同时，互联网也正在成为大众创业、万众创新的新工具。在网络经济下，不仅供应商、合作伙伴等利益相关者越来越多地参与到企业的价值创造活动中，消费者也可以通过"创客""众筹""众包"等方式获取大量知识信息，参与创新创业。

"互联网+"为制造强国建设带来了重大挑战。当前，互联网技术正处于快速升级、持续换代的发展阶段，由此将带来系统兼容、标准规范、升级维护等一系列潜在风险。我国在网络安全态势感知、网络攻击对抗等核心技术领域的研发能力还较为薄弱，网络安全技术和产品研发不足，总体上仍缺乏应对"震网""火焰"等网络信息安全新威胁的有效手段。针对云计算、物联网、移动互联网等新技术应用的安全防御措施和手段研发不足，对重要信息系统、工业控制系统等使用的国外技术和产品，缺乏有效的安全漏洞检测手段。

大力推进互联网和制造业融合深度发展

加快建设工业互联网。制定和实施工业互联网发展指导意见,绘制工业互联网发展路线图。加快建设低时延、高可靠、广覆盖的工业互联网基础设施,开发面向信息物理系统研发应用的智能控制系统、工业软件和相关工具。推进物联网关键技术研发和应用示范,培育智能检测、全产业链追溯等工业互联网新模式。发展基于互联网的个性化定制、众包设计、云制造等新型制造模式,推动形成基于消费需求动态感知的研发、生产、销售和服务组织方式。发挥互联网企业的优势,引导其加快和制造企业密切融合,建立优势互补、合作共赢的开放型产业生态体系。

大力发展智能制造。面向国民经济重点行业领域,发展智能制造单元、智能生产线、高档数控机床和工业机器人,提高重大成套设备及生产线系统集成水平。结合汽车、装备、电子信息、航空航天、纺织服装等行业特点,发展大规模个性化定制、云制造、智能物流管理。推进重点行业智能制造应用示范,鼓励有条件的企业分类开展智能车间、智能工厂、智能企业试点。进一步完善政策环境、健全服务体系、强化产业支撑、建立创新机制,逐步培育形成智能制造生态系统。

着力培育新型工业组织。引导制造企业革新理念,加快向互联网生产方式转型,建立以用户为中心、平台化服务、社会化参与、开放共享的新型组织模式。建设面向制造业的众创空间,为用户深度参与产品研发设计、生产制造、经营管理、销售服务等全生命周期提供低成本、便利化、全要素、开放式的网络空间和资源共享空间。鼓励引导制造企业积极应用移动电子商务、在线定制、线上到线下(O2O)等新型业务模式。鼓励发展虚拟企业,支持企业通过互联网形成专业化分工、协同制造和产业链竞争等新型组织。

推动制造业服务化转型。引导和支持制造企业围绕拓展产品功能、提升交易效率、增强集成能力、满足深层需求等,向服务环节延伸产业链条,发展在线监控、全生命周期管理、总集成总承包、融资租赁、供应链金融等新业务。大力发展面向制造业的信息技术服务业,加快提高方案设计和综合集成能力。支持融资租赁产品和服务创新,推广大型制造设备、生产线等融资租赁服务。发展壮大第三方物流、节能环保服务、检验检测认证、电子商务、服务外包、专业金融、培训教育等生产性服务业,创新业务协作流程,提高产业链整体效率。

完善国家制造业创新体系。围绕制造业创新发展的重大共性需求,采取政府与社会资本合作、产学研用产业创新战略联盟等新机制、新模式,建设一批面向区域或全国的制造业创新中心,构建以企业为主体的产学研用协同创新网络。支持建设重点行业领域制造业工程数据中心、科学研究和试验重大设施、智能制造创新设计应用中心,促进科技基础条件平台开放共享。着力突破信息产业核心技术瓶颈,加快集成电路、高端通用芯片、基础软件等核心关键技术创新。

增强网络安全保障能力。建立健全信息安全审查制度,加强供应链安全保护,对关键信息基础设施使用的重要技术产品和服务开展安全审查,提高产品和服务安全可控性。加强能源、电力、核设施、航空航天、先进制造、油气管网等重要领域工业控制系统,以及物联网应用和关键装备的信息安全检查、监管和测评,针对大型工控系统加强连接管理、组网管理、配置管理、设备选择与升级管理、数据管理、应急管理等。加大自主知识产权工控系统的研发和产业化支持力度,结合重大科技专项等的实施,发展国产工控芯片、工控操作系统、系统集成技术以及安全防护技术。

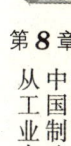

第 8 章 从工业大国走向工业强国 中国制造 2025'

第9章
"互联网+",引领经济发展新形态

从1987年9月中国向世界发出第一封电子邮件到2014年12月中国网民规模达6.49亿,互联网在不到20年的时间里,从鲜有人知到家喻户晓,不仅改变了人们的生活习惯,甚至改变了世界的经济格局。以电子商务为例,2013年中国电子商务交易总额达到10万亿元,其中网络零售超过1.8万亿元,中国首次超越美国成为世界第一大网络零售国。与此同时,网络经济也开始尝试着向传统领域渗透和延伸,加速着传统产业变革与融合。

互联网发展方兴未艾,如何利用互联网改造提升传统产业?党的十八大报告提出了新型工业化、信息化、城镇化、农业现代化"四化"同步的发展战略,2015年《政府工作报告》则更加明确地提出新兴产业和新兴业态是竞争高地。制定"互联网+"行动计划,推动移动互联网、云计算、大数据、物联网等与现代制造业结合,促进电子商务、工业互联网和互联网金融健康发展,引导互联网企业拓展国际市场。这为发展"互联网+"指明了方向和路径。

究竟什么是"互联网+"?在2015年"两会"上提出这一建议的马化腾代表曾说:"互联网+"生态,以互联网平台为基础,将利用信息通信技术(ICT)与各行各业的跨界融合,推动各行业优化、增长、创新、新生。在此过程中,新产品、新业务与新模式会层出不穷,彼此交融,最终呈现出一个"连接一切"(万物互联)的新生态。

"互联网+"有什么效用?笼统地说,其作用可以用三个"创新"来概括:促进产业形态创新;促进思维模式创新;促进生产方式创新。

如何推进"互联网+"?2015年7月,国务院印发的《关于积极推进"互联网+"行动的指导意见》围绕转型升级任务迫切、融合创新特点明显、人民群众最关心的领域，提出了 11 个方面的具体行动，包括"互联网+"创业创新、"互联网+"协同制造、"互联网+"现代农业、"互联网+"智慧能源、"互联网+"普惠金融、"互联网+"益民服务、"互联网+"高效物流、"互联网+"电子商务、"互联网+"便捷交通、"互联网+"绿色生态、"互联网+"人工智能。这无疑为当前和今后一个时期推进"互联网+"指明了具体的行动方向。

《中共中央关于制定国民经济和社会发展第十三个五年规划的建议》指出，拓展网络经济空间。实施"互联网+"行动计划，发展物联网技术和应用，发展分享经济，促进互联网和经济社会融合发展。实施国家大数据战略，推进数据资源开放共享。完善电信普遍服务机制，开展网络提速降费行动，超前布局下一代互联网。推进产业组织、商业模式、供应链、物流链创新，支持基于互联网的各类创新。

推进"互联网+" 加快经济提质增效升级(节选)*

当前,全球互联网发展正进入泛在普及、深度融合、变革创新、引领转型的新阶段,对各国经济社会运行、生产生活方式、公共服务模式正在产生根本性、全局性影响。李克强总理在今年政府工作报告中提出了制定"互联网+"行动计划。我国应把握好"互联网+"的重要历史机遇,增强认识、找准方向,推动移动互联网、云计算、大数据、物联网等与各领域深度融合,打造发展新优势,加快经济提质增效升级。

充分认识"互联网+"的战略意义

互联网具有创新性、通用性、交互性、开放性、共享性等本质属性,具有规模性、扁平性、集聚性、便捷性和普惠性等独特优势。进一步强化互联网背景下经济社会发展的主导权,是国际社会的共同选择。近些年来,发达国家围绕互联网经济的战略布局全面升级,塑造线上发展新优势的国际竞争不断加剧,互联网极有可能重塑经济结构、转换产业竞争主赛场。

"互联网+"是以互联网为经济社会运行的基本载体和关键要素,通过互联网与各领域的融合,不断创造新技术、新产品、新业态和新模式,形成创新驱动、开放共享、结构优化、绿色发展、以人为本的新型经济形态。同传统意义上的信息化相比,"互联网+"更侧重于跨企业、跨行业、跨领域的网络化连接和信息流动,更强调平台化的数据汇集和深度应用。"互联网+"对于我国实施创新驱动发展战略,实现保持中高速增长和迈向中高端水平的"双目标",推动发展成果惠及全民具有重要意义。

第一,"互联网+"引领经济发展新形态,是主动适应新常态的战略

---

* 摘自曹淑敏:《推进"互联网+" 加快经济提质增效升级》,《人民论坛》2015年第6期。

抓手。以互联网为代表的新一代信息技术处于集成创新和跨界融合爆发期，引领新一轮科技革命和产业变革。信息技术与制造、新材料、新能源、生物等领域交叉融合，带动几乎遍及所有领域的群体性技术和产业革命。以用户至上、多方参与、开放共享为基本特征的互联网思维快速渗透。传统企业组织趋向扁平化、网络化，产业组织趋向平台化、生态化。互联网与传统产业加快全面深度融合，消费互联网与产业互联网交织并进，智能制造、工业互联网、能源互联网等新业态孕育突破，网络直销、个性化定制、线上线下聚合等新型商业模式不断涌现。信息资源成为战略性经济资产，互联网经济日益成为主导经济形态。

第二，"互联网+"重构国家创新体系，是创新驱动发展的先导力量。全球创新网络深刻重构，跨领域、跨区域、协同化、网络化的国家创新平台正在兴起，数据驱动型创新成为国家创新发展的关键形式。互联网作为融合创新大平台，不断激发技术与商业模式创新的活力。创新主体互动、创新资源组织和创新成果转化方式更趋全球化，促进形成更开放、更灵活、更快速、更贴近用户的创新发展模式，开启以融合创新、系统创新、大众创新、微创新为突出特征的创新时代。互联网极大降低全社会创业门槛和创新成本，成为大众创业、万众创新的沃土，加快要素驱动向创新驱动转变。

第三，"互联网+"变革公共服务方式，是实现普惠民生的重要途径。互联网加速以人为本的公共服务方式创新，推动民生服务更趋普惠包容。社交网络、移动互联、即时通信、线上线下结合的广泛应用扩展了人际交往空间，网络社会加速形成。互联网成为政民互动的重要渠道，政务微博、政务微信让政府与民众实现"指尖上的对话"。"慕课"、"微课"、翻转课堂等教学新模式不断涌现，加速优质教育资源的社会化开放。远程医疗、在线问诊、移动医疗极大提高医疗卫生服务的可获取性，推动医疗资源纵向流动。便捷、智能的终端设备和一体化服务创新智慧居家养老模式。互联网促进公共服务的资源共享和优化配置，提高质量和效率，提升均等化水平，提高民生服务的普惠程度，让经济发展和改革成果更多更公平惠及全体人民。

推进"互联网+"的重点方向

第一,"互联网+制造业",建设制造强国。我国正处于由制造大国向制造强国转变的关键期,应立足工业现实基础和阶段特点,充分利用以互联网为代表的新一代信息通信技术,提高生产效率,加快转型升级。一是加快培育新模式与新业态。发挥物联网、云计算、大数据等技术的集成创新应用,在消费品和装备领域推广规模化个性定制、服务型制造、众包研发等新模式新业态,向价值链高端延伸。二是加快完善智能制造生态体系。围绕智能装备/智能产品、工业互联网、工业云平台、工业大数据、智能工厂等重点方向,实施智能制造试点示范,研究工业互联网架构、技术和标准。引导工业企业、互联网企业、基础电信企业、IT企业等形成合力,打造智能制造和工业互联网生态体系。三是发展产业协同互联网平台。整合现有行业平台资源,鼓励有条件的企业建设面向全行业的专业化服务平台,促进产业链上下游企业的线上聚集,营造健康有序的融合创新与协同发展环境。

第二,"互联网+服务业",壮大现代服务业。提升服务业在国民经济中的比重,是优化经济结构的重要方向。依托互联网的现代服务业正处于快速发展期,互联网为传统服务业转型升级和跨越发展提供了前所未有的新机遇。加快推动互联网在传统服务业领域的融合渗透,不仅能提升服务效率、优化服务资源配置,还能促进社会分工深化、提升居民生活水平。一是加快生产性服务业领域的互联网应用,积极发展电子商务、互联网金融、智能物流、创意研发等新兴业态,服务引领生产,带动传统产业升级。二是推动互联网在生活服务业领域的融合创新,发展智慧交通、体验式消费、共享经济、在线社区经济、数字内容等新兴业态,激发万亿级消费市场,拓展增长新空间。三是发挥互联网的创新引领和平台支撑作用,发展众创空间、开放平台、众包服务、用户参与设计、大数据分析、新媒体营销等新技术新模式新应用,推动各类创新要素和创业资源的聚集、开放和共享,打造"零边际成本"的创新创业环境,助力大众创业、万众创新,培育经济增长内生动力。

第三,"互联网+农业",促进农业现代化。我国农业生产经营方式粗放,信息化总体水平落后,互联网为破解农业集约经营面临的难题提供了有效途径。一是提升农业生产水平。通过物联网、智能设备等促进农业生产智能化,实现远程感知、生产监测、智能控制等精准作业,助力规模化经营生产。二是提升农业管理服务水平。发挥互联网的协作平台作用,促进农业生产主体及服务机构的网络化管理协同。发展服务于农业管理、预测、决策的云计算开放平台和大数据分析平台,提高农业经营的社会化水平。三是推进农村一二三产业融合发展。利用互联网信息服务平台,挖掘市场需求、优化配置资源、促进农村创新创业,协同发展农业、养殖业、加工业、服务业,优化农村经济结构,提升增长空间。

第四,"互联网+公共服务",惠及社会民生。教育、医疗、养老、社保等公共服务是与大众需求联系最紧密的领域,也是优质资源分布不均最突出的领域,更是涉及部门多、政策壁垒高、协调难度大的领域。发挥互联网优势,带动和促进公共服务领域的网络化、数字化、智能化发展,优化社会资源配置、创新服务供给模式、整合公共服务流程、提升均等服务水平,将有助于建立更加优质、高效、便捷、普惠,以人为核心的公共服务模式。在公共服务使用方面,要利用云计算、大数据等新技术,建立公平、普惠、便捷的智能化平台,创新公共产品生产与公共服务递送方式,提高网络化公共服务的覆盖率、使用率,提升服务效能与公共资源均等分配水平。

在公共服务管理方面,推动与社会民生密切相关的公共信息资源率先开放,支持公共服务机构和各类企业充分挖掘数据,开放线上线下融合的便民应用。降低医疗、教育等领域融合型应用的准入门槛,鼓励健康、养老等领域的智能产品、服务模式先行先试,全面提高经济效益和公民福利。

推进"互联网+"需把握好四大关系

"互联网+"是一个涉及经济社会各领域的战略性、全局性、系统性工程,创新与传统交织、突破与保守博弈、阻力与动力消长。发展格局在潜移默化中调整，行业管理边界趋向模糊，会衍生众多新问题，需要把握好以下四方面关系。

一是政府与市场的关系。推进"互联网+"应充分发挥市场在资源配置中的决定性作用，以市场化机制调动企业积极性，转变市场发展方式，突出市场需求对技术、产品、模式、业态创新的导向作用，增强内生动力。同时，要充分发挥政府的引导作用，深化改革，简政放权，妥善处理创新与监管的关系，提升融合性业务的协同监管水平。以更加包容的态度、更加宽松的环境，激励全社会的创业创新。对事关产业全局的战略性、方向性问题，政府要加强引导扶持，避免碎片化、失去自主创新的发展。

二是线下与线上的关系。互联网在打破信息不对称、降低交易成本、提升效率上具有显著的优势，"互联网+"的重心在被加产业，重点在融合创新，离开实体经济的支撑，"互联网+"就会成为"无源之水、无本之木"。我国处于工业化进程的中后期，工业经济大而不强，要协同好"互联网+"与传统产业自身升级的关系，要认清不同类型、不同阶段、不同区域企业之间的差异性，积极探索适应自身融合发展的路径。高度重视线下线上平衡发展与深度融合，以线上模式创新聚合需求，提升实体经济质量和品牌，夯实基础，迈向中高端；以实体经济网络化转型为契机，改造传统产业，为互联网企业开辟发展新方向。

三是国内和国际的关系。互联网是新时期连通世界的重要纽带，实施"互联网+"要着眼全球化发展。结合"一带一路"等国家战略，整合国际、国内资源，实现国际、国内市场的协同利用，鼓励国内企业复制国内融合应用成功经验，积极拓展国际市场，扩大我国产品、技术、装备、服务在国际市场的占有率，提升全球影响力。在全球化视野中促进自主创新与开放合作。利用国内新一代信息技术优势，积极发起或参与全球互联网经济规则、融合性技术标准、知识产权等方面的交流合作，提高国际规则制定的主动权和话语权。

四是发展与安全的关系。以安全保发展，以发展促安全，二者应协调一致、齐头并进。新形势下，要加快提升我国互联网技术产业、网络基础设施的服务水平，打造泛在连接、高速传送、海量存储、高效安全的网络环境，夯实"互联网+"基础，努力建设网络强国。同时，跟踪研究工业互联网、智能电网、互联网金融等涉及关键基础设施或关系国计民生的重要应用可能带来新的安全问题，完善法律法规和管理制度，加强各类服务平台和数据管理，保障产业融合安全。

"互联网+"时代的"四三二一"战略 *

2015年"两会"上，李克强总理在《政府工作报告》中强调了"互联网+"行动计划，旨在进一步发挥互联网在产业升级和结构优化中的有效作用，引发了社会热议。

笔者认为，要真正发挥"互联网+"对于我国经济社会发展的重要作用，需要把握"四三二一"的战略思路，即：完善互联网在经济社会发展中的四大功能、健全三大体系、实现两大转变、达到一个最终目标。

四大功能

所谓四大功能，主要是指从理论层面看，互联网信息技术究竟能给经济社会运行带来怎样的变化。互联网信息技术已经体现出这些功能，其能否发挥更大作用，也取决于如何继续提升这些功能的实现程度。

完善互联网的宏观经济功能。一是降低经济中的搜索成本。在经济运行中，为了改变决策的不确定性，企业或个人必须进行信息搜寻，但信息搜寻是要付出代价和成本的。可以看到，互联网信息技术的发展从根本上改变着信息传递速度、渠道与方式，对降低搜寻成本起到重要作用。二是

---

* 杨涛：《"互联网+"时代的"四三二一"战略》，《中国党政干部论坛》2015年第5期。

提升经济中的匹配效率。经济中的匹配问题贯穿于生产、分配、交换、消费的各个环节,如配置效率(Allocative Efficiency)是指以投入要素的最佳组合来生产出"最优的"产品数量组合,网络化、智能化改造对于提高生产率来说至关重要。再如,互联网信息技术的兴起使得商业交易匹配完成的概率更高。三是降低狭义交易费用。一般认为,交易费用可分为广义和狭义两种。广义交易费用是为了达成交易冲破一切阻碍所需要的有形及无形的成本。狭义交易费用是指市场交易费用,是为履行契约所付出的时间和努力。互联网打破了有形市场的时空局限,并一定程度上缓解了信息不对称,因此能有效推动交易更顺利进行。四是外部性和网络效应。网络外部性是新经济中的重要概念,是指连接到一个网络的价值取决于已经连接到该网络的其他人的数量。通俗地说,就是每个用户从使用某产品中得到的效用,与用户的总数量有关。用户人数越多,每个用户得到的效用就越高,网络中每个人的价值被网络中其他人的数量所影响。这也就意味着网络用户数量的增长,将会带动用户总所得效用的平方级增长。

完善互联网的微观经济功能。这主要是发挥互联网信息技术对于企业内部的信息管理、激励约束机制、技术进步和治理环境的积极作用。当前中国经济新常态下的诸多矛盾,表面上看是宏观经济的失衡、失速等问题,从深层次上看则是微观企业主体出了许多问题,如技术创新力不足、管理机制落后、企业文化扭曲等。有人认为这也是当前整个中国转轨期的大背景和新型商业文化缺位所致,但从微观着手,充分利用互联网信息技术来推动企业主体进行开放式、现代化、规范化的改造,则有助于解决这一"鸡生蛋、蛋生鸡"的矛盾。

完善互联网的制度经济学功能。学者主要用三类理论解释经济增长:新古典增长理论、内生增长理论和制度变迁理论。自从20世纪70年代中期以来,新制度经济学派对于技术革命、经济增长乃至国家的兴衰都有了新的解释。其中,制度被定义为规范人的行为规则,有正式制度与非正式制度之分。前者是法律、法规、政策、规章等确定的,新制度经济学认为它是人们可以选择和改变的内生变量;后者包括风俗、习惯、意识形态等,它们是不能被随意改变的、有自然内在逻辑的事物。在信息高速流动和传播的时代,传统的各类制度规则都遭遇挑战,在动态变化中逐渐走向新的制度"均衡",对于推动我国经济持续增长来说,其重要性不言而喻。

完善互联网的经济伦理功能。经济伦理学是从伦理方面对经济制度、经济组织和经济关系的一种系统研究。就此角度而言,市场经济不仅是经济的,更是伦理的;它是以人为本的经济,是公平的经济,是多赢的经济。信息时代既给新的伦理道德体系构建创造了多元化的前提,也对市场经济中的传统伦理价值带来某些挑战和负面冲击。如何在市场经济环境中发挥互联网对经济伦理的促进作用,成为我国能否走向现代化社会的关键。

三大体系

保障互联网经济有效运行、实现共赢、服务不同产业部门需要三大体系支撑。

多层次的互联网平台生态体系。我们看到,在传统单边市场中,消费者通常在竞争性厂商的产品中选择购买一个使用,而在双边市场中若存在两个或两个以上的平台时,如果平台没有排他性交易行为,消费者就可通过选择接入多个平台同时购买多个竞争性平台的产品或服务,以获取最大的网络效用。由此看到,为了更好地服务于消费者和实现共赢,互联网时代的平台经济发展不应该走向排斥、排他和垄断,而是构建理性竞争与协同共赢的生态体系。此平台体系由诸多不同规模和层面的互联网平台企业组成,这些平台都具有以下基本特点:一是开放性,即打造组织开放、技术开放、产品开放的新型平台经济模式,增加参与者(平台内部参与者、平台竞争参与者),通过适度开放,做大市场"蛋糕";二是综合性,例如,在银行卡、网络支付等领域,支付服务本身的"蛋糕"相对来说是有限的,各国都是如此,参与主体的盈利模式也绕不开既有定价机制,真正能够把"蛋糕"做大的方向,是建立在支付平台、产业链基础上的多元化增值服务;

三是国际化,即未来的互联网平台的重心实际上是服务于走出去的中国经济、引进来的海外经济乃至自身走出国门进入国外市场,打造跨境平台服务生态圈。

领先的技术与市场规则标准体系。我国传统产业和互联网信息产业都面临一个共同的难题,即缺乏技术与市场规则标准。这一方面阻碍了国内产业的发展壮大,例如,作为最具发展潜力的移动支付产业,在国内的发展仍然有很多障碍,其根源之一就是长期缺乏规范、统一的技术标准和安全标准。虽然2014年5月1日通过了移动支付技术的国家标准,但在金融支付方面,涉及众多市场主体、"山头林立"的行业整合短期内恐难解决。又比如,国内很多行业的"走出去"遇到困难,一大障碍也是缺乏统一规范的外文版的中国标准。只有标准"走出去",才是真正意义上的"走出去"。经济全球化的发展,国际化的技术标准日益成为国际竞争的制高点。互联网产业是我国在全球能够"拿得出手"的产业,应该努力向全球输出各类"行业"和"技术"标准,真正提高我国的经济话语权。

信息安全与消费者保护体系。信息时代的信息安全与消费者保护面临更大挑战。例如,网络信息技术的高速发展给老百姓带来很多便利,但与此同时也产生了类似垃圾短信的"副产品"。就全球来看,在个人信息保护法案完善后,许多国家在治理垃圾短信时就有了明确依据,在相关立法中不仅明晰了各类主体的责任和义务,还对违法行为确定了高额罚款、获刑入罪等明确的处罚手段。

应该说,在数据信息被高度发掘的时代,一方面,各类新兴互联网企业成为主力;另一方面,传统企业也在着力跟随,其根本动力都是在于发掘新的商业利润来源,以弥补中国经济转型期的投资迷茫。在此过程中,对于个人的利益和诉求还缺乏合理的认识和定位。虽然大数据对于进一步理解和服务消费者有重要作用,但是从其他方面看,一是无序的、低效的、无用的信息轰炸往往给个人带来"信息过度"的不佳体验;二是在数据成为财富的狂热驱动下,对于个人信息权利的侵犯几乎无处不在,尤其在我国缺乏个人信息保护规则的条件下，数据渴望和采集很可能成为激怒消费者的动因，且拉大了与真正的消费者主权社会的距离。可以说，在信息爆炸的时代，信息可能成为"财富"，也可能变成"垃圾"，在我们逐渐转向消费者主权社会的过程中，"互联网+"更需要高度重视保护消费者的利益，推动客户利益导向的商业模式创新。

两大转变

所谓两大转变，是互联网信息产业与其他部门的结合方式，需要实现"双向互动"。

传统产业的信息化改造。近年来，虽然在信息化基础上我国改造提升传统产业的步伐不断加快，但是还远没有从根本上推动现有产业结构的优化。由于种种因素制约，我国产业调整仍然非常缓慢，不仅三次产业结构之间难以协调，而且各产业内部也亟须从低端转向高端，同时城乡之间的产业配置差异也逐渐增大。所有这些，都对生产效率、就业与福利、低碳增长等带来很大的负面冲击。

实际上，离开了传统产业优化的支撑，互联网信息产业就会成为"无源之水、无木之本"，多年的全球经济演变已经证明了这一点。德国的工业4.0模式，就体现了在新兴制造业发展的"主干"上，信息化改造能够带来生产效率和产业生命力的巨大提升。尤其对我国来说，产业优化不应只考虑三次产业间的替代。近十年来，全球发展中国家的第三产业生产率增速开始超越第二产业，在此背景下推动产业转型，虽然可避免生产率与增长的趋势性下滑，但也要注意转向生产性、高端的服务业，而非低端的消费服务业，以避免产业转型的"拉美陷阱"。实际上，在国内部分发达城市，已经出现了这种低效产业升级带来的生产效率下降。因此，在我国农业、工业内部的升级可能更加重要，这就给传统产业的信息化、智能化发展提供了巨大需求和压力，而互联网信息技术也在其中大有可为。

新型信息产业的"落地生根"。我们看到,与德国模式不同的是,美国互联网信息产业发展似乎与我国当前有类似之处,有更多纯粹的互联网新业态模式,但是在2000年网络泡沫危机的冲击下,部分互联网企业也更着眼于"回归传统",以主动改造和融合传统产业为重心。在2008年金融危机之后,美国"制造业回归"的趋势进一步与"大数据时代"的国家战略相结合,推动了这一演进过程。实际上,互联网信息时代带来许多产业变革,一是基于互联网基础上的新的业态和新的商业模式不断涌现,二是基于软件和信息服务业、云计算、大数据等新型业态条件下的生产性服务业得到了快速发展。从长期来看,如果这些产业只着眼于特定领域的"自我游戏",其生命力也必将有限。例如,当电子商务平台满足于B2C时,只是一个销售渠道而已;如果在C2B模式下介入生产环节,就对于整个产业链格局、企业生产和库存效率等产生复杂的影响,从而深刻改变现有各类产业部门。

一个最终目标

所谓一个最终目标,就是促使中国经济社会走向更高层次的数字化管理。对于一个数字化管理的社会来说,必然会在经济社会发展中日趋走向理性,而且能够充分运用互联网信息数据的巨大财富。例如,大数据、金融信息与信用管理之间具有天生的内在联系,尤其是随着发达国家的小微企业融资和消费金融的迅速发展,金融信息管理日益与信用管理结合起来,多层次的信用信息供给体系更加完善,这对于推动金融交易效率、降低成本和风险起到了重要作用。应该说,依托互联网环境我们更容易发掘、集聚信息和低成本地建设金融交易信息基础。如运用大数据方法通过构建小微企业信用评估体系,从而有效支持小微企业融资。当然与国外相比,国内的社会信用管理、金融信息管理都还处于起步阶段,但也出现了部分积极的探索,部分电商企业充分运用客户信息支撑,开展网络信用评价与供应链金融创新。所谓"人无信不立",经济、社会、金融的健康运行,也离不开健全的金融信用环境，互联网信息时代的公开、透明与大数据积累，为公共部门、企业部门、金融部门、居民部门的信用建设与高效管理都提供了重要支撑。

还需强调的是，在走向"数字化"社会过程中，还要注意直面互联网信息技术可能带来的风险与挑战。我们知道，信息不对称的后果是扭曲了市场机制的作用，误导了市场信息，造成市场失灵。如果处在普遍的信息数据缺乏状态下，经济行为的不确定性也会增加，往往会降低市场效率。反之也是过犹不及，即便是20世纪末所谓的"信息爆炸"年代，也没有当前阶段如此快速的信息积累。据统计，互联网上的数据每两年翻一番，而全球绝大多数数据都是最近几年才产生的。面对似乎逐渐"供大于求"的数据，如何找到有用的信息成为利用大数据的关键问题。在现实中，对于一哄而上追求"互联网思维"的企业来说，也需要冷静思考在信息过度充分的年代，如何把互联网信息、数据、渠道变成真正的长期市场价值。

国家治理体系包括经济、政治、文化、社会、生态文明等领域的体制机制建设，而互联网信息时代日新月异的变革与这些领域都是密不可分的。从根本上看，互联网信息技术、渠道、制度、文化等都是落实国家治理体系建设的重要工具和载体。落实国家治理体系建设要正确应对国内经济转型、结构调整与改革矛盾，优化对外经济结构，在国际游戏规则制定中掌握更大话语权等。这些都意味着中国要以新的思路融入国际合作中，在中国特色的网络经济、电商经济发展环境下，找到一条互联网信息技术与传统产业的共赢道路。

总之，"互联网+"意味着我国互联网产业和企业的发展应该越过初始的"草根阶段"及其后的"江湖阶段"，逐步迈入"理性阶段"，在摒弃无序竞争、吸引眼球、资本游戏等元素之后，更多体现为"国家责任、社会责任、产业责任、草根责任"，在全球成为中国品牌形象中更加正面和积极的要素。

"互联网+":到底能够加什么

近段时间,"互联网+"成为经济新常态下备受关注的兴奋点。

"互联网+",加什么?很容易想到科技、经济、社会和管理层面的方方面面;"互联网+",用什么来加?有三个方面,即互联网背景、互联网手段、互联网思维。把这三个方面的增量因素搞清楚了,有利于把握"互联网+"的特别意义。

讲互联网背景,主要是从环境视角看的,即全球性互联互通的背景。全球化进程中有三件大事:一是航海与新大陆的发现,二是跨国公司的发展,三是互联网的应用。前两大事件对全球化进程产生了重大而深远的影响。互联网则使全球范围内的生产社会化达到了空前的高度:信息、技术以至社会生活的能见度空前提高;企业、社会组织、个人之间的联系与互动空前便捷。互联网时代,社会化大生产之"大",信息资源、参与的组织和个人之"多",信息传播迅速、互动便捷,选择和重组变化之"快",前所未有。

讲互联网手段,主要是从技术层面理解的。任何一项新技术从不同视角观察,会得出不同的结论。从是否认识驾驭并积极有效地运用看,认识了、能驾驭,主动地去运用,就会事半功倍;相反,就会落后,甚至被淘汰。有的人认为互联网太复杂,甚至带来麻烦,所以不信、不理、不用,结果肯定是被动。同时,任何新技术的应用,都有一个趋利避害的问题。打个比方,现在四通八达的高速公路,很方便,行车速度加快了,坐车也平稳舒适了,但是把握不好也会出事故,而且事故往往带来的损失更大。但是,不能因此就退回去走石头路,甚至坐马车走土路,唯一的选择是把刹车装

★ 尹汉宁:《"互联网+":到底能够加什么》,《人民日报》2015年4月16日。

好，把交通规则制定好，遵从交通规则，小心驾驶。

作为先进技术、先进工具的互联网，用于建设和发展是积极正面的，用于攻击和毁损是消极负面的。既要积极有效地使用互联网这一先进工具，推动经济社会发展，推动企业、组织和个人的发展，又要建立良好秩序，采取安全保护措施，防范由于破坏性运用所带来的被动和伤害。

讲互联网思维，是就人的主观能动性而言的，这或许是"互联网+"的最重要内容。互联网思维至少有这样6个方面：一是开放的思维，这是由互联网互联互通本质特征所决定的。二是联系的思维，通过互联网，全世界不分民族、国家、地域，都被联系在一起，不论是熟悉的还是陌生的，人与人也被联系在一起。三是选优的思维，信息海量呈现与流动组合的过程，就是比较优选的过程。四是集合协同的思维，高度社会化，使分工进一步细化，也使协同创新显得必要和可能。五是创新创造的思维，互联网运行的一个显著特征是加速度出新，加速度淘汰。六是效率效能的思维，以快取胜、以优取胜、以特取胜、以超常规取胜，是互联网背景下的明智选择。

"互联网+"：既是加法，更是乘法。它不仅是在现行的科技、经济和社会管理层面量的累积，更是一种科学地驾驭技术、利用技术基础上的提速、提质、提效，是对新事物的辩证趋利避害，是利用新技术的全方位创新，必将为转型升级赢得新的窗口和机遇。

"互联网+"催生社会治理新变革 *

2015年中央政府工作报告提出制定"互联网+"行动计划的重要举措，不仅对现代制造、电子商务、金融行业等经济部门将产生重大影响，也会

---

* 顾严：《"互联网+"催生社会治理新变革》，《中国青年报》2015年4月29日

在社会治理领域催生新的变革，打破长期以来制约社会创新的藩篱，激发社会新活力。

社会组织数量的多寡，是衡量社会发展程度高低和社会治理结构优劣的参考标准。在过去双重管理的体制下，任何机构、团体或个人要想在内地成立社会组织，既要找到业务主管单位来"挂靠"，又要得到登记管理机关（通常是民政部门）的批准。颇高的登记注册门槛，严重阻碍了社会组织规模的扩大。截至2012年底，内地共有社会组织49.9万个，每万人拥有社会组织仅3.7个，该水平仅相当于新加坡的1/4、香港的1/8、美国的1/17、日本的1/26。

2013年《国务院机构改革和职能转变方案》明确提出，启动实施四类社会组织的直接登记试点——行业协会商会类、科技类、公益慈善类和城乡社区服务类社会组织，可以依法直接向民政部门申请登记，不再经由业务主管单位审查和管理。体制束缚的松动带来社会组织数量的加速增长，短短两年的时间，内地社会组织总量增加了10万多个，2014年底首次突破60万个。然而，每万人拥有4.4个社会组织的水平，仍然只是新加坡的1/3、香港的1/6、美国的1/14、日本的1/22。

互联网特别是移动互联网的迅猛发展，给社会组织提供了线上大规模孕育和超常规成长的历史机遇。2014年底，腾讯微信用户已达到5亿个。如果平均每两个用户中有一个加入微信群、群平均成员规模为200个，简单匡算，作为无需登记的线上社会组织的微信群共有125万个——这一规模是线下实际登记社会组织总量的2倍多。同期，腾讯QQ月活跃账户超过8亿个，按照相同的匡算方法估计，QQ群超过200万个。仅腾讯一家公司的两个APP平台，就孵化形成了总量相当于线下5至6倍的线上社会组织。

如果线上社会组织的功能只是停留在互联网上的沟通，那么它们对现实社会的影响还是非常有限的，对社会治理的作用也是间接的。不过，越来越多的案例表明，线上社会组织绝不满足仅仅充当赛博空间上的虚拟组织，而是与线下活动紧密互动，正在成为对实际行为、生活方式乃至成员命运施以直接影响的重要团体。如雨后春笋般出现的"跑步群",既在线上交流跑步技术和经验,又在线下实际组织形式多样的跑步活动。线上的倡议很容易转化为线下的行动,线下出现的情景和发生的故事则更容易转化为线上的各种"晒"和"八卦",有时二者甚至是没有"时差"的。

很多看上去十分松散的线上社会组织,实际上已经具备在关键时刻发挥紧急动员作用的能力。笔者所在的一个大学校友微信群,近期曾经迅速行动,帮助孩子罹患罕见并发症的一位校友,在海外找到并空运回救命的特效药。从患儿父亲发微信求助到药品运抵首都机场,用时还不到22个小时。

线上社会组织发起的众筹活动方兴未艾,利用互联网平台开展的P2P扶贫、P2P慈善、P2P志愿服务等,也正在蓬勃发展。包括教育、卫生、养老等在内的社会服务,既是公共服务的核心表征,也是社会活力从市场化、产业化视角的集中体现。近年来,内地社会服务保持了较快的发展速度,但也存在着资本进入不足、进而导致总量规模偏小的突出问题。

服务人才严重紧缺,是制约社会服务发展的最大瓶颈。北京某著名儿科医院,近五年来门诊量翻了一番,医护人员编制却未增加一个。与医疗卫生领域类似,教育领域出现了师资紧缺造成的"大班额"现象,养老领域则产生了护理员紧缺带来的养老机构"一床难求"与床位大量空置并存的矛盾。而"互联网+社会服务"的新模式,则可以在短期内难以形成大规模服务者队伍的情况下,大幅提高服务供给能力。

远程教育、远程医疗等,已经为人们耳熟能详,可以看作是初级版的"互联网+社会服务"。智慧医疗、智能养老等则是升级版。

互联互通的智慧医疗系统,可以授权医生获得病人就诊历史、治疗方案以及保险报销等一系列信息,大大减少医患之间无效和低效的沟通时间,最大限度避免遗漏和错报重要信息,进而提升诊疗的效率和准确性。

利用医疗大数据系统,不仅能够对个体病情变化的各种可能性进行预判,还能对重大公共卫生事件提前作出反应——谷歌公司的"flutrends"项目挖掘搜索引擎的海量信息,每天都在更新其流感趋势预测;而美国官方的疾病

第9章 "互联网+",引领经济发展新形态

控制和预防中心则需要几个星期的时间，来整理并发布类似的报告。

更短的诊疗时间、更适宜的治疗方案、更及时的疾病预防，可以在服务人员不增加的情况下，数倍地提高医疗服务量。通过"互联网+"的技术应用，还可以在普通的社区卫生服务站与高水平的大型综合医院之间，建立有效衔接的机制，分享经验，开展培训，便捷转诊，联合会诊，极大增强农村和城市基层的医疗服务能力。

建立在互联网信息平台和物联网技术基础上的智能养老系统，对居家、社区、机构三类养老方式，都有着深刻的影响。家属和医生可以通过远程提醒，确保居家生活的老年人规律生活、健康饮食、按时服药。老年人摔倒时、需要帮助时、忘记关掉燃气煤气时，以物联网相连的设备可以自动报警、发出求救信号、远程关闭隐患设备。借助便携式血压计、心动仪甚至是改装后的马桶，可以动态监测老年人健康状况，自动更新电子化健康档案，对下一步体检及诊疗提出建议，并把血压、心率、尿检数据的异常信息及时传输给医疗机构。

社区养老服务机构可以建立呼叫中心，一方面整合接入养老服务供应商，根据老年人的需求派单，提供上门服务；另一方面实时掌握独居空巢、失能半失能等特殊老年人的状况，必要时提供紧急救援。养老服务机构则可以利用智能控制系统，实现日常照料服务的自动化，降低护理人员的工作强度和难度，同时提升其体面劳动的程度，节省并保持必要的养老服务人力资源。"互联网+养老服务"还能促进不同养老方式间的有机联系和融合发展，统筹养老服务资源，提高综合利用效益。

此外，社会应急、社会治安、生产及食品药品安全等社会安全的诸多领域，都有应用"互联网+"的巨大潜力。2013年4月20日芦山地震发生当天，工程机械制造企业中联重科就通过GPS系统监测到，距离雅安50公里范围内，有其生产的吊车、起重机、挖掘机等100多台。该企业总部立即布置各有关事业部，第一时间联系拥有这些设备的客户，第一时间组织协调他们参与救援。中联重科成为最先到达现场开展施救和抢修设施的企业之一。依托物联网的强大力量，社会应急具备了远程监测、远程响应、远程指挥的能力。

推而广之，"互联网+"将使社会治安的立体化防控、安全生产的全方位强化、食品药品安全的全过程保障等能力显著增强。很多人还清晰地记得2011年5月白宫公布的一张照片，展示了奥巴马总统坐在办公室里指挥击毙拉登的情景，那是美国版的"互联网+立体化反恐"。而2014年12月31日不幸发生的上海外滩踩踏事件，本来可以通过对区域人群热力、手机信号强度、地图搜索请求等的动态监测及大数据分析，及时预判预警，果断采取预案措施，从而避免不幸的发生。

在食品药品安全领域，利用互联网平台，加快解决监管部门、生产企业、销售渠道、终端消费者之间的信息不对称问题，同时推动物联网、云计算、移动互联网、大数据等新一代信息技术的应用，也有着广阔前景。

但科技是把双刃剑，变革亦有两面性。在增强社会活力、提升社会服务、促进社会安全的同时，"互联网+"也会带来社会不稳定因素传导加速、社会公众隐私权易受侵害、以及由数字鸿沟导致新的社会不公平等问题。如何趋利避害，充分发挥积极作用，有效防控潜在风险，是"互联网+社会治理"必须提前做好的功课。

发挥政府部门推动作用 释放"互联网+"红利*

2015年的《政府工作报告》中，"互联网+"行动计划的提出令各界为之一振，对"互联网+"可能带来的美好前景充满了期待。

民间对"互联网+"纷纷尝试解读，各地政府部门也开展研讨、紧锣

---

* 高红冰：《发挥政府部门推动作用 释放"互联网+"红利》，《中国党政干部论坛》2015年第6期。

密鼓地制订区域层次行动计划，以期发挥积极推动作用、释放"互联网+"红利。如何让良好意图形成有效力量，达成让各方受益的成果，成为各地政府部门决策者关心的问题。认清"互联网+"的本质、明确其动力之源、了解各行业突破的难易、提出应对要点是当务之急。

"互联网+"的本质

明确"互联网+"的本质，是为了应对认识上的误区，否则相应的行动计划将偏离正确方向，欲速则不达。

"互联网+"中的"+"号，表达的不是"加号"，而是"化"的意思。所以互联网+各个产业部门，不是简单地用互联网从"物理"上连接各产业，而是通过连接，继而产生互动、构成反馈，最终出现的是融合与创新，形成"化学反应"式的效果。

"互联网+"注重在线化（连接各方）、互动化（各方交互）及网络化（功能叠加）。传统产业拥抱"互联网+"，要逐步实现"迁移到线上""与用户互动""业务数据化""功能创新"等目标。网络零售、在线批发、跨境电商、手机打车、网络订餐等都走在这样一条路上：没有在线化，与用户就是隔离的；没有与用户互动，难以形成数据的自然收集；没有数据来源，经营运作就缺乏了改善的重要途径；没有数据的流动和共享，与其他企业的协作和功能的创新，也不过是纸上谈兵。

把"互联网+"的"+"放在哪里，其体现的能量层级是显著不同的。"+"在旁边是把互联网当工具（用于采购、生产等），"+"在前面是把互联网当渠道（聚焦营销、零售等），"+"在上面是对金融、物流等传统基础设施的改造升级，"+"在下面则是把延展后的互联网（云、网、端）当作基础设施，从根本上变革经济的现有形态。

迄今为止，互联网是人类历史上信息处理最高效、成本最低的基础设施，原生的开放、透明、平等特性，令数据（信息）在工业社会被抑制的能量喷发出来，转化为巨大的生产力，塑造社会财富的新景观。

"互联网+"的动力之源

要推动"互联网+"发展,对大趋势的把握不容有失。

"互联网+"是驱动中国经济增长的动力之源,主要体现在三方面:一是新信息基础设施的形成;二是对数据资源的松绑;三是基于前两方面而引发的分工形态变革。

云+网+端——"互联网+"的新信息基础设施

短短几十年间,"互联网"能够从诞生到普及再到升级为"互联网+"这一新变革力量,技术边界不断扩张,从而引发基础设施层次上的巨变,是至为重要的原因。大力提升新信息基础设施水平,"互联网+"才能获得不竭的动力源泉,在经济、社会发展中彰显威力。

"云"是指云计算、大数据基础设施。生产率的进一步提升、商业模式的创新,都有赖于对数据的利用能力,而云计算、大数据基础设施将为用户像用水、用电一样,便捷、低成本地使用计算资源打开方便之门。

"网"不仅包括原有的"互联网",还拓展到"物联网"领域,网络承载能力不断得到提高、新增价值持续得到挖掘。

"端"则是用户直接接触的个人电脑、移动设备、可穿戴设备、传感器乃至软件形式存在的应用,是数据的来源,也是服务提供的界面。新信息基础设施正"叠加"于(而不是被误读的"替代")原有农业基础设施(土地、水利设施等)、工业基础设施(交通、能源等)之上,发挥的作用也越来越重要。

数据资源——"互联网+"的核心生产要素

信息(数据)成为像资本、劳动一样的独立生产要素。历经了近半个世纪的信息化过程,信息技术的超常规速度发展,促成了信息(数据)量和处理能力的爆炸性增长,人类社会也步入了"大数据时代"。

数据除了作为必要成分驱动业务外(如金融交易数据、电子商务交易数据),数据产品的开发(通过数据用途的扩展创造新价值,如精准网络广告）更是为攫取数据价值开辟了新源泉。经济、社会领域海量数据的积累与交换、分析与运用，产生了前所未有的洞见和知识，极大地促进了生产效率的提高，提供了超乎寻常的创新力量。

实时协同的分工网络——"互联网+"的分工体系

信息基础设施建设和能力提升，加速了信息（数据）要素在各产业部门中的渗透，直接促进了产品生产、交易成本的显著降低，从而深刻影响着经济的形态。新型的分工协同形式开始涌现。

"小而美"是企业常态：信息成本、交易费用降低令外包等方式更可取，企业不必维持庞大的组织结构，边界收缩，小企业成为主流。

生产与消费更加融合：信息（数据）资源缩短了迂回、低效的生产链条，促进了以消费者为导向的C2B方式兴起，生产与消费将更加融合。

实时协同是主流：生产流程和组织机制发生变革，从"工业经济"的线性控制，转变为"信息经济"的实时协同。

就业途径更多样：信息技术为灵活的工作方式提供了可能，就业形式多样化。沟通、协作的门槛降低，评价和信用制度的完善，专业技能的价值进一步凸显，就业的灵活性进一步提高。企业的雇用方式和组织形式、人们的就业方式和收入结构都将出现改变。

"互联网+"的行业突破

在中国经济步入"新常态"的关键时期，"互联网+"将成为促进经济结构优化和升级的有力引擎。互联网技术、思维方式和组织原则的渗透，将使传统行业更有效地实现转型，迎来发展新局面。

但我们也应认识到这一过程的阶段性，各行业向互联网跃迁的顺序也有一定规律。认识到这一点，对于政府部门在破除壁垒、引入竞争、营造环境，以充分发挥资源配置中市场的基础性作用方面，意义重大。

"互联网+"易于突破的领域，首先是零售、餐饮、物流、制造业等行政垄断比较少、市场化程度比较高的行业；其次是供需结构发生转换，即供大于求、消费者力量增强的领域。例如，若房地产供求发生反转，也会加速其互联网化；再次是目前信息化水平不高、问题较多、群众不满意的行业，如城市交通、医疗等。最难突破的领域是行政垄断性强的领域，比如金融服务、能源、通信业等。这些领域要取得实质突破，取决于放松管制的改革进程。

目前我国的传统产业存在较为严重的观念固化现象，体现在因袭原有的信息化老路，对云计算、大数据等基础设施服务缺乏必要的了解和应用，也没有适应消费者作为主导的商业格局转变。

比如有些金融企业面对"互联网金融"的冲击，只是从维护自身原有利益出发排斥竞争，而没有在新的技术和模式上体现出探索精神，没有将发挥资金融通作用更好促进经济发展作为开展业务的宗旨。

还有些企业仅将互联网看作一种技术上的工具，购置了昂贵的软硬件，而没有从流程优化、组织调整、商业模式改进的角度出发，短时间内可能处于"延展性适应"的状态，长期来看难以跟上信息经济发展的步伐。

当然像海尔等一批先进企业，看到了发展的大趋势，积极从技术和管理上进行着应变。海尔正在努力把自身变成一个新的制造基础设施。每一个消费者，甚至它的每一个员工都在向创意化发展。随着在制造基础设施上能力的积聚，它就有可能实现制造业的真正转型。当前这样的企业仍属于少数，传统企业观念的变革任务仍很艰巨。

推进"互联网+"行动的要点

在"互联网+"推进过程中，各级政府部门集多重身份于一身，需要扮演好新商业生态系统的助推者、优秀商务环境的建设者、和谐宜居生活环境的设计与推动者、公民全面自由发展氛围的维护者等角色。因此需要关注如下几个方面，以充分释放"互联网+"红利。

从观念上高度重视互联网经济

中国互联网经济已居于全球领先地位，是实现经济跨越式发展的重要

基础。根据麦肯锡全球研究院的报告，2013年中国互联网经济已占GDP的4.4%，跻身于全球领先行列。若将C2C类电子商务包含在内（其他发达国家此类电子商务规模较小），中国的互联网经济将占到GDP的7.0%，远超出七国集团（G7）的水平。

互联网时代经济的竞争已不局限于一地、一国，企业和政府部门不采取行动主动拥抱互联网，最大限度地整合资源，不仅将失去难得的发展机遇，原有的优势也将丧失殆尽。

推动新信息基础设施的普及和安装

可以合作推动信息基础设施的普及和安装，尤其是在云计算、大数据方面。云计算、大数据基础设施以其规模效应和技术优势，将显著降低IT成本、增强应用的灵活性、加快创新速度。因此在这一新时期，"接入"比"拥有"更有价值。"互联网+"行动应力戒大规模地自建数据中心和信息系统，而应充分利用性能更为优越的云计算和大数据服务。

电子政务向云计算模式迁徙，并夯实政府数据基础

电子政务的云计算和大数据应用转向将极大地增强政府的治理能力，在科学决策、公共服务和社会管理方面提升水平。如2014年6月25日"浙江政务服务网"正式开通运行。通过这个运行在阿里云计算平台上的政务门户，省市县三级政府6万余个审批事项均可办理，并使用支付宝缴费。这是中国目前访问速度最快的政府网站。与传统架构相比，云计算架构可以为政府降低80%以上的IT成本，更为重要的是，只有通过云计算政府机构才能真正运用大数据的手段提升便民服务的效率。

用数字看世界的能力是领导干部服务、监管经济的必备能力。应把学习型政府与新领导力建设融入党的群众路线教育实践活动，加大、拓展干部新领导力建设的力度与路径。

以"互联网+民生"为切入点

改善民生是地方政府的工作重点，可以将"互联网+民生"作为切入点，借助互联网公司的技术和数据，在数字教育、数字交通、公共安全和

应急响应、数字医疗等方面积极布局,将推动信息化、城市化、工业化的深度融合,有利于实施产业升级。

加速互联网企业和传统企业融合

在制订和推行"互联网+"行动计划中,各地需要根据自身现有的经济发展基础,发挥资源区位优势,扬长避短、量力而行。

应加速互联网企业和传统企业融合,互联网平台将对于地方产业转型升级起到助推作用。如利用淘宝网等电子商务平台,扩展本地企业销售渠道,实现产业带向线上延伸;利用蚂蚁金服等互联网金融平台,为本地企业解决融资难题;利用菜鸟等物流平台,为本地企业提升供应链效率;利用阿里云等云计算平台,为本地企业降低信息技术应用的门槛等。让"互联网+"为各地经济发展注入活力。

进一步简政放权、扶持小微企业成长

新信息基础设施的出现极大地降低了创业的门槛,在此基础上小微企业也越发显示出大企业不具备的创新能力与意识。因此各级政府部门应以服务创新的姿态,为小微企业培育良好生态并致力推动"创业、生态、社会"三者的良性循环。借助互联网技术和平台优势,政府部门发挥指导和服务功能,给市场留足空间,搭建公平竞争的舞台,充分调动人民群众"大众创业、万众创新"的积极性,扩大社会就业规模、增强创新能力,宽容和鼓励新事物发展,最大限度地激发经济活力。

第10章
生态文明建设，推动经济社会绿色发展

　　生态文明反映了人类处理自身活动与自然界关系的进步程度，体现了人类文明发展的一种必然趋势，是现代文明发展的基本标志和本质体现。2012年11月，党的十八大报告将"大力推进生态文明建设"纳入中国特色社会主义事业"五位一体"总布局，并提出："建设生态文明，是关系人民福祉、关乎民族未来的长远大计。面对资源约束趋紧、环境污染严重、生态系统退化的严峻形势，必须树立尊重自然、顺应自然、保护自然的生态文明理念，把生态文明建设放在突出地位，融入经济建设、政治建设、文化建设、社会建设各方面和全过程，努力建设美丽中国，实现中华民族永续发展。"

　　我们党生态文明思想的形成不是一蹴而就的，而是建立在长期实践基础上的。总的看，我们党对人与自然关系的认识，经历了一个从"战胜自然"、"人定胜天"到"尊重自然"、"人与自然和谐相处"，再到大力推进生态文明建设的不断深化的过程。

　　1978年以前，从总体上看，我国的经济发展与生态环境之间的矛盾并不突出，因此生态文明建设还处于起步阶段。由于自然灾害频发和国家发展要求，我们强调的是人对自然的征服。这一时期我们对生态环境的认识具有较强的功利性，即生态环境建设的目的是为经济发展服务。

　　1978年改革开放后的20年间，依靠高投入高消耗的资源战略，我国经济建设获得长足发展。经济建设和生态环境之间的矛盾开始突出，环境保护和可持续发展成为国家的发展战略。这一时期，我们改变了传统的"向自然开战"的自然观，强调生态适应性，指出发展经济要遵循自然规律。同时，改变了对生态环境建设的功利性认识,渗透可持续发展理念,将环境保护上升为基本国策。

2003年,以胡锦涛为总书记的党中央提出了"以人为本,全面、协调、可持续"的科学发展观;2012年党的十八大将生态文明建设纳入中国特色社会主义事业总体布局,这标志着我们党对生态文明建设的认识实现了质的飞跃。这一时期,我们党对自然的认识发生了质的变化,要求尊重自然、顺应自然、保护自然,实现"人与自然和谐相处"。在科学发展观的指导和要求下,明确提出大力建设生态文明。

党的十八大以来,以习近平同志为总书记的党中央高度重视生态文明建设,并采取了各种有力措施,真正把"美丽中国"建设落到实处。2013年11月,党的十八届三中全会审议通过《中共中央关于全面深化改革若干重大问题的决定》,明确提出,加快生态文明制度建设。建设生态文明,必须建立系统完整的生态文明制度体系,实行最严格的源头保护制度、损害赔偿制度、责任追究制度,完善环境治理和生态修复制度,用制度保护生态环境。2015年3月5日,李克强总理在《政府工作报告》中明确提出,打好节能减排和环境治理攻坚战。环境污染是民生之患、民心之痛,要铁腕治理。2015年3月24日,中共中央政治局召开会议,审议通过《关于加快推进生态文明建设的意见》,提出,当前和今后一个时期,要按照党中央决策部署,把生态文明建设融入经济、政治、文化、社会建设各方面和全过程,协同推进新型工业化、城镇化、信息化、农业现代化和绿色化。

2015年10月29日,党的十八届五中全会通过《中共中央关于制定国民经济和社会发展第十三个五年规划的建议》。《建议》提出了"绿色发展"理念,坚持绿色富国、绿色惠民,为人民提供更多优质生态产品,推动形成绿色发展方式和生活方式,协同推进人民富裕、国家富强、中国美丽。

生态文明建设,既是保持我国经济持续健康发展的迫切需要,又是实现中华民族伟大复兴中国梦的题中应有之义,也是实现中华民族永续发展的必然选择。唯有充分认识生态文明建设的紧迫性和重要性,我们的生态文明建设才能真正落到实处、见到实效。

第 *10* 章　生态文明建设,推动经济社会绿色发展

大力推进生态文明 努力建设美丽中国(节选)*

中央、国务院高度重视生态文明建设,对推进生态文明建设作出了一系列重要部署。党的十八届三中全会对深化生态文明体制改革提出了明确要求,强调必须建立系统完整的生态文明制度体系,健全自然资源资产产权制度和用途管制制度,划定生态保护红线,实行资源有偿使用制度和生态补偿制度,改革生态环境保护管理体制,必将为加强生态文明建设提供强大动力。我们要认真学习、深刻领会,以抓铁有痕、踏石留印的作风,坚定信心,求真务实,真抓实干,务必抓出成效。

推进生态文明建设,总体上要把握六个重要原则:一是坚持把改革创新作为推进生态文明建设的基本动力。健全国土空间开发、资源节约利用、生态环境保护的体制机制,以最严格的制度、最严密的法制,为生态文明建设提供可靠保障。二是坚持尊重自然、顺应自然、保护自然的基本理念。始终牢记破坏自然就是损害人类自己,保护自然就是保护人类自己。把人类活动控制在自然能够承载的限度内,实现人与自然和谐发展。三是坚持在发展中保护、在保护中发展的基本要求。发展是解决我国所有问题的关键,保护则是实现可持续发展的关键,两者同等重要、不可偏废,要走出一条经济发展与生态保护"双赢"的道路。四是坚持节约优先、保护优先、自然恢复为主的基本方针。在资源利用上把节约放在首位,在环境改善上把保护放在首位,在生态建设上以自然恢复为主,从源头上扭转生态环境恶化趋势。五是坚持绿色发展、循环发展、低碳发展的基本路径。把推动绿色、循环、低碳发展作为转方式、调结构、上水平的重要抓手,加快形成节约资源和保护环境的空间格局、产业结构、生产方式、生活方式,全

---

* 摘自张高丽:《大力推进生态文明 努力建设美丽中国》,《求是》2013 年第 24 期。

面增强可持续发展能力。六是坚持政府主导、企业主体、多方参与、全民行动的基本工作格局。政府要发挥引导、支持和监督作用，企业要积极承担重要责任和义务，每个人都要养成自觉保护生态环境的良好习惯。

推进生态文明建设，在工作安排上要坚持"两手抓"，一手抓节能降耗和当前群众反映强烈的大气、水及土壤等污染治理，加大工作力度，制定和实施治理行动计划，成熟一个、推出一个、落实一个，不断取得成效；一手抓生态文明制度建设，着眼全局，加强顶层设计和总体规划，形成有利于资源节约和环境保护的制度安排和利益导向，确保完成"十二五"生态文明建设各项指标，到2020年初步形成与全面建成小康社会相适应的生态文明。

一、以主体功能定位为依据，加快优化国土空间开发格局

国土是生态文明建设的空间载体。要根据我国国土空间多样性、非均衡性、脆弱性特征，按照人口资源环境相均衡、经济社会生态效益相统一的原则，统筹人口、经济、国土资源、生态环境，科学谋划开发格局，促进生产空间集约高效、生活空间宜居适度、生态空间山清水秀。

一是坚定不移实施主体功能区战略。严格按照主体功能区定位推动发展，完善与主体功能区规划相配套的法规和政策，加强规划实施监督，在推动科学发展中形成各功能区的区域特色和竞争的比较优势。

二是大力提高城镇化集约智能绿色低碳水平。城镇化蕴含着巨大的需求潜力，只要规划好、布局好、建设好，就可以有效促进集约开发、均衡协调发展。但城镇也是消耗能源资源、排放温室气体的主体，未来我国将有一亿以上的农村人口逐步定居城镇，能源资源保障和生态环境保护压力很大。因此，从编制规划到建设管理的全过程、各方面，都要融入生态文明理念，积极推广绿色建筑标准、设计、建设，大力发展绿色交通，注意适当添绿留白，同时实施严格的用地、用水、用能节约管理，加强环境污染防治。

三是大力建设海洋强国。我国是海洋大国，保护海洋、经略海洋不仅涉及我国发展空间，也涉及国家战略安全。要确定和守住不再破坏生态平衡、不再影响生态功能、不再改变基本属性、已受损的生态系统不再退化的"四不"开发底线。沿海地区不能仅向海洋索取，更要加强海洋生态环境保护。要实施最严格的围填海管理和控制政策，对已遭到破坏的海洋区域进行生态整治和修复，努力使海洋生态环境逐步得到改善。

二、以调整优化产业结构为抓手，有效减轻经济活动对资源环境带来的压力

从源头上缓解经济增长与资源环境之间的矛盾，必须抓好转方式、调结构、促转型，加快形成有利于生态文明建设的现代产业体系。

一是下大决心化解产能过剩。要严控增量，各级政府和主管部门必须按中央要求，严禁核准产能严重过剩行业新增产能项目，违规项目尚未开工建设的不准开工，正在建设的项目一律停工。要逐步消化存量，有压减的指标和时间表，按照尊重规律、分业施策、多管齐下、标本兼治的原则，消化一批、转移一批、整合一批、淘汰一批，充分发挥市场机制作用和政府引导作用，逐步化解产能过剩矛盾。

二是加快推进产业转型升级。既要有压，也得有增，在压增中转型升级，培育新的经济增长点。要大力发展战略性新兴产业、先进制造业，改造提升传统产业，推动服务业特别是现代服务业发展壮大。节能环保产业是重要的战略性新兴产业，是我国经济新的增长点，发展空间巨大。要通过深化改革，探索新机制、新方法，在更大范围、更广领域吸引更多社会资本参与到节能环保领域中。

三是充分发挥科技创新对生态文明建设的支撑作用。科技创新具有特别重要的意义，要坚持实施创新驱动发展战略，推动我国经济发展更多依靠科技进步、劳动者素质提高和管理创新，减轻对生态环境的压力。积极运用高技术对农业、工业、服务业进行生态化改造，通过清洁生产实现资源节约、环境保护。加大技术研发力度，努力攻克大气污染控制、水体污

染治理、废弃物资源化利用等关键技术，支撑生态文明建设，培育产业竞争新优势。

四是大力发展循环经济。循环经济是对"大量生产、大量消费、大量废弃"传统增长方式和消费模式的根本变革，能够实现资源永续利用，源头预防环境污染，有效改善生态环境，促进经济发展与资源、环境相协调。要按照"减量化、再利用、资源化，减量化优先"的原则，以提高资源产出率为目标，推进生产、流通、消费各环节循环经济发展，加快构建覆盖全社会的资源循环利用体系。实施好循环经济"十百千"示范行动，建设一批资源综合利用、产业园区循环化改造、再生资源回收体系、"城市矿产"基地、再制造产业化等循环经济示范工程，加大推广力度，推动资源循环利用产业做大做强。

三、以全面加强资源节约为突破口，推动资源利用方式转变

节约资源是保护生态环境的根本之策。必须在全社会、全领域、全过程都加强节约，采取有力措施大幅降低能源、水、土地等资源消耗强度，努力用合理的资源消耗支撑经济社会发展。

一是狠抓节能减排降低消耗。"十二五"期间我国单位国内生产总值能源消耗要降低16%，主要污染物排放总量要显著减少，化学需氧量、二氧化硫排放分别减少8%，氨氮、氮氧化物排放分别减少10%，这是硬任务、硬指标，必须确保完成。做好节能减排工作要抓主要领域，盯重点企业，实施重大工程。要加快完善重点行业、重点产品能效标准和污染物排放标准，推行能效领跑者制度，切实把能效提上去，把排放降下来。深入推进万家企业节能低碳行动和重点污染源治理行动，继续推进节能改造、节能技术产业化示范、城镇污水垃圾处理设施及配套管网建设等节能减排重点工程。

二是狠抓水资源节约利用。利用率低、浪费严重是我国水资源紧张的重要原因。要实施最严格的水资源管理制度，严把水资源开发利用控制、用水效率控制、水功能区限制纳污"三条红线"，加快建设节水型社会。

大力发展节水农业,着力提高工业用水效率,重点推进高用水行业节水技术改造,加强城市节水工作。积极推进污水资源化处理,提高再生水利用水平。同时继续发展海水淡化和利用。

三是狠抓矿产资源节约利用。目前,我国矿产资源总回收率和共伴生矿产资源综合利用率比国外先进水平低20个百分点左右。要建立健全覆盖勘探开发、选矿冶炼、废弃尾矿利用全过程的激励约束机制,引导所有环节的生产企业自觉节约利用各种资源,进一步提高开采回采率、选矿回收率、综合利用率,提高废弃物的资源化水平。

四是狠抓土地节约集约利用。我国人均耕地资源严重不足,必须按照控制总量、严控增量、盘活存量的原则,推进土地节约集约利用。要坚持最严格的耕地保护制度,严守18亿亩耕地红线和粮食安全底线。科学确定新增建设用地规模、结构和时序,健全用地标准,从严控制各类建设用地。进一步盘活存量建设用地,加大力度清理闲置土地。强化用地节地责任考核,切实做到节约每一寸土地。

四、以加强污染治理为着力点,切实提高生态环境质量和水平

当前,大气、水和土壤等突出的污染问题已经到了不治不行、刻不容缓的地步,必须重点突出、重拳出击、重典治污、力求实效。

一是坚决治理大气污染。党中央、国务院把加强大气污染防治作为改善民生的重要着力点,作为建设生态文明的具体行动,及时研究出台了《大气污染防治行动计划》,明确提出经过5年努力,全国空气质量总体改善,重污染天气较大幅度减少;京津冀、长三角、珠三角等区域空气质量明显好转。力争再用5年或更长时间,逐步消除重污染天气,全国空气质量明显改善。京津冀及周边地区是全国大气污染防治的重中之重,国务院专门部署这一区域大气污染防治工作,提出的治理措施更严、政策力度更大、目标设置更高,并与六个省区市政府签订了大气污染防治目标责任书。各地区、各部门要认真贯彻中央重要决策部署,积极落实各项政策措施,把环境治理同经济结构调整结合起来,同创新驱动发展结合起来,突出抓好

重污染城市治理、能源结构调整、机动车污染减排、高污染行业及重点企业治理、冬季采暖期污染管控等重点工作,努力走出一条以治理污染促进科学发展、转型升级、民生改善,环境效益、经济效益和社会效益"多赢"的新路子。要密切跟踪《大气污染防治行动计划》执行情况,督促各地落实目标责任,明确时间表和路线图,全力以赴打好这场攻坚战和持久战。当前有关部门和地区要加强协调联动,特别是北方地区要做好应对冬季极端污染天气的工作,保护人民群众的身体健康。总之,我们要下大决心,尽最大力气,狠抓落实,让人民群众看到变化、见到成效。

二是大力治理水污染。我国不仅存在资源型缺水、工程型缺水,而且污染型缺水也较严重。要加强饮用水保护,全面排查饮用水水源地保护区、准保护区及上游地区的污染源,强力推进水源地环境整治和恢复,不断改善饮用水水质。要积极修复地下水,划定地下水污染治理区、防控区和一般保护区,强化源头治理、末端修复。大力治理地表水,进一步提高生活污水的处理能力和工业污水的排放标准,对企业污水超标排放"零容忍",继续加强对重点水域、重点流域综合治理。

三是加紧治理土壤污染。土壤是食品安全的第一道防线。要着力控制污染源,严格执行高毒、高残留农药使用的管理规定,在抓好现有重污染企业达标排放的同时,对土壤环境保护优先区域实行更加严格的环境准入标准,禁止新建有色金属、化工医药、铅蓄电池制造等项目。要强化重点区域土壤污染治理,搞好土壤污染环境风险管理,经评估认定对人体健康有影响的污染地块要及时治理,防止污染扩散。调整严重污染耕地用途,有序实现耕地休养生息。

四是切实保护生态系统。良好美丽、功能强大的自然生态系统是生态文明的重要标志。要在重要生态功能区、陆地和海洋生态环境敏感区、脆弱区划定并严守生态红线,下决心退出一部分人口和产业,降低经济活动强度。要大力构建以青藏高原生态屏障、黄土高原—川滇生态屏障、东北森林带、北方防沙带和南方丘陵山地带为主体的"两屏三带"生态安全屏

障，稳定和扩大退耕还林、退牧还草范围，继续实施天然林保护以及荒漠化、石漠化和水土流失综合治理等工程，逐步恢复生态系统。加强防灾减灾体系建设，最大限度减轻自然灾害造成的损失。

五是积极应对气候变化。我国已经向世界承诺，到2020年，单位国内生产总值二氧化碳排放比2005年下降40%—45%，非化石能源占一次能源消费的比重达到15%左右，森林面积比2005年增加4000万公顷，森林蓄积量比2005年增加13亿立方米。我们必须抓紧研究国家应对气候变化长远规划，狠抓任务落实，确保如期兑现承诺。同时，要坚持共同但有区别的责任原则、公平原则、各自能力原则，积极参与推动建立公平合理的应对气候变化国际制度。

五、以健全法律法规、创新体制机制为核心，加快生态文明制度建设

建设生态文明，是一场涉及生产方式、生活方式、思维方式和价值观念的革命性变革，必须按照十八届三中全会的精神，加快推进生态文明体制改革，实行最严格的源头保护制度、损害赔偿制度、责任追究制度，完善环境治理和生态修复制度，用制度保护生态环境。

一是进一步健全促进生态文明建设的法律法规。要加快"立改废"进程，尽快完善生态环境、土地、矿产、森林、草原等方面保护和管理的法律制度，全面清理修订现有法律法规中与生态文明建设要求不一致的内容，研究制定生物多样性保护、土壤污染防治、核安全等法律法规。与此同时，要改革生态环境保护管理体制，建立和完善严格监管所有污染物排放的环境保护管理制度，独立进行环境监管和行政执法，提高执法工作的权威性。对造成生态环境损害的责任者严格实行赔偿制度，依法追究刑事责任。

二是进一步完善发展成果考核评价体系。管理必须有标准。要按照生态文明建设要求，将资源消耗、环境损害、生态效益指标全面纳入地方各级党委政府考核评价体系并加大权重。对限制开发区域和生态脆弱的国家扶贫开发工作重点县取消地区生产总值考核。要对已有的自然资源和生态

保护、环境影响评价、节能评估审查、土地和水资源管理等制度规定，进行全面修订完善。要加强监督、严格奖惩，使各项制度成为硬约束。对领导干部实行自然资源资产离任审计，建立生态环境损害责任终身追究制。

三是进一步健全市场体制机制和经济政策。对水流、森林、山岭、草原、荒地、滩涂等自然生态空间进行统一确权登记，形成归属清晰、权责明确、监管有效的自然资源资产产权制度。健全国家自然资源资产管理体制，统一行使全民所有自然资源资产所有者职责。加快自然资源及其产品价格改革，全面反映市场供求、资源稀缺程度、生态环境损害成本和修复效益。坚持使用资源付费和谁污染环境、谁破坏生态谁付费原则，逐步将资源税扩展到占用各种自然生态空间。坚持谁受益、谁补偿原则，完善对重点生态功能区的生态补偿机制，推动地区间建立横向生态补偿制度。发展环保市场，推行节能量、碳排放权、排污权、水权交易制度，建立吸引社会资本投入生态环境保护的市场化机制，推行环境污染第三方治理。

六、以促进绿色、低碳消费为重点，加快形成推进生态文明建设的良好社会氛围

生态文明建设需要全社会共同努力，良好的生态环境也为全社会所共享。必须加强宣传教育，引导全社会树立生态理念、生态道德，构建文明、节约、绿色、低碳的消费模式和生活方式，把生态文明建设牢固建立在公众思想自觉、行动自觉的基础之上，形成生态文明建设人人有责、生态文明规定人人遵守的良好风尚。

一是加快培养生态文明意识。公众的生态文明意识提高了，也就有了参与的动力和积极性，但意识的培养并非一朝一夕，需要长期的教育引导。要建立制度化、系统化、大众化的生态文明教育体系，做好国情认知教育，普及环境科学和环境法律知识，大力宣传环境污染和生态破坏的危害性，让群众认识到改善生态环境质量的紧迫性、艰巨性和长期性，充分理解和支持生态文明建设，为生态环境持续改善奠定广泛、坚实的社会基础。要努力使生态文明成为主流价值观并在全社会普及，通过让生态文明知识理

念进课本、进课堂、进校园,提高青少年对节约资源、保护环境重要性认识,树立正确的生态价值观和道德观。

二是积极倡导绿色生活方式。推进生态文明建设,必须改变不合理的消费方式。当前,要以落实中央八项规定为契机,坚决反对享乐主义、奢靡之风,引导居民合理适度消费,鼓励购买绿色低碳产品,使用环保可循环利用产品,深入开展反食品浪费等行动,使节约光荣、浪费可耻的社会氛围更加浓厚。

三是有效发挥公众监督作用。公众对生态环境的监督最直接、最有效。要主动及时公开环境信息,提高透明度,更好落实广大人民群众的知情权、监督权,积极发挥新闻媒体和民间组织作用,自觉接受舆论和社会监督。

生态文明建设功在当代、利在千秋,关系到中华民族生存发展和伟大复兴,任务艰巨繁重而又光荣。"锲而不舍,金石可镂。"我们要在以习近平同志为总书记的党中央坚强领导下,全面贯彻落实党的十八大和十八届三中全会精神,大力推进生态文明建设,努力建设美丽中国,为全面建成小康社会、实现中华民族伟大复兴的中国梦而不懈奋斗!

以"四个全面"为指引 走向生态文明新时代*

党的十八大以来,习近平总书记适应经济发展新常态,着眼人民群众新期待,就生态文明建设的重大理论和实践问题发表了一系列重要论述,为生态文明建设提供了根本遵循和行动纲领。全面认识、系统把握习近平总书记关于生态文明建设重要论述的基本内容、思想方法,辩证分析"四个全面"战略布局与生态文明建设之间的内在联系,切实做到学深悟透、融会贯通、指导实践,对于开创社会主义生态文明新时代,实现中华民族

---

* 山东省生态文明研究中心:《以"四个全面"为指引 走向生态文明新时代——深入学习贯彻习近平总书记关于生态文明建设的重要论述》,《求是》2015年第16期。

伟大复兴中国梦，具有深远意义。

一、建设美丽中国的科学指南

习近平总书记关于生态文明建设的重要论述，内容博大精深，涉猎十分广泛。他以高远的历史眼光、开放的国际视野、深邃的辩证思维，全面把握人与自然的关系，深刻阐述人类社会发展的根本意义，是对马克思主义自然观和生产力理论的丰富和发展，是对人类文明发展规律的再认识，是对中国共产党执政理念和执政方式的再探索。

丰富发展了马克思主义自然观和生产力理论。马克思认为："不以伟大的自然规律为依据的人类计划，只会带来灾难。"恩格斯指出："我们每走一步都要记住：我们统治自然界，决不像征服者统治异族人那样，决不是像站在自然界之外的人似的，——相反地，我们连同我们的肉、血和头脑都是属于自然界和存在于自然之中的。"在这里，马克思和恩格斯强调了自然、环境对人具有客观性和先在性，人们对客观世界的改造，必须建立在尊重自然规律的基础之上。习近平总书记关于"尊重自然、顺应自然、保护自然"的生态文明理念和强调人与自然、人与人、人与社会的全面和谐统一，既是对马克思主义关于人与自然关系理论的继承和发展，又是对多年改革开放实践经验的精辟总结。生产力是一切社会发展的最终决定力量。马克思指出，不仅自然界是劳动者的生命力、劳动力和创造力的最终源泉，而且是"一切劳动资料和劳动对象的第一源泉"。习近平总书记指出："牢固树立保护生态环境就是保护生产力、改善生态环境就是发展生产力的理念。"这一科学论断把自然生态环境纳入到生产力范畴，深刻阐明了生态环境与生产力之间的关系，揭示了生态环境作为生产力内在属性的重要地位。这在马克思主义生态理论史上，还是第一次。

深刻揭示了人类文明发展规律。习近平总书记指出："生态兴则文明兴，生态衰则文明衰。"人类社会的发展史，从根本上说就是人类文明的演进史、人与自然的关系史。历史上，作为西亚最早文明的美索不达米亚文明，"为了得到耕地，毁灭了森林"，文明自此光辉不复。而东方文化积淀了

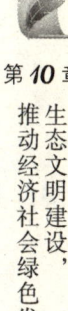

丰富的生态智慧,"天人合一"、"道法自然"等哲理思想让中华文明亘古绵延5000多年。习近平总书记指出,人类经历了原始文明、农业文明、工业文明,生态文明是工业文明发展到一定阶段的产物,是实现人与自然和谐发展的新要求。这说明,生态文明是相较于工业文明更高级别的文明形态,符合人类文明演进的客观规律。习近平总书记对生态与文明关系以及人类发展阶段的深刻阐释,彰显了中国共产党人对自然规律、经济社会发展规律和人类文明发展规律的深刻认识。

进一步深化了党的执政理念和执政方式。保护生态环境已成为全球共识,但把生态文明建设纳入一个执政党的行动纲领,使它与经济建设、政治建设、文化建设和社会建设一道形成"五位一体"总布局,是中国共产党执政方式的鲜明特色。2013年联合国环境规划署第27次理事会上,我国倡导的生态文明理念被正式写入决定草案,获得世界认可。"五位一体"总布局,使生态文明建设在社会主义建设事业中的地位发生了根本性和历史性的变化。这表明中国共产党的执政理念和执政方式已经进入一个新境界。

二、马克思主义立场观点方法的集中体现

习近平总书记关于生态文明建设的重要论述,是我们党对生态环境认识发展到一定阶段的产物,是马克思主义普遍原理与中国实际相结合的重要成果,集中体现了马克思主义的立场观点方法。

人民主体性思想。"良好生态环境是最公平的公共产品,是最普惠的民生福祉。"习近平总书记对生态文明建设始终饱含深厚的民生情怀和强烈的责任担当。他关于"生态环境问题是利国利民利子孙后代的一项重要工作"、"为子孙后代留下天蓝、地绿、水清的生产生活环境"等重要论述,把党的根本宗旨与人民群众对良好生态环境的现实期待、对生态文明的美好憧憬紧密结合在一起,是"一切为了人民,一切依靠人民"的人民主体性思想在生态文明建设领域的生动诠释。

辩证思维。"我们既要绿水青山，也要金山银山。宁要绿水青山，不要金山银山，而且绿水青山就是金山银山。"习近平总书记是自觉运用唯物辩证法的典范，他关于生态文明建设的许多论述饱含着辩证思维的鲜明特点。他形象地将经济发展与生态环境保护的关系比喻成金山银山与绿水青山之间的辩证统一关系，主张在保护中发展，在发展中保护。他用鲜活的语言指出，脱离环境保护搞经济发展，是"竭泽而渔"；离开经济发展抓环境保护，是"缘木求鱼"。

系统思维。"山水林田湖是一个生命共同体。"习近平总书记从方法论的角度深刻阐明了生态文明建设的系统性和复杂性。生态文明是人类为保护和建设美好生态环境而取得的物质成果、精神成果和制度成果的总和，是贯穿经济建设、政治建设、文化建设、社会建设全过程和各方面的系统工程，单独从某一个或几个方面推进，难以从根本上解决问题。

底线思维。"要牢固树立生态红线的观念"，"在生态环境保护问题上，就是要不能越雷池一步，否则就应该受到惩罚"。习近平总书记坚持底线思维，不回避矛盾，不掩盖问题，凡事从好处着眼，从坏处准备，努力争取最好的结果。坚持底线思维，是党的十八大以来习近平总书记不断告诫全党的基本思想方法，是我们应对错综复杂形势必须具备的科学方法，是推动新一轮改革的治理智慧。生态红线是不能超出的界限、不能逾越的底线。生态文明建设要以底线思维为指导，设定并严守资源消耗上限、环境质量底线、生态保护红线，将各类开发活动限制在资源环境承载能力之内。

三、以"四个全面"战略布局为指引推动生态文明建设

习近平总书记关于生态文明建设的重要论述，是中国特色社会主义理论体系的组成部分。"四个全面"战略布局确立了新形势下党和国家各项工作的战略目标和战略举措，是指导经济建设、政治建设、文化建设、社会建设、生态文明建设以及党的建设的战略抓手，是生态文明建设的发展动力、根本保障和前进指引。

以全面建成小康社会引领生态文明建设。物质文明、精神文明、政治文明和生态文明，共同构成全面建成小康社会的理想追求。"小康全面不全面，生态环境质量是关键。"大力推进生态文明建设，让老百姓喝上干净的水、呼吸新鲜的空气、吃上放心的食物、生活在宜居的环境中，满足城乡广大人民群众的生态产品需求，是全面建成小康社会的应有之义。从现实看，生态产品短缺已经成为"木桶定律"中影响我国生态文明建设的"短板"。我们要加快推进生态文明建设，到2020年，资源节约型和环境友好型社会建设取得重大进展，主体功能区布局基本形成，经济发展质量和效益显著提高，保护生态的理念在全社会得到认同，生态文明建设水平与全面建成小康社会目标相适应。

以全面深化改革推进生态文明建设。当前从总体上看，我国生态文明建设水平仍滞后于经济社会发展，资源约束趋紧，环境污染严重，生态系统退化，发展与人口资源环境之间的矛盾日益突出。解决这些问题关键在深化改革。最近发布的《中共中央国务院关于加快推进生态文明建设的意见》，明确提出把深化改革作为加快推进生态文明建设的基本动力，要求充分发挥市场配置资源的决定性作用和更好发挥政府作用，建立系统完整的生态文明制度体系，抓紧制定生态文明体制改革总体方案，深入开展生态文明先行示范区建设，研究不同发展阶段、资源环境禀赋、主体功能定位地区生态文明建设的有效模式。

以全面依法治国保障生态文明建设。习近平总书记指出，保护生态环境必须依靠制度、依靠法治；只有实行最严格的制度、最严密的法治，才能为生态文明建设提供可靠保障。以全面依法治国保障生态文明建设，要在科学立法、严格执法、公正司法、全民守法上下大功夫。科学立法，要更加注重生态文明建设法律制度体系的完备，尤其要加强和完善能够推动绿色发展、循环发展、低碳发展的前瞻性、现代性生态文明立法工作。推进严格执法，重点是解决执法不规范、不严格、不透明、不文明以及不作为、乱作为等突出问题，彻底摒弃"先发展、后治理"、"先上车、后买票"、

"特事特办"等传统执法方式。公正是法治的生命线,要改变环境保护案件取证难、诉讼时效认定难、法律适用难、裁决执行难等"老大难"问题,增强环境公益诉讼的比重。全民守法,要充分调动人民群众依法维护自身环境权益的积极性和主动性,使尊法、信法、守法、用法、护法成为全体人民的共同追求。

以全面从严治党促进生态文明建设。习近平总书记强调,全党上下要把生态文明建设作为一项重要政治任务,以抓铁有痕、踏石留印的精神,真抓实干、务求实效,把生态文明建设蓝图逐步变为现实,努力开创社会主义生态文明新时代。党的领导是中国特色社会主义最本质的特征。全面从严治党是实现社会主义现代化的根本保障,也是社会主义生态文明建设最根本的保证。要坚持党总揽全局、协调各方的领导核心作用,统筹生态文明建设各领域工作,确保党的主张贯彻到生态文明建设的全过程和各方面。为了生态文明建设大局,为了中华民族的永续发展,当前和今后一个时期,各级党委和政府要持续深入改进工作作风,严格按照"三严三实"的要求,努力做到忠诚干净担当,坚决杜绝以污染环境、破坏生态为代价,搞"形象工程"、"面子工程",坚决摒弃拍脑袋做决策,脱离实际贪大求洋,对环保领域的腐败和不作为现象零容忍,切实还百姓更多的碧水蓝天。(执笔:黄承梁)

"生态保护红线"——确保国家生态安全的生命线 *

党的十八届三中全会通过的《中共中央关于全面深化改革若干重大问题的决定》明确提出,要加快生态文明制度建设,用制度保护生态环境。其中,关于划定生态保护红线的部署和要求是生态文明建设的重大制度创

---

* 李干杰:《"生态保护红线"——确保国家生态安全的生命线》,《求是》2014年第2期。

新。生态保护红线是指在自然生态服务功能、环境质量安全、自然资源利用等方面,需要实行严格保护的空间边界与管理限值,以维护国家和区域生态安全及经济社会可持续发展,保障人民群众健康。"生态保护红线"是继"18亿亩耕地红线"后,另一条被提到国家层面的"生命线"。

一、划定生态保护红线的意义

30多年来,随着城镇化、工业化的快速发展,我国资源约束趋紧、环境污染严重、生态系统退化,可持续发展面临严峻挑战。划定生态保护红线,对维护国家生态安全、保障人民生产生活条件、增强国家可持续发展能力具有重大现实意义和深远历史影响。

划定生态保护红线是维护国家生态安全的需要。由于经济社会活动对自然利用强度不断加大,我国自然生态系统受挤占、破坏的情况日趋严重,呈现出由结构性破坏向功能性紊乱的方向发展。目前,我国草地生态系统退化趋势明显;湿地仍在萎缩,生态系统服务功能持续下降。比如,过去20年间,甘南水源涵养重要生态功能区生态服务能力下降了30%左右;黑河下游防风固沙重要生态功能区生态服务能力下降了近40%。只有划定生态保护红线,按照生态系统完整性原则和主体功能区定位,优化国土空间开发格局,理顺保护与发展的关系,改善和提高生态系统服务功能,才能构建结构完整、功能稳定的生态安全格局,从而维护国家生态安全。

划定生态保护红线是不断改善环境质量的关键举措。随着经济社会发展和人民生活水平提高,人民群众对环境质量的要求和期待不断提升。当前我国环境污染严重,以细颗粒物(PM2.5)为特征的区域性复合型大气污染日益突出。2013年以来,我国中东部地区出现的长时间、大范围、重污染雾霾天气,影响了近6亿人口。水环境质量也不容乐观。2012年,长江、黄河、珠江、浙闽片河流、西南诸河等十大流域的国控断面中,劣V类水质的断面比例达10.2%。土壤污染特别是重金属问题日益显现,威胁到食品安全。畜禽养殖业环境污染问题突出,成为农村的最大污染源。划定并严守生态保护红线,将环境污染控制、环境质量改善和环境风险防范有机衔接起来，才能确保环境质量不降级、并逐步得到改善，从源头上扭转生态环境恶化的趋势，建设天蓝、地绿、水净的美好家园。

划定生态保护红线有助于增强经济社会可持续发展能力。我国人均耕地资源、森林资源、草地资源约为世界平均水平的39%、23%和46%，大多数矿产资源人均占有量不到世界平均水平的一半。城镇化是未来我国经济社会发展的必然趋势，到2020年，城镇化率将达到60%左右，资源环境的压力还将进一步加大。据研究，建设用地增加率是城镇化水平提高率的1.56倍，城镇人口人均能耗是农村人口的1.54倍。有研究表明，我国土地资源合理承载力仅为11.5亿人，现已超载约两亿，我国已有600多个县突破了联合国粮农组织确定的人均耕地面积0.8亩的警戒线。划定生态保护红线，引导人口分布、经济布局与资源环境承载能力相适应，促进各类资源集约节约利用，对于增强我国经济社会可持续发展的生态支持能力具有极为重要的意义。

二、生态保护红线的内涵

生态保护红线的实质是生态环境安全的底线，目的是建立最为严格的生态保护制度，对生态功能保障、环境质量安全和自然资源利用等方面提出更高的监管要求，从而促进人口资源环境相均衡、经济社会生态效益相统一。生态保护红线具有系统完整性、强制约束性、协同增效性、动态平衡性、操作可达性等特征。系统完整性是指生态保护红线的划定、遵守与监管需要在国家层面统筹考虑，有序实施；强制约束性要求生态保护红线一旦划定，必须制定严格的管理措施与环境准入制度，增强约束力；协同增效性要求红线划定与重大区划规划相协调，与经济社会发展需求和当前监管能力相适应，与生态保护现状以及管理制度有机结合，增强保护效果；动态平衡性是指在保证空间数量不减少、保护性质不改变、生态功能不退化、管理要求不降低的情况下可以对生态保护红线进行适当调整，从而更好地使生态保护与经济社会发展形势相统一；操作可达性要求设定的红线目标具备可实现性，配套的管理制度和政策具有可操作性。具体来说，生态保护红线可划分为生态功能保障基线、环境质量安全底线、自然资源利用上线。

生态功能保障基线包括禁止开发区生态红线、重要生态功能区生态红线和生态环境敏感区、脆弱区生态红线。纳入的区域，禁止进行工业化和城镇化开发，从而有效保护我国珍稀、濒危并具代表性的动植物物种及生态系统，维护我国重要生态系统的主导功能。禁止开发区红线范围可包括自然保护区、森林公园、风景名胜区、世界文化自然遗产、地质公园等。自然保护区应全部纳入生态保护红线的管控范围，明确其空间分布界线。其他类型的禁止开发区根据其生态保护的重要性，通过生态系统服务重要性评价结果确定是否纳入生态保护红线的管控范围。重要生态功能区红线划定范围可包括《全国生态功能区划》中规定的包括水源涵养、土壤保持、防风固沙、生物多样性保护和洪水调蓄等5类共50个重要生态功能区。通过生态服务功能重要性评价，将重要性等级高、人为干扰小的核心区域划定在重要生态功能区红线范围内。重要生态功能区红线的划定，既可保护生态系统中供给生态服务的关键区域，也能够从根本上解决资源开发与生态保护之间的矛盾。生态敏感区、脆弱区红线划定范围可主要包括生态系统结构稳定性较差、对环境变化反应相对敏感、容易受到外界干扰而发生退化、自然灾害多发的生态敏感和脆弱地区。通过对区域生态环境敏感性进行等级划分，将敏感性等级高、人为干扰强烈的核心区域划定为生态保护红线的管控范围。生态环境敏感区、脆弱区红线划定后，将为人居环境安全提供生态保障，为协调区域生态保护与生态建设提供重要支撑。

环境质量安全底线是保障人民群众呼吸上新鲜的空气、喝上干净的水、吃上放心的粮食、维护人类生存的基本环境质量需求的安全线，包括环境质量达标红线、污染物排放总量控制红线和环境风险管理红线。环境质量达标红线要求各类环境要素达到环境功能区要求。具体而言，要求大气环境质量、水环境质量、土壤环境质量等均符合国家标准，确保人民群众的安全健康。污染物排放总量控制红线要求全面完成减排任务，有效控制和削减污染物排放总量。到"十二五"末期，主要污染物包括化学需氧量、氨氮、二氧化硫、氮氧化物的排放总量分别比2010年减少8%、10%、8%、10%。环境风险管理红线要求建立环境与健康风险评估体系，完善环境风险管理措施，健全环境事故处置和损害赔偿恢复机制，推进环境风险全过程管理。建立突发性污染事故应急响应机制，完善突发环境事件应急管理体系，加强环境预警体系建设，确保将环境风险降至最低。

自然资源利用上线是促进资源能源节约，保障能源、水、土地等资源高效利用，不应突破的最高限值。自然资源利用上线应符合经济社会发展的基本需求，与现阶段资源环境承载能力相适应。能源利用红线是特定经济社会发展目标下的能源利用水平，包括能源消耗总量、能源结构和单位国内生产总值能耗等。水资源利用红线是建设节水型社会、保障水资源安全的基本要求，包括用水总量和用水效率等。土地资源利用红线是优化国土空间开发格局、促进土地资源有序利用与保护的用地配置要求，使耕地、森林、草地、湿地等自然资源得到有效保护。

三、生态保护红线的制度保障

有效保障生态保护红线不被逾越，确保红线落地，必须从制度、体制和机制入手，建立严格遵行生态保护红线的基础性和根本性保障。

建立健全自然资源资产产权和用途管制制度。在明晰的产权框架下，科学界定自然资源和生态空间的各项功能。通过建立用途管制制度，保障自然资源和生态空间的合理用途，确保准确执行主体功能区和生态环境功能区的定位，处理好开发与保护的关系。

建立自然资源资产负债表制度。建立自然资源资产负债统计、衡量与核算指标体系，摸清国家自然资源底数，包括规模、结构、分布以及变化趋势等，准确把握自然资源的存量、增量和减量等，为划定生态保护红线以及未来绩效评估提供基础性依据。

建立生态、资源和环境风险监测预警和防控机制。构建生态保护红线监测预警体系，基于国土生态安全现状及动态分析评估，预测未来国土生态安全要素发展变化趋势及时空分布，逐渐形成生态保护红线监测与预警、决策与技术支持一体化的,具有充分技术、人力和物力保障的,兼有处理突发事件能力的国土生态安全预警体系。

完善基于生态保护红线的产业环境准入机制。根据不同类型生态保护红线的保护目标与管理要求,制定差别化产业准入环境标准。按照生态功能恢复和保育原则,引导自然资源合理有序开发。严格控制新建高耗能、高污染项目,遏制盲目重复建设。

实施生态保护红线区域补偿机制。逐步建立生态保护红线区域的补偿机制,明确补偿标准、资金来源、补偿渠道、补偿方式,并依此推动补偿区域的生态保护。探索多样化的生态补偿模式,对生态产品生产方和受益方明确的区域,按照谁受益谁补偿的原则,建立不同地区间横向的生态补偿机制。

健全排污权有偿交易机制。全面落实污染者付费原则,健全排污权有偿取得和使用制度,发展排污权交易市场。加快制定符合市场规律和体现要素价格形成机制的排污权交易制度和交易规则,体现环境资源市场化配置方式并提高配置效率。

建立生态保护红线考核与责任追究机制。逐步建立差异化的生态保护红线评估体系,逐步将生态保护红线评估结果纳入各级党政领导干部的综合考核评价体系。对那些不顾生态环境盲目决策、造成严重后果的人,必须追究其责任。

打造生态文明建设新常态(节选)*

2015 全国两会,"保护生态,留住蓝天绿水青山"成为代表委员们热议的话题,政府工作报告中"铁腕治理"环境污染成为新亮点。从党的

---

* 摘自国防大学中国特色社会主义理论体系研究中心:《打造生态文明建设新常态》,《经济日报》2015 年 3 月 7 日。

十八大提出"建设美丽中国",到党的十八届三中全会提出"深化生态文明体制改革",再到党的十八届四中全会提出"用严格的法律制度保护生态环境",我们党和政府不断加快生态文明建设步伐,用制度保护生态环境,推动形成生态文明建设新常态。

建设美丽中国面临的挑战

正确把握生态文明建设新常态,要坚持"两点论",既要看到成绩,更要清醒认识我国发展阶段中遇到的各种问题,高度重视我国生态环境总体恶化的趋势尚未根本扭转,以及生态文明建设总体滞后于经济社会发展的现状。这些问题和挑战主要表现在:

在思想观念上,传统的发展理念跟不上时代发展要求。多年来,一些地方一味追求经济的快速增长,社会对物质财富顶礼膜拜,使粗放型的发展方式成为主导,致使经济发展高度依赖资源和能源消耗,污染负荷居高不下。在思想观念上,一方面,一些地方仍不顾资源和环境的代价,经济速度一味求快求高。另一方面,由于过去没有把保护生态环境提高到保护生产力的高度来认识,把公共的生态环境当"唐僧肉"随意支取。

在工作实效上,环境保护实效不能满足人民群众期盼。近年来,我国在生态建设方面取得了较大成绩,但目前全国环境状况仍处于局部改善的态势,尤其是环境治理现状与百姓的感受还存在一定差距。针对一些地方日益严重的环境问题,群众殷切期盼呼吸上新鲜空气、喝上干净水、吃上放心的食物。

在制度机制上,推进制度落实仍需努力。我国环境污染治理工作机制上还存在一些缺位。有的多头管理责任不清,"九龙治水"的结果往往变成推诿扯皮;有些跨行政区污染缺乏追责和补偿机制,导致上游排污,下游受害;有的环境治理措施缺乏系统设计,部门各自为政,治污难以形成合力,比如垃圾分类做不好,后续无害化处理和资源化利用就困难重重。

在个人行为上,一些个体环保诉求与公共环境利益存在一定程度的不一致。生态环境的公共属性,决定了良好生态环境是最普惠的民生福祉。然而,其公共属性也决定了在没有强制力的情况下,个人对公共环境索取多,奉献少。现在,一些不良社会现象频出,如部分居民乱扔生活垃圾,以致河流和地下水受到污染;一些市民"一边堵车骂雾霾,一边开车造雾霾"等。

努力走向生态文明新时代

实现中华民族永续发展,就要正视新问题、直面新挑战、回应新期待,构建美丽中国新思维、找准生态文明建设新路径、实现永续发展新觉醒。

树立生态文明建设战略新思维。要有经济发展与环境保护的辩证思维。建设生态文明,关系人民福祉,关乎民族未来。我们既要绿水青山,也要金山银山。而且绿水青山就是金山银山,决不以牺牲环境为代价去换取一时的经济增长。打造生态文明建设新常态,要确立辩证思维,正确处理好经济发展同环境保护的关系,走可持续发展之路。

要有文明系统构建的整体思维。党的十八大报告强调要将生态文明建设融入经济建设、政治建设、文化建设和社会建设的各方面和全过程。我们要认识到,山水林田湖是一个生命共同体,人的命脉在田,田的命脉在水,水的命脉在山,山的命脉在土,土的命脉在树。我们要把人、田、水、山、土、树等因素有机地联系起来,将其视为一个整体进行保护,使之成为新时代生态文明建设的新常态。

要有生态保护的"底线思维"。党的十八届三中全会明确提出要建立生态红线,强调发展要基于主体功能区定位,不可突破资源环境可承载力。确立底线思维,要进一步贯彻落实党中央和国务院关于划定生态保护红线、加强生态环境空间管制的要求,抓紧在全国制定并实施生态保护红线管制,加强对生态红线划定过程中的指导。

开拓生态文明制度建设新路径。一是做到源头严防。"扬汤止沸不如釜底抽薪。"防治环境污染,必须从源头上抓起,最大限度地减少污染物的产生。要把住规划关。坚定不移实施主体功能区制度,在重要生态功能区、陆地和海洋生态环境敏感区、脆弱区,严守生态环境保护的底线,下决心退出一部分人口和产业,降低经济活动强度,有序实现耕地、河湖休养生息。要把住准入关。进一步深化环评制度改革,严格项目环评,从严控制高耗能、高污染、资源性项目,以及低水平重复建设和产能过剩项目,避免"带病"项目上马。要把住排放总量关。必须严格落实减排目标责任制,进一步完善污染物排放许可制度,实行企事业单位污染物排放总量控制,规范污染物排放许可行为,禁止无证排污和超标准、超总量排污。

二是做到过程严管。必须建立生态环境保护过程监管体系,盯紧、盯死可能产生污染的环节,杜绝违法排污行为。要完善检测预警体系。必须集中力量加强先进环境监测预警体系建设,完善环境监测网络,强化检测站标准化建设,扩大检测范围。要落实谁污染谁付费。企业作为环境治理第一责任主体,应该加大投入,完善治污设施建设,加强生产全过程的环境治理,尽量减少对环境的污染和损害;地方政府要对环境质量负总责,在环境治理上花大钱、出实招,还百姓一片碧水蓝天;同时完善对重点生态功能区的生态补偿机制,推动地区间建立横向生态补偿制度。要建立联防联控机制。在大气污染防治方面,京津冀、珠三角等重点区域,已建立陆海统筹的污染防治区域联动机制,其他地方也要加快建立。

三是做到后果严惩。目前,我国环境污染事件频发,保护环境形势严峻,只有依法从严治理,才能真正起到警示和震慑作用,使环境监管部门发挥最大效能。要严格环境执法,对偷排偷放者出重拳,让其付出沉重的代价;对姑息纵容者严问责,使其受到应有的处罚。要建立环境损害评估制度,做到处罚有据,组建鉴定评估专业队伍,推进立法进程。要严格问责机制,使各级领导干部始终绷紧环境安全这根弦。要将环境保护相关指标纳入地方各级党委政府考评体系,实行环境保护"一票否决"。

形成生态文明建设新风尚。大力培养生态文明意识。生态文明意识是生态文明建设的思想基础,但其意识的提高绝非一朝一夕,而是需要一个长期过程。要建立制度化系统化大众化的生态文明教育体系,大力普及环境科学和环境法律知识,宣传环境污染和生态破坏的危害性,让群众认识到改善生态环境质量的紧迫性、艰巨性和长期性。要努力使生态文明成为主流价值观并在全社会普及,通过让生态文明知识理念进课本、进课堂、进学生头脑,提高青少年对节约资源、保护环境重要性的认识,树立正确的生态价值取向和道德观念。要积极倡导绿色生活方式,改变不合理的消费方式,坚决反对享乐主义、奢靡之风,引导居民合理适度消费,鼓励购买绿色低碳产品。要努力发挥公众监督作用。人人是生态文明建设主体,公众监督是生态保护的有效途径。政府、企业要主动及时向公众公开环境信息,提高透明度,让公众享有更多的知情权、监督权,积极发挥新闻媒体和民间组织的作用,自觉接受舆论和社会监督。(执笔:邓海英 孙存良)

改革创新推进生态文明建设 *

党的十八届五中全会公报就国家"十三五"规划制定提出了建议,对新时期经济、政治、社会、文化发展和生态文明建设作出了重大部署。生态文明建设得到了前所未有的重视,既有融入式的设计,也有专门部分的阐述,符合"五位一体"的建设要求。

在环保形势的评判方面,各界已经形成共识。近几年,环境污染物的排放总量正处于历史高位,复合型污染的特征更加明显,蓝天与雾霾天交替出现,环境质量状况非常复杂。为此,习近平总书记指出:"中国经济发展进入新常态,正经历新旧动能转化的阵痛。"同时,习近平总书记也指出:"中国经济稳定发展的基本面没有改变。"因此,总的来看,我国的主要污染物排放总体上正进入跨越峰值并进入下降通道的转折期。到"十三五"末期,主要污染物的拐点可能全面到来。今后5年是环境与发

---

* 常纪文:《改革创新推进生态文明建设》,《中国环境报》2015年11月2日。

展矛盾的凸显期、环境标准与要求提高期，遇上了经济下行期，过关越坎的难度更大。为此，五中全会提出要用改革的思维和方法，用基础设施建设、生态修复与环境治理等发展方法和近零碳排放示范等积极方法予以统筹解决。

在环境保护的战略方面，五中全会对环境与发展的关系有重大突破。习近平总书记指出："中国新型工业化、信息化、城镇化、农业现代化深入推进，国内市场需求强劲，经济发展具有巨大潜力、韧性、回旋余地，结构性改革正在深化，我国经济的前景十分光明。"为此，"十三五"规划建议提出，在"十三五"时期推进美丽中国建设，坚持发展是硬道理、发展是第一要务，推进有质量、有效益的发展，促进发展的公平、可持续性，让每个百分点的 GDP 都包含更多的科技含量、就业容量和更好的生态质量，实现环保与发展、环保与就业、环保与创新同步前进。只有这样，生产发展、生活富裕、生活良好的发展道路才能走得通、走得顺，新常态下的资源节约、环境友好型的人与自然和谐共生、和谐发展的现代化建设新格局才能最终实现。

在环境保护的策略方面，习近平总书记最近指出："发展必须是遵循经济规律的科学发展，必须是遵循自然规律的可持续发展，必须是遵循社会规律的包容性发展。""在改革发展稳定之间，以及稳增长、调结构、惠民生、促改革之间找到平衡点，使中国经济行稳致远。"在包容性和协同性发展的进程中，环境问题会得到统筹解决，五中全会提出坚持节约资源和保护环境的基本国策，坚持可持续发展。目前是水环境保护和大气环境保护的战略相持期，虽然环境治理和环境承载压力大，但是恶化趋势放缓，经济和环境会遇到双重风险。环境保护措施如过分着急，可能伤经济的元气，最终不利于环保；如不着急，人民群众健康将受损，环境问题将阻碍经济社会持续稳定发展。所以，必须要有解决环境问题的历史紧迫感，同时也要有历史耐心，以与经济社会发展相协调的方式以及污染防治和生态建设相结合的方式逐步解决环境问题，如筑牢生态屏障、坚持保护优先、自然恢复为主,实施生态保护修复工程,开展大规模国土绿化工程和蓝色港湾建设等。

在环境保护的前景方面,民生与消费成为走出中等收入国家陷阱的重要支撑,而民生与消费的持续动力则来自社会经济领域全方位的深化改革。"十三五"时期是落实全面深化改革措施的关键时期。对中国而言,中等收入陷阱是肯定要过去,至于什么时候迈过去,主要看创新型国家什么时间实现。目前来看,"十三五"末期,中国将全面建成小康社会,经济社会文化和生态文明体制改革将取得重大进展,这将为中国全面进入以制造强国为标志的创新型国家奠定物质和制度基础。建立创新型国家,有了经济社会发展的支撑,节约自然资源、保护生态环境的产业结构和产业布局也将在2020年基本形成。生态环境在2030年左右将全面进入良性好转的轨道,经济与环境保护基本协调的局面也将初步实现,中国将为全球生态安全作出新贡献。

在环境保护的措施方面,要按照五中全会要求采取以下几个措施:一是实施最严格的环境资源执法,把大气、水污染防治法律和行动计划实施好,实施好即将出台的土壤污染防治行动计划,为穿越环境污染、生态破坏与资源利用的历史性拐点打下坚实的法治基础。

二是把环境保护和继续推进工业化、城镇化、区域协调化、城乡协调发展、农业现代化和全面建成小康社会、推进整体脱贫相结合。目前,我国工业化水平仅为66%,还有大幅提高的空间。城镇化水平不足55%,"十三五"时期如达到60%,绿色工业化和城镇环境保护基础设施的建设将提供环境治理的基础性条件。实现环境专业化、集中化治理,有利于环境问题在发展中得到解决。人民群众既会切实地感受小康社会实惠,也会感受生态文明建设的环境改善效果。

三是以《环境保护法》、《大气污染防治法》、《水污染防治行动计划》、《生态文明体制改革总体方案》为指引,促进生态环境保护的监管模式由从达标排放与总量控制相结合,向环境质量管理和总量控制相结合转变，向生态建设与环境污染同步推进转变，真正形成以生态环境质量管理为核心的科学监管模式。

四是开展环境监管体制改革。实行省以下环境监测和监察执法垂直管理制度，巩固属地环境监管责任制度，形成企业主体责任、地方政府监管、上级部门监察相结合的环境保护监管监察新模式。既保障环境执法的效果，又遏制地方保护主义。到 2020 年，构建起由自然资源资产产权制度、国土空间开发保护制度、空间规划体系、资源总量管理和全面节约制度、资源有偿使用和生态补偿制度、环境治理体系、环境治理和生态保护市场体系、生态文明绩效评价考核和责任追究制度等 8 项制度构成的产权清晰、多元参与、激励约束并重、系统完整的生态文明制度体系，推进生态文明领域国家治理体系和治理能力现代化，构建科学合理的城市化格局、农业发展格局、生态安全格局和自然岸线格局。

五是建立健全用能权、用水权、排污权、碳排放权初始分配制度，推动低碳、循环和清洁发展。在一些领域推行近零碳排放的示范；通过"多规合一"等措施，推进主体功能区的科学开发利用；推行节能量、排污权和水权交易，搞活环境治理市场；开展自然资源产权改革，鼓励社会参与自然资源和生态环境投资和保护，盘活自然资源和生态资产，使青山绿水最终变成金山银山。

生态文明建设重在污染防治 *

党的十八大把生态文明建设纳入中国特色社会主义事业五位一体总体布局，提出了建设美丽中国的宏伟目标。十八届三中全会提出必须建立系统完整的生态文明制度体系，用制度保护生态环境。李克强总理 2014 年

---

* 高世楫、陈健鹏：《生态文明建设重在污染防治》，《人民日报》2014 年 4 月 4 日。

的《政府工作报告》按照十八届三中全会的要求,对今年加强生态环境保护、建设生态文明的美好家园做出了重大安排,提出要出重拳强化污染防治,推动能源生产和消费方式变革,推进生态保护与建设,要用硬措施完成硬任务。李克强总理提出"要像对贫困宣战一样,坚决向污染宣战",凸显了政府加快污染防治的坚强决心,并指明了严格防治污染、保护生态环境,促进生态文明建设的战略路径。

一、生态文明建设关系人民生活,关乎民族未来

对我国生态文明建设目标的直观理解,就是我们不但要在本世纪中叶实现现代化、达到中等发达国家的发展水平,使所有人都享受到现代社会丰裕的物质文化生活,而且能够同时保持蓝天白云、拥有绿水青山。追求美好生活,是中华民族千百年来的梦想,是每一个当代中国人的正当权利,也是未来中华民族子孙后代的正当权利;建设美丽中国,达到人与自然和谐,实现中华民族永续发展,就必须推进生态文明建设。

严峻的现实是,经过60多年现代化建设、特别是近30多年高速的经济发展,我们在创造出人类历史上最大规模的工业化、现代化进展奇迹的同时,也使先行发达国家数百年积累的环境问题在我国被挤压到短时期爆发。在我国人均GDP进入上中等收入国家行列的同时,一些地方连喝上干净水、呼吸清新空气、吃上安全食品等基本要求都得不到完全满足,而且还可能会影响未来的发展空间。

为了保障最广大人民的包括生态环境权在内的利益和福祉,党的十八大把生态文明建设纳入了我国现代化建设"五位一体"总体布局,强调了生态文明建设的突出地位和重要作用。十八届三中全会关于全面深化改革若干问题的重大决议中,更进一步对加快生态文明制度建设做出了部署。

二、推进生态文明建设,必须建设系统完整的生态文明制度体系

十八届三中全会提出我国全面深化改革的总目标是完善和发展中国特色社会主义制度,推进国家治理体系和治理能力现代化。生态文明制度是

我国现代国家治理体系的重要内容；建立和完善生态文明制度，是我国国家治理体系现代化的重要组成部分；提高生态环境保护能力、实现中华民族永续发展，是我国国家治理能力现代化的重要方面。

生态文明制度体系覆盖资源利用全过程，涉及生产和消费的各方面，我们需要从多角度理解我国生态文明制度的完整内容：从制度直接规范的领域看，我国重点建设的生态文明制度包括自然资源产权制度和用途管制制度、主体功能区规划制度、资源有偿使用制度和生态补偿制度、生态环境保护制度。从对生态文明建设的推进环节看，我国生态文明制度包括决策制度、评价制度、管理制度、考核制度四个方面。从生态文明制度的表现形式上看，生态文明制度包括生态文明的法律、法规、标准、体制、机制、程序，实施动力机制等。

三、现阶段生态文明建设的重点是加大污染防治力度，加快完善环境监管体制

在资源约束趋紧、环境污染严重、生态系统退化的严峻形势下，当前生态文明建设的重点工作是加大污染防治力度，生态文明制度体系建设的重点是加快完善环境监管体制，有效实现"源头严防、过程严管、后果严惩"。

针对环境恶化严重影响人民健康生活、民众要求改善环境质量的呼声日渐强烈的情况，党中央国务院进一步加大了节能减排和污染防治的力度。从治污减排的力度来看，过去十年我国的环境污染防治力度不断加大。污染防治投资总额从2001年的1166.7亿元，占GDP比重为1.06%，稳步提高到2012年的8253.5亿元，占GDP比重为1.59%。工程减排进展迅速，火电脱硫机组比重从2005年的12%快速提高到2012年的92%，脱硝机组比重从2010年的11.2%提高到2012年的27.6%。在此推动下，二氧化硫排放总量自2006年以来处于下降态势，氮氧化物在2012年出现了有统计数据以来的首次下降，预计将保持下降态势。针对大面积雾霾频发的问题，国务院于2013年9月出台了《大气污染防治行动计划》，部署

要抓住调整产业结构、控制煤炭消费总量、控制汽车尾气排放和城市扬尘等各关键环节,多种措施协调治理大气污染。李克强总理今年的《政府工作报告》,进一步明确了2014年淘汰燃煤小锅炉、推进燃煤电厂脱硫改造、淘汰黄标车和老旧车辆,发展清洁生产等一系列具体要求,布置了土壤修复、农业面源污染防治等一系列重大任务。

李克强总理强调污染防治既要有硬措施,又要健全政府、企业、公众共同参与新机制。从生态环境保护的长效机制建设看,应尽快建立有效的环境监管体系,实现途径是制度建设和观念改变同步,立法规范、国家强制、市场激励、人民监督并举。从国家治理体系和治理能力现代化的视角看,当前加强环境监管,必须加强法治建设,强调政府监管权力法定、决策和执法规范和透明。健全依法监管的程序,完善监管机构的内部控制机制,健全"自上而下"的内部问责机制。通过推动环境监管信息公开,监督企业排污行为的同时,监督环境监管机构的履职状况,形成促使企业守法、促使监管机构有效履职的社会压力,形成"自下而上"的外部问责机制。

四、生态文明建设是一个长期过程,应理性看待我国环境污染形势与环境保护工作

我国处于工业化、城镇化快速发展的阶段,政府的环保工作一直伴随这一过程。一方面,在快速工业化、城镇化的过程中,发达国家一二百年发展历程中遇到的环境问题在我国集中爆发,我国环境污染呈复合型特征。另一方面,在借鉴发达国家经验、政府高度重视环保问题的背景下,我国环境污染防治也呈"挤压式"特征。现阶段我国污染防治和环境保护工作异常复杂,需要客观分析、理性看待。以大气污染为例,大面积、长时间的雾霾天气反映出当前我国大气污染形势极端严峻。公众的直观评价是,政府大气污染防治不力、不作为,才有今天之恶果。但是,如果考察主要大气污染物排放峰值的时序以及同经济增长水平的关系,我们认为我国大气污染防治的行动和政策并不滞后。相对我国经济发展阶段,我国大气污染防治工作实际是"提前了"。1997 至 2012 年之间，113 个重点城市可吸入颗粒物（PM10）的年平均浓度下降了约 40%，从 145 微克/立方米下降到 83 微克/立方米。目前的大面积雾霾，同时受超大人口规模和较高人口密度、超高速度工业化、以煤为主的能源结构、超高强度使用化肥、乘用车爆炸式增长、特殊地理和气候条件等多种因素叠加的影响，呈典型的复合型污染特征。我们急需加快科研工作，弄清雾霾形成过程以采取更有针对性的防治措施。

环境质量显著改善是生态文明建设取得实效的重要标志，但也是一个长期的过程。仍以大气污染防治为例，西方发达国家普遍从 20 世纪 70 年代开始强化大气污染防治。在发达国家基本完成工业化的前提下，实现主要大气污染物排放跨越峰值并逐步削减 80%—90%，实现城市空气质量显著改善，也花了大约 30 年左右的时间。如果参照这一经验，从现在开始，我国进一步加大污染防治力度，实现全国城市空气质量明显好转可能需要 20—30 年的时间。这意味着，公众对良好空气质量的期待和大气污染防治实效之间的差距和矛盾将长期存在。即便是采用较为"激进"的减排方式，也难以在短期内取得立竿见影的效果。这需要全国人民对我国污染防治的长期性艰巨性有充分的认识，要有共同努力打持久战的准备。

第 10 章
推动经济社会绿色发展
生态文明建设，

第 11 章
"一带一路",开创全面开放新格局

　　丝绸之路,古已有之。作为古代强盛帝国的象征,丝绸之路在西汉时得以开辟,并在其后的两千多年时间里成为东西方贸易的主要通道。历史上的丝绸之路,是一条开放之路,作为四大文明古国之一的中国通过丝绸之路走向了世界;历史上的丝绸之路,也是一条强盛之路,它在国力强盛的时代开辟,在国力强盛的时代繁荣,又在国力强盛的时代重新崛起;历史上的丝绸之路,也是一条文化之路,多元文化的碰撞交流,形成了深厚的丝路文化,孕育了"和平合作、开放包容、互学互鉴、互利共赢"的丝路精神。

　　然而,由于明清两朝的自我封闭以及近代以来中国面临着内忧外患的战乱局面,丝绸之路逐渐失去了往日的风采。近百年来,为重新"凿通""丝绸之路"我国做出了不懈努力。从 1905 年,古丝绸之路上,中国境内的第一条铁路(汴洛铁路)的修建;到"西部大开发""中部崛起"等重大战略的实施;再到"欧亚经济论坛"的召开,一系列举措为丝绸之路的重新开辟打下了坚实的基础。

　　2013 年 9 月,习近平总书记在哈萨克斯坦纳扎尔巴耶夫大学发表演讲时指出,为了使我们欧亚各国经济联系更加紧密、相互合作更加深入、发展空间更加广阔,我们可以用创新的合作模式,共同建设"丝绸之路经济带"。这是一项造福沿途各国人民的大事业。同时,他还提出了五个方面的具体建议,即政策沟通、道路联通、贸易畅通、货币流通、民心相通。这是中国政府第一次正式向友邻国家发起建设"丝绸之路经济带"的号召。

　　2013 年 10 月,习近平总书记在印度尼西亚国会发表演讲时提出,东南亚地区自古以来就是"海上丝绸之路"的重要枢纽，中国愿同东盟国家加强海上合作，使用好中国政府设立的中国—东盟海上合作基金，发展好海洋合作伙伴关系，共同建设21世纪"海上丝绸之路"。这是中国政府第一次正式向周边国家发起建设21世纪"海上丝绸之路"的号召。"一带一路"战略，至此初步成型。

就在一个月后的党的十八届三中全会上，《中共中央关于全面深化改革若干重大问题的决定》在"构建开放型经济新体制"中正式提出，建立开发性金融机构，加快同周边国家和区域基础设施互联互通建设，推进丝绸之路经济带、海上丝绸之路建设，形成全方位开放新格局。"一带一路"战略正式成为我国对外开放的新战略。

2014年11月，习近平总书记在2014年中国APEC峰会上宣布，中国将出资400亿美元成立丝路基金，为"一带一路"沿线国家基础设施建设、资源开发、产业合作等有关项目提供投融资支持。12月，2014年中央经济工作会议提出优化经济发展空间格局，要重点实施"一带一路"、京津冀协同发展、长江经济带三大战略，争取2015年有个良好开局。

2015年3月28日，国家发展改革委、外交部、商务部联合发布了《推动共建丝绸之路经济带和21世纪海上丝绸之路的愿景与行动》，明确了"一带一路"战略的共建原则、框架思路、合作重点、合作机制等重大原则性问题，及中国各地方开放态势和中国积极行动，标志着这一发起于中国、惠及全球数十个国家的战略进入加快推进新阶段。

2015年10月29日，党的十八届五中全会通过《中共中央关于制定国民经济和社会发展第十三个五年规划的建议》，明确提出，推进"一带一路"建设。秉持亲诚惠容，坚持共商共建共享原则，完善双边和多边合作机制，以企业为主体，实行市场化运作，推进同有关国家和地区多领域互利共赢的务实合作，打造陆海内外联动、东西双向开放的全面开放新格局。"十三五"时期是"一带一路"建设从起步到提速的关键阶段，必须全面深刻领会《建议》的要求，推动"一带一路"建设取得扎扎实实的进展。

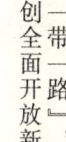

第 11 章 "一带一路"，开创全面开放新格局

新丝绸之路经济带的国家战略分析（节选）*

丝绸之路，古已有之，从兴起、繁盛到走向没落，跨越了 2000 多年的历史。习近平总书记 2013 年 9 月出访哈萨克斯坦期间，提出了区域经济合作的创新模式，这一"新丝绸之路经济带"的战略构想，引发各方的高度关注。全球化时代，我国为何再度提出建设丝绸之路经济带的设想？既为创新，"新"在何处？这条古老的文明之路能否再度承载起促进区域安全与繁荣、推动东西文明交融的历史重任？为了厘清这些问题，我们不妨从历史传承与国际合作两个维度，对新丝绸之路经济带的构想进行梳理，在纵向与横向的比较中进一步认识其内涵，评估其发展可能面临的潜在挑战，进而判断其未来的走势。

新丝绸之路构想的历史传承与具体内涵

丝绸之路的历史，可以追溯到汉武帝派遣张骞出使西域之前数千年。张骞到达中亚后，发现那里已经大量使用中国的竹制品和纺织品。西汉使团凿开亚、欧、非三大洲的通道，被德国地理学家李希霍芬（Ferdinandvon Richthofen）命名为"丝绸之路"。实际上，就功能而言，还可以叫"茶叶之路""瓷器之路""欧亚使道"，而且地理上的具体路线也不止一条。历史上，开辟丝绸之路绝非仅仅出于贸易目的，当时的中原王朝为了巩固北方边界的安全，在信息极端闭塞的情况下，凭借传闻与使团的勇气和信念，搭建起连接东西文明的桥梁。这个过程既有偶然、更是必然。丝绸之路尽管曲折，但仍然是连接亚欧大陆最便捷的通道，极大地滋养了东西文明的交流，但囿于技术条件、自然条件与政治因素的限制，它难以承载大

---

* 摘自何茂春、张冀兵：《新丝绸之路经济带的国家战略分析——中国的历史机遇、潜在挑战与应对策略》，《人民论坛·学术前沿》2013 年 12 月上。

规模的物质转运的任务。随着航海技术的进步，丝绸之路被效率更高的海运所取代。

近百年来，中国为重新"凿通""丝绸之路"做出了不懈努力。1905年，古丝绸之路上，中国境内的第一条铁路（汴洛铁路）开始修建。无论是清政府，还是孙中山先生的国民政府，都规划了延伸到西北方向的铁路，以便与各国的铁路网衔接。新中国成立后，铁路建设的步伐明显加快，在不到40年的时间里，连接陇海、兰新直达欧洲的铁路动脉全线贯通。

除铁路等基础设施建设投入外，我国更明确提出了相关的战略规划。21世纪以来，中央先后部署了"西部大开发""中部崛起"等重大战略，西部地区建设的步伐明显加快，丝绸之路复兴的前景日渐光明。2005年，"欧亚经济论坛"在西安召开，两年一度的国际论坛成为我国推进丝绸之路复兴的重要多边舞台。2007年，我国与中亚七国计划共同投入192亿美元建设"现代丝绸之路"。2008年，我国与联合国开发计划署及中亚四国联合发起丝绸之路区域项目，共有19个国家响应，各国在日内瓦签署意向书，决定再为复兴丝绸之路投入430亿美元。

2013年9月，习近平总书记完整阐述了新丝绸之路经济带的构想，这一构想既与古老的丝绸之路一脉相承，又充分体现了时代特点。在历史坐标系上，我们可以更清楚地认识新丝绸之路经济带构想的内涵。

首先，在新技术条件下，丝绸之路具备复兴的客观条件。古老的陆路运输技术不足以承载产生规模效益的运输量。但是铁路和公路运输技术的发展，极大地降低了陆地运输的成本。据测算，从我国连云港到荷兰鹿特丹，如果通过丝绸之路，运输距离可比海运缩短9000多公里，时间缩短近一个月，运费节约近1/4。此外，古丝绸之路必须避开山地与沙漠，路线选择范围有限，经济、社会效益不高。而今天，我们的技术水平已经能把铁路修到世界屋脊。因此，与古丝绸之路相比，新丝绸之路覆盖的面积将更广，路线更密集，也更发达，从而可以在更广泛的区域内把资源与市场串联起来。新丝绸之路是在新技术条件下，对古老的交通通道的复兴与拓展。

其次,新丝绸之路构想充分兼顾了国际、国内两方面的战略需求。从国际角度看,丝绸之路两端是当今国际经济最活跃的两个主引擎:欧洲联盟与环太平洋经济带。丝绸之路沿线大部分国家处在两个引擎之间的"塌陷地带",发展经济与追求美好生活是本地区国家与民众的普遍诉求。这方面的需求与两大经济引擎通联的需求叠加在一起,共同构筑了丝绸之路复兴的国际战略基础。从国内角度看,我国当前的发展需要兼顾地区平衡,并着力开拓新的经济增长点。复兴丝绸之路能带动经济实力较为薄弱的西部地区,有望形成新的开放前沿。

再次,新丝绸之路设想兼顾政治、经济、安全乃至文化利益的均衡发展。中亚地区处于地缘战略要冲,又是东西文明的交汇点,更是近年来恶名昭彰的宗教极端势力的发源地。新丝绸之路构想以经济合作为先导与基石,以政治合作为前提与推进手段,以促进文化交流、化解安全风险为重要目标,是具有前瞻性的综合战略规划。经济发展为基础设施建设准备了物质条件,提高了各国参与合作的意愿。政治合作消除了开展经济合作的各种人为障碍。经济发展与政治合作有助于化解安全冲突,消弭宗教极端势力滋生的温床。伴随着政治、经济活动而展开的文化交流,最终将促进东西方文明的融合。政治、经济、安全、文化目标并行不悖,使得新丝绸之路构想具有突出的稳定性,不至于被安全冲突打断,反而能抑制安全冲突。

新丝绸之路经济带构想的前景展望

尽管新丝绸之路经济带构想的实施存在严重的潜在挑战,我们仍有充足的理由对新丝绸之路的前景表示乐观。

第一,"新丝绸之路"可以分期分阶段实现既定目标。这一构想在空间上大致分五个区段:东亚段、中亚段、西亚段、中东欧段、西欧段。时间上可以按近期、中期、远期来分阶段建设。重新激活这条古老的贸易通道,对于沿途国家的经济建设、地区繁荣乃至世界经济的平衡都具有重大的战略意义。

新丝绸之路经济带的建设将极大改善我国西部地区的发展环境，形成新的对外开放前沿与经济增长段，西部地区的面貌及当地群众的生活水平将再上一个台阶。通过参与新丝绸之路经济带的建设，所谓"塌陷地区"的国家将有机会重新融入世界经济的主流，逐步消除贫困与落后，这又有助于根除极端势力、恐怖主义、跨国犯罪活动的温床。新丝绸之路将把世界经济最活跃的两个地区更紧密地联结在一起，不仅有利于促进贸易、繁荣经济，更有利于东西文明的交流与融合，促进源自不同民族、文化、种族的群体的相互包容。因此，我们可以预期，这一计划将得到地区内多数国家的积极响应与支持。

与预期收益相比，更引人入胜的是新丝绸之路经济带构想的历史价值。区域经济一体化是全球化时代的一个重要特征。新丝绸之路构想突破了传统的区域经济合作模式，它主张构建一个开放包容的体系，以开放的心态接纳各方的积极参与，最大限度地减少运行阻力，扩大支持的基础，并且充分调动各种资源。这些优势是以势力范畴争夺或贸易保护为目的的排他性地区经济合作所无法比拟的。新丝绸之路构想同步推进政治、经济、安全乃至民心方面的沟通与建设，突破了由单一领域向其他领域扩散的传统模式，使得这几方面得以相辅相成，最大限度地排除各种消极因素的干扰。

第二，中国完全可以在很大程度上发挥主导和中枢作用。建设新丝绸之路经济带，无论是技术准备、基础设施建设、资金投入乃至政治与安全的国际合作等方面的条件均已成熟。我国提出这一构想，既是水到渠成的结果，也体现了大国外交的自信。这种自信，源于对国际局势的判断，源于对自身实力与战略目标的认知，也源于驾驭各种复杂局面的勇气与能力。中国目前不仅有强大的经济实力支撑这一计划的实行，而且可以从中获得直接和间接的回报。中国推行这一计划，政府发动、企业主导、市场推动、国际合作，可行性越来越明显。

第三，自从中国提出这一计划以来，得到了中亚、西亚、中东欧、西欧各国不同程度的积极响应和配合。"新丝绸之路"的建设，带来的将是

第 *11* 章 "一带一路"，开创全面开放新格局

世界上最大的欧亚大陆的一体化和全面复兴。这是"中国梦",更是"世界梦"、"人类梦"。

"21世纪海上丝绸之路"的战略意义 *

2013年9月,习近平总书记在哈萨克斯坦的纳扎尔巴耶夫大学演讲时,首次提出"一带一路"的战略设想。2015年1月,国务院关于"一带一路"的战略规划正式出台。一年多的时间里,全国上下都在讨论"一带一路"、认识"一带一路"、建设"一带一路"。相比之下,对于陆上的"丝绸之路经济带",方向比较清晰,区域比较明确,内容比较具体。但对于海上的"21世纪丝绸之路"还具有很大程度的可探索性。从专家学者到政府领导,认识上还不一致,内容上还不具体,线路上还很发散。因此,有必要对此进行更进一步的讨论。

国内外学者公认,21世纪是海洋的世纪! 60多亿人口生活在地球上,狭小的陆地部分已不堪重负。相对于海洋来说,陆地的生活空间越来越小;陆地的资源越来越少;陆地的污染越来越重;陆地的食品越来越缺;陆地的生态越来越糟。因此,向海洋进军是全人类共同的呼声,也是全人类未来发展的必由之路。

1492年10月,哥伦布发现新大陆,带来了地理大发现的新时代。1493年5月,罗马教皇亚历山大六世划定的"教皇子午线"告诉人们,"谁控制了海洋,谁就控制了一切!"从当年哥伦布航海算起,迄今500多年的时间里,海洋呈现给人类的是以港口航运为主导的"海洋商业文明"。广袤的海水为人类奉献了廉价的运输通道。特别是今天,陆地运输成本越

---

* 摘自李乃胜:《拥抱海洋世纪 共筑蓝色辉煌——关于建设"21世纪海上丝绸之路"的几点认识》,《中国科学报》2015年2月6日。

来越高,而海洋运输成本越来越低。据不完全统计,海洋的运输成本只是陆地火车运输的二十分之一,是空中飞机运输的百分之一。

根据现在人类的认识水平,未来全人类的战略性资源几乎全在海洋中!譬如,海洋生物资源:尽管人们认识程度还非常低,但未来人类的食品、药品必定主要来自海洋生物,特别是深海极端环境的生物基因资源,可能是未来人类健康的重要保障;深海油气资源:水深300—3000米的深海石油与天然气资源,是各国争相勘探调查的重点,近几年国际上新发现的特大油气田主要集中在这一海域;大洋多金属结核:仅太平洋中部大洋多金属结核每年的生长量就远高于目前人类的消耗量,包括西北太平洋的富钴结壳,可以说取之不尽、用之不竭;海底热液硫化物矿床:这种每天都在不断生长的"年轻贵金属矿床"很快会进入勘探开发的新阶段;海底可燃冰:据保守估计,海底可燃冰的总储量比陆地上一次性化石能源的总储量起码高2—4倍。这一切,预示着,一个崭新的"海洋工业文明"时代即将到来!

立足海洋世纪的开端,站在"海洋工业文明"的起跑线上,审视21世纪海上丝绸之路的宏伟构想,越来越发现其重要的战略意义。

1. 面向"海洋世纪"的新思路

中国人历史上习惯于"刀耕火种"的黄土地文明,但对靠海吃海的"蓝色文明"并不陌生。河姆渡遗址出土了距今7000年的"单柄船桨",说明老祖宗那时就会划船渡河。秦汉时代中国的"楼船"领先于全世界。直到郑和"下西洋",其船队之庞大,航程之遥远,人员之众多,技术之精湛,遥遥领先于世界各国。

面对明清"海禁",我们只能叹息和遗憾!但面对被称为"海洋世纪"的新时代,堪称海洋大国的中华民族决不能再给后人留下叹息和遗憾!

因此,建设21世纪海上丝绸之路就是中国人拥抱海洋世纪的新构想,就是依靠海洋实现和平发展的新思路。因此堪称是把握时代脉搏,立足发展潮头的睿智决策，无疑具有"划时代"的战略意义。

2. 把握新一轮"大国崛起"的新策略

当年因哥伦布航海探险带来的地理大发现，导致了一个个"大国崛起"，先是西班牙、葡萄牙这两颗"大牙"在16世纪瓜分世界；接下来，整个17世纪是一个"东印度公司"称霸全球；18世纪，小小的英伦三岛演变成了"日不落帝国"。这一切，靠的是无敌的海军舰队和庞大的运输船队。

第一轮"大国崛起"与中国无缘，而今天面对着新一轮大国崛起，我们必须勇立潮头、冲在前面。党的十八大作出了建设海洋强国的战略部署，习近平总书记号召全党全国人民"关心海洋、认识海洋、经略海洋"，并提出了"依海强国、依海富国、人海和谐、合作共赢"的指导方针。13亿中国人民正在努力实现从海洋大国到海洋强国的新跨越。今天的"大国崛起"是和平发展框架下的经济崛起，今天的"蓝色跨越"是依靠海洋科技竞争能力和海洋装备水平的新型跨越。而建设21世纪海上丝绸之路正是实现中华民族"强国梦"的战略选择，也是建设海洋强国的重要抓手。

3. 全面突破"遏制中国"的新举措

自改革开放以来，中国的经济一直健康有序发展，经济总量一跃成为世界第二，正在迅速赶超美国，在可预见的将来，会迅速成为世界第一。尽管中国对世界的贡献越来越大，尽管中国自古以来就奉行和平发展的政策，但总引起一些西方国家的不满和恐慌。有些人到处散布"中国威胁论"，有些人总是想方设法地"遏制中国"。制造贸易壁垒，搞双重标准，旨在遏制中国；美国高调重返亚洲，直接插手东盟，推出TPP计划，目的也是遏制中国。而有"遏制"就必然有"反遏制"，中国人有能力突破"经济遏制"，冲破封锁桎梏，迎来新的发展。正如习近平总书记所说："太平洋足够大，足以容得下中美两国。"而建设21世纪海上丝绸之路正是消除贸易壁垒、冲破"遏制"关卡的重要突破口。

4. 深层次对外开放的新亮点

改革开放 30 年，我国取得了举世瞩目的骄人业绩，但也带来了一些新的问题。我们走过了"拿土地换投资、拿市场换技术"的初级阶段。一味地"跟踪、学习、模仿"已成为过去，单纯的"招商引资"已淡出主流。我们正在实施创新驱动战略，正在建设创新型国家，正在由"中国制造"变成"中国创造"。今天的改革开放是"请进来"和"走出去"并重；发达国家和发展中国家并重。建设 21 世纪海上丝绸之路恰恰是新一轮对外开放的新亮点，必将带来新一轮改革开放的新高潮。沿着海上丝绸之路，中国的企业"走出去"，中国的资本走出去，中国的技术"走出去"，中国的劳务走出去，中国的商品走出去。而海上丝绸之路的互联互通正是"走出去"的桥梁和纽带。

潮平两岸阔，风正一帆悬。一带一路，互联互通，中国人民正满怀豪情，沿着 21 世纪海上丝绸之路，大踏步向海洋进军！

"一带一路"战略的意义、机遇与挑战 *

"一带一路"战略的重要意义

"一带一路"战略构想意味着我国对外开放实现战略转变。这一构想已经引起了国内和相关国家、地区乃至全世界的高度关注和强烈共鸣。之所以产生了如此巨大的效果，就在于这一宏伟构想有着极其深远的重要意义。

首先，"一带一路"的战略构想顺应了我国对外开放区域结构转型的需要。众所周知，1978 年召开的党的十一届三中全会开启了中国改革开放的历史征程。从 1979 年开始，我们先后建立了包括深圳等 5 个经济特区，

★ 剧锦文：《"一带一路"战略的意义、机遇与挑战》，《经济日报》2015 年 4 月 2 日。

开放和开发了14个沿海港口城市和上海浦东新区,相继开放了13个沿边、6个沿江和18个内陆省会城市,建立了众多的特殊政策园区。但显然,前期的对外开放重点在东南沿海,广东、福建、江苏、浙江、上海等省市成为了"领头羊"和最先的受益者,而广大的中西部地区始终扮演着"追随者"的角色,这在一定程度上造成了东、中、西部的区域失衡。"一带一路"尤其是"一带"起始于西部,也主要经过西部通向西亚和欧洲,这必将使得我国对外开放的地理格局发生重大调整,由中西部地区作为新的牵动者承担着开发与振兴占国土面积三分之二广大区域的重任,与东部地区一起承担着中国走出去的重任。同时,东部地区正在通过连片式的"自由贸易区"建设进一步提升对外开放的水平,依然是我国全面对外开放的重要引擎。

其次,"一带一路"战略构想顺应了中国要素流动转型和国际产业转移的需要。在改革开放初期,中国经济发展水平低下,我们亟需资本、技术和管理模式。因此,当初的对外开放主要是以引进外资、国外先进的技术和管理模式为主。有数据显示,1979至2012年,中国共引进外商投资项目763278个,实际利用外资总额达到12761.08亿美元。不可否认,这些外资企业和外国资本对于推动中国的经济发展、技术进步和管理的现代化起到了很大作用。可以说,这是一次由发达国家主导的国际性产业大转移。而今,尽管国内仍然需要大规模有效投资和技术改造升级,但我们已经具备了要素输出的能力。据统计,2014年末,中国对外投资已经突破了千亿美元,已经成为资本净输出国。"一带一路"建设恰好顺应了中国要素流动新趋势。"一带一路"战略通过政策沟通、道路联通、贸易畅通、货币流通、民心相通这"五通",将中国的生产要素,尤其是优质的过剩产能输送出去,让沿"带"沿"路"的发展中国家和地区共享中国发展的成果。

第三,"一带一路"战略构想顺应了中国与其他经济合作国家结构转变的需要。在中国对外开放的早期,以欧、美、日等为代表的发达经济体有着资本、技术和管理等方面的优势,而长期处于封闭状态的中国就恰好成为他们最大的投资乐园。所以,中国早期的对外开放可以说主要针对的是发达国家和地区。而今,中国的经济面临着全面转型升级的重任。长期建设形成的一些产能需要出路,而目前世界上仍然有许多处于发展中的国家却面临着当初中国同样的难题。因此,通过"一带一路"建设,帮助这些国家和地区进行比如道路、桥梁、港口等基础设施建设,帮助他们发展一些产业比如纺织服装、家电、甚至汽车制造、钢铁、电力等,提高他们经济发展的水平和生产能力,就顺应了中国产业技术升级的需要。

第四,"一带一路"战略构想顺应了国际经贸合作与经贸机制转型的需要。2001年,中国加入了WTO,成为世界贸易组织的成员。中国"入世"对我国经济的方方面面都产生了巨大影响。可以说,WTO这一被大多数成员国一致遵守国家经贸机制,在一定程度上冲破了少数国家对中国经济的封锁。但是,近年来国际经贸机制又在发生深刻变化并有新的动向。"一带一路"战略与中国自由贸易区战略是紧密联系的。有资料显示,目前我国在建自贸区,涉及32个国家和地区。在建的自由贸易区中,大部分是处于"一带一路"沿线上。因此,中国的自由贸易区战略必将随着"一带一路"战略的实施而得到落实和发展。

"一带一路"建设面临的新机遇

"一带一路"是一个宏伟的战略构想,它的建设过程不仅涉及众多国家和地区,涉及众多产业和巨量的要素调动,这其间产生的各种机遇不可估量。主要有以下几方面:

第一,产业创新带来的机遇。产业创新涉及产业转型升级和产业转移等带来的红利。随着"一带一路"战略的实施,中国的一些优质过剩产业将会转移到其他一些国家和地区。在国内,因为市场供求变化,一些过剩的产业,也许在其他国家能恰好被合理估值;在国内,因为要素成本的上升而使一些产业、产品失去了价格竞争力,也许在其他国家,较低的要素成本会使这些产业重现生机。在国内,因为产品出口一些发达国家受限而

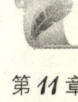

影响整个产业的发展，也许在其他国家就能绕开这些壁垒，等等。此外，由于产业转移引致的产业转型升级更是机遇无限，比如技术改造、研发投入、品牌树造等等都会给投资者带来无限机遇。

第二，金融创新带来的机遇。"一带一路"战略的实施首先需要有充足的资金流，巨量的资金需求只能通过金融创新来解决。我们已经发起设立"亚投行"和"丝路基金"，但这也只能解决部分资金问题，沿"带"沿"路"国家和地区一定会进行各种金融创新，包括发行各种类型的证券、设立各种类型的基金和创新金融机制等等，这其间的红利和机遇之多甚至是不可想象的。

第三，区域创新带来的机遇。"一带一路"本质上是一个国际性区域经济的范畴，随着"一带一路"战略的实施，必将引发不同国家和地区的区域创新，这包括区域发展模式、区域产业战略选择、区域经济的技术路径、区域间的合作方式等等，这其间的每个创新都蕴涵着无限的机遇。

"一带一路"战略实施中应注意的问题

"一带一路"战略的实施不仅有机遇也充满了挑战，需要我们有一定的风险意识，并未雨绸缪。

首先，自1999年以来，中国政府就一直鼓励企业"走出去"。最初的投资大多集中于一些全球贫穷国家的资源开采项目上。近年来，随着国内经济实力的不断增强，中国对外投资首次超过了外资流入，对外投资也被引导到发展中经济体和发达经济体中的更为引人瞩目的项目上。五六年前，中国"走出去"模式基本上围绕着大宗商品，现在开始在一些实行竞标机制的国家承建基础设施项目。我们知道沿"带"沿"路"的一些发展中国家还是比较愿意接受我们的投资，但由于其中一些国家政局并不是十分稳定，不同党派之间的理念差别很大，一旦一个党派下台，就会改变过去的对外政策，这必将给我国在这些国家的投资带来巨大风险。因此，我们在具体实施"一带一路"战略时必须对这些国家的政治格局、法律环境等进行仔细研究，在投资之前做好风险应对的预案，将投资的风险降到最低。

其次，"一带一路"战略实施中的任何创新其实都会有潜在的风险，尤其以金融为主的虚拟经济创新蕴含的乘数式风险，需要我们时时刻刻保持高度警觉。

最后，实施"一带一路"战略必须得与国内经济状况相适应。我们要看到，中国的产能过剩是相对的；实际上，国内在基础设施建设方面仍有很大空间，大有可为。如果我们不顾及国内的这些实际需求而一味向国外投资和转移产业，有可能会产生对国内投资的挤出效应和产业的"空洞化"。对此我们要提高警惕。

共建"一带一路" 谋求合作共赢 *

2015年3月28日，习近平主席在博鳌亚洲论坛年会开幕式上发表题为《迈向命运共同体 开创亚洲新未来》的主旨演讲，强调"丝绸之路经济带"和"21世纪海上丝绸之路"（"一带一路"）建设秉持共商、共建、共享原则。习近平主席表示，"一带一路"不是封闭的，而是开放包容的；不是中国一家的独奏，而是沿线国家的合唱；不是空洞的口号，而是看得见、摸得着的实际举措。习近平主席讲话对"一带一路"所作的进一步诠释，展示了中国对开展国际合作的新理念、新思路。

一、共商、共建、共享，是"一带一路"建设的原则和特色

"共商"，就是集思广益，兼顾各方利益和关切，体现各方智慧和创意。无论在酝酿、倡议阶段还是推进、收获阶段，都由沿线国家商量着办事。"一带"和"一路"倡议分别在哈萨克斯坦和印尼提出，本身就是采取与东道国共商的形式。在制订规划和推出《推动共建丝绸之路经济带和21世纪

---

* 张业遂：《共建"一带一路" 谋求合作共赢》，《求是》2015年第10期。

海上丝绸之路的愿景与行动》的过程中，中国通过双多边渠道，广泛听取了沿线国家的意见和建议，汲取了不少建设性意见，例如突出开放性，重视人文合作与生态环保，争取早期收获，打破投融资瓶颈，鼓励企业创新等。

"共建"，就是体现共同参与，发挥自身优势和潜能，形成新的合作优势，"众人拾柴火焰高"。沿线国家国情国力不同，可各尽其力，各施所长。

"共享"，就是坚持互利共赢，寻求利益契合点和合作最大公约数。大家一起做大蛋糕，公平合理地分配好蛋糕。中国和所有沿线国家都是"一带一路"的利益攸关方。"一带一路"建设体现了包容性发展的理念，努力让合作成果惠及沿线各国及国际社会，惠及基层民众。

共商、共建与共享，三位一体，相辅相成。共商是起点和基础，共建是核心和方式，共享是目标和动力。为实现共商、共建与共享，中国提出了一个全新的操作路径，就是"对接"。对接包括中国与沿线国家战略和政策的对接，包括项目和企业的对接，也包括合作机制的对接。对接是在尊重彼此规划的基础上，找出共同利益的交汇点，进而制订共同规划，推进合作项目。

二、共商、共建、共享，是在经济全球化背景下对区域合作的积极探索

区域合作存在各种理论与实践。一种强调大国主导或多数决定，主张强势推进、一致行动，采取制订条约和让渡主权的模式。另一种主张"小马拉大车"，要求协商一致，自主自愿，希望循序渐进和照顾各方舒适度，倾向采取非正式磋商和非机制化的合作模式。

共商、共建、共享原则适应了经济全球化、世界多极化和国际关系民主化的潮流，能够有效应对区域合作中的几个突出问题：

第一是平等性问题。所有参与"一带一路"的沿线国家，无论大小、强弱和贡献多少，政治和法律地位都是平等的。大家都是"一带一路"的参与者、建设者和受益者，都可以发挥重要作用。大家是合作伙伴而非竞争对手，也不存在领导者和被领导者的关系。

第二是开放性问题。"一带一路"以亚欧大陆及其附近海洋为地理立足点，以政府间合作为主渠道，但合作伙伴不限于古代丝绸之路和亚欧大陆，合作范畴也不限于政府间合作。各国地方政府、金融机构、跨国公司、国际组织、非政府组织都可以参与其中。

第三是兼容性问题。"一带一路"贯穿亚欧非大陆，连接东亚经济圈和欧洲经济圈，将南太作为海上丝路的自然延伸，打破了洲际和次区域之间的藩篱，架设了东方与西方国家、南方和北方国家、不同文明类型国家的桥梁，有助于各类合作机制分工协作，有利于形成更大范围、更高层次、更高水平的区域合作新格局。

第四是公益性问题。"一带一路"是中国自身全方位开放和对外合作的总体布局，同时也是中国向国际社会提供的公共产品，体现了中国对国际社会的担当和贡献。

三、共商、共建、共享，将丰富中国特色外交的内涵

共商、共建、共享，植根于优秀的中华文化传统，包括同甘共苦、同舟共济、亲仁善邻、以德服人、推己及人、立己达人，体现了中国外交的特色与风格。

"一带一路"是沿线各国开放合作的宏大愿景和行动规划，既没有冷战和集团对抗背景，也不是援助方和受援方的关系，更不是任何国家的地缘政治工具。中国向沿线国家提供的援助，从不附加任何政治条件。中国与沿线国家开展的产能合作基于比较优势和市场规律，以政府推动、企业主导、商业运作为指针。

"一带一路"继承和超越了古代丝绸之路，不仅仅是商贸和人文交流之路，也是互尊互信和合作共赢之路。"一带一路"顺应经济全球化和世界多极化的潮流，立足亚洲、造福亚洲，维护亚洲各国自主选择发展道路和自主决定对外政策的权利，致力于实现亚洲的合作安全与整体振兴。

"一带一路"不针对任何国家和任何战略，可以与各种机制和倡议和谐共生。"一带一路"是经济和人文合作的倡议，原则上不涉及领土和海

洋争议问题。共建"一带一路",只会增加有关国家的共同利益和战略互信,为化解矛盾创造良好的氛围。

"一带一路"是对国际金融危机后全球增长战略的积极贡献。大规模、多元化的互联互通方案,将深化沿线国家的相互依存,改进供给,创造需求,优化资金使用,提升沿线各国在全球供应链、产业链和价值链上的地位。"一带一路"上的经济合作项目,都要尊重东道国的法规,都要遵循国际规则和高标准运作,都要采取风险评估和防控措施,相关企业都要履行社会责任,保护好当地生态环境。

"一带一路"正成为中国与沿线国家的共同事业。只要沿线各国遵循共商、共建、共享原则,通过共同的实践,不断完善合作内容,创新合作方式,"一带一路"的道路必将越走越宽广。

共建"一带一路"战略 开创我国全方位对外开放新格局 *

习近平总书记在中央外事工作会议上的重要讲话中指出,我国已经进入了实现中华民族伟大复兴的关键阶段。中国与世界的关系在发生深刻变化。我们观察和规划改革发展,必须统筹考虑和综合运用国际国内两个市场、国际国内两种资源、国际国内两类规划。习近平总书记提出共同建设丝绸之路经济带和 21 世纪海上丝绸之路的倡议,即"一带一路"战略,就是顺应这一国内国际发展新趋势作出的重大决策。

"一带一路"战略提出一年多来,取得了可喜进展。去年以来,在亚信峰会、中阿合作论坛、APEC 领导人非正式会议、东亚领导人系列会议

---

* 本刊评论员:《共建"一带一路"战略 开创我国全方位对外开放新格局》,《求是》2015 年第 5 期。

等重大外交活动中,中国都积极推进丝绸之路经济带和 21 世纪海上丝绸之路方案,争取国际理解和支持,调动沿线国家的积极性。习近平总书记在 APEC 峰会上宣布,中国将出资 400 亿美元成立丝路基金,为"一带一路"沿线国家基础设施建设、资源开发、产业合作等有关项目提供投融资支持。建设"一带一路",我们以政策沟通、设施联通、贸易畅通、资金融通、民心相通为主要内容,加强互联互通建设,加快实施自由贸易区战略,积极筹建亚洲基础设施投资银行,设立丝路基金;广泛开展经贸合作,推出一批重大支撑项目,扎实推进重点项目建设,以点带面,从线到片,拓展国际经济技术合作新空间,全方位推进沿线国家双边、多边和区域、次区域合作。沿线国家积极对接、共同参与,已得到沿线近 60 个国家的积极响应,对外基础设施互联互通合作正在加速,自贸谈判多点开花,开始进入务实合作阶段,为地区和世界各国共同发展注入强劲动力。

"一带一路"战略,以中国的改革发展为沿线国家互利合作、共同发展提供更为广阔的空间,又以沿线国家的和平发展更好地营造中国和平发展的国际环境。建设"一带一路",以亚洲国家为重点方向,以陆上和海上经济合作走廊为依托,贯穿欧亚大陆,东边连接亚太经济圈,西边进入欧洲经济圈,涉及世界 60 多个国家,44 亿人口,GDP 规模超过 21 万亿美元,分别占世界的 63% 和 29%,是世界跨度最大、覆盖面最广的新兴经济带。它旨在适应经济全球化新形势,促进亚非欧互联互通,促进区域内经济发展、稳定和繁荣,为实现世界经济可持续增长作贡献。它秉持"亲、诚、惠、容"的周边外交理念,以人文交流为纽带,以共商、共建、共享为原则,与沿线各国共同打造政治互信、经济融合、文化包容的利益共同体、责任共同体和命运共同体。它顺应了时代要求和各国加快发展的愿望,提供了一个包容性巨大的发展平台,具有深厚历史渊源和人文基础,能够把快速发展的中国经济同沿线国家的利益结合起来。沿线各国将在发展经济、改善民生,应对金融危机、结构调整、转型升级等方面优势互补,休戚与共,不仅能搭乘中国经济发展的快车,实现合作共赢,造福沿线国家人民,

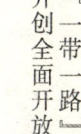

第 *11* 章 开创全面开放新格局 "一带一路",

而且能全面提升我国同发展中国家的友好合作关系，有助于相关各国通过合作促进共同安全，有效管控分歧和争端，推动各国关系协调与和谐，对中国和平发展发挥重要的支撑作用。

"一带一路"战略，可以在提质增效升级中最大限度地发挥国内市场、国际资源、国内规则的潜在优势，奋力打造中国对外开放升级版的新引擎，在经济新常态下继续向世界释放中国发展红利。建设"一带一路"，是我们党在国际国内形势发生深刻变化的历史条件下，以全新理念推动的新一轮对外开放，有利于实现国内与国际的互动合作、对内开放与对外开放的相互促进，更好地利用两个市场、两种资源，拓展发展空间、释放发展潜力。经过30多年的改革开放，我国经济正在实现从引进来到引进来和走出去并重的重大转变，出现了市场、资源能源、投资对外深度融合的新局面。通过"一带一路"建设，扩大开放、内引外联，必将有力促进经济结构调整，进一步推动我国经济转型升级。当前，中国进入经济发展新常态，全面深化改革蹄疾步稳，政府和市场"双引擎"动力强劲，经济结构不断优化，传统产业加快升级，新型产业加快成长，保持中高速增长、迈向中高端水平成为中国经济的主旋律。据国际货币基金组织统计，2014年中国经济对世界经济增长的贡献率为27.8%，是对世界经济增长贡献最大的国家。"一带一路"建设的强劲动力，来自中国经济长期向好的"信心指数"。世界银行预测，未来15年，中国经济仍有巨大潜力。因此，在新常态下中国经济的列车会跑得更加稳健有力，为中国发展带来新机遇，也为沿线各国分享中国发展红利创造了条件，为世界发展提供新动力。很多发展中国家在基础设施建设等方面有强烈的需求，而我们有外汇储备、技术水平和施工队伍的优势。我们的优势和他们的需求结合，既能带动他国经济发展、民生改善，又能帮助国内消化产能、调整结构，这是一项优势互补、互利互惠、利人利己的好事。

建设"一带一路"，关键在实质性推进"政策沟通、设施联通、贸易畅通、资金融通、民心相通"。要制定好战略规划，突出重点、远近结合，有力有序有效推进,确保"一带一路"建设工作开好局、起好步。要加强沟通磋商,积极与沿线国家的发展战略相互对接,使沿线国家对我们更认同、更亲近、更支持,携手推进"一带一路"的建设。要强化规划引领,把长期目标任务和近期工作结合起来,加强对工作的具体指导。要把握重点方向,找出优先领域和项目,抓好关键标志性工程,集中资源,联合推进。陆上依托国际大通道,以重点经贸产业园区为合作平台,共同打造若干国际经济合作走廊;海上依托重点港口城市,共同打造通畅安全高效的运输大通道。要抓好重点项目,以基础设施互联互通为突破口,发挥对推进"一带一路"建设的基础性作用和示范效应。要畅通投资贸易,着力推进投资和贸易便利化,营造区域内良好营商环境,抓好境外合作园区建设,推动形成区域经济合作共赢发展新格局。要拓宽金融合作,加快构建强有力的投融资渠道支撑,强化"一带一路"建设的资金保障。丝路基金要服务于"一带一路"战略,按照市场化、国际化、专业化的原则,搭建好公司治理构架,尽快开展实质性项目投资。要促进人文交流,传承和弘扬古丝绸之路"和平合作、开放包容、互学互鉴、互利共赢"精神,树立开放发展、合作发展、共赢发展的理念,推进科技、教育、文化、体育等领域交流合作,夯实"一带一路"建设的民意和社会基础。要保护生态环境,遵守法律法规,履行社会责任,共同建设绿色、和谐、共赢的"一带一路"。

习近平总书记提出的"一带一路"战略,在实现中华民族伟大复兴中国梦的奋斗历程中具有十分重要的地位。中国的和平发展在此一举,中国特色大国外交在此一举,中国与世界各国人民共筑维护和平、促进发展的命运共同体也在此一举。我们要继续高举和平、发展、合作、共赢的旗帜,努力把中国梦与沿线各国人民的美好梦想对接起来,形成推进"一带一路"建设的强大合力,使"一带一路"成为开放包容的互信之路、互利合作的共赢之路、和谐共处的和平之路、文明互鉴的友谊之路、对接梦想的圆梦之路。

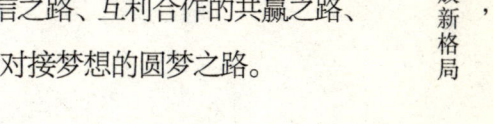

敬 启

  在选编本书的过程中为了避免遗珠之憾,我们尽最大可能在最广的范围内收录关于新常态下培育中国经济增长新动力相关论述的思想精华,力图向广大读者呈现一部全面阐释如何引领和适应中国经济发展新常态的权威作品。但是,这样一来,由于山水遥远,或联系方式的局限,未能跟上述某些作者或著作版权代理人一一取得联系,在此先行致谢,望其见书后,能与我们取得联系。

联系人:郭女士
联系方式:xdf2003@vip.163.com